SUJEITO, CÉREBRO E CONSCIÊNCIA

Blucher

SUJEITO, CÉREBRO E CONSCIÊNCIA

2ª edição revista e ampliada

Silvia Laurentino

Sujeito, cérebro e consciência
© 2020 Silvia Laurentino
1ª Edição – Editora Liceu
2ª Edição – Blucher, 2022
Editora Edgard Blücher Ltda.

Publisher Edgard Blücher
Editor Eduardo Blücher
Coordenação editorial Jonatas Eliakim
Produção editorial Lidiane Pedroso Gonçalves
Preparação de texto Ana Lúcia dos Santos
Diagramação Guilherme Henrique
Revisão de texto Ana Maria Fiorini
Capa Leandro Cunha
Imagem da capa Silvia Laurentino

Blucher

Rua Pedroso Alvarenga, 1245, 4º andar
04531-934 – São Paulo – SP – Brasil
Tel.: 55 11 3078-5366
contato@blucher.com.br
www.blucher.com.br

Segundo o Novo Acordo Ortográfico, conforme
6. ed. do *Vocabulário Ortográfico da Língua
Portuguesa*, Academia Brasileira de Letras, julho
de 2021.

Dados Internacionais de Catalogação
na Publicação (CIP)
Angélica Ilacqua CRB-8/7057

Laurentino, Silvia

    Sujeito, cérebro e consciência / Silvia Lauren-
tino. – 2. ed. – São Paulo : Blucher, 2022.

    288 p.

Bibliografia

ISBN 978-65-5506-475-9 (impresso)

ISBN 978-65-5506-471-1 (eletrônico)

    1. Psicanálise 2. Comportamento humano 3.
Emoções 4. Consciência 5. Inconsciente I. Título

22-3020   CDD 150.195

Índice para catálogo sistemático:
1. Psicanálise

Dedicatória

Para Raíssa, Juli e Silvio.

Prefácio

Escrever um livro sobre o comportamento humano é ousar falar de algo que foge à nossa total compreensão, pois exige que falemos da nossa própria existência. Por outro lado, trata-se de um desafio que provoca uma enorme curiosidade e nos impulsiona a mergulhar nas profundezas do homem e de sua complexidade.

Já nos primeiros capítulos, fica claro que não se trata de um livro científico, nem de um livro acadêmico, mas sim de uma espécie de conversação, e de um convite para aqueles que gostam de desfazer nós. Sabemos que a imprevisibilidade da natureza humana não permite certezas absolutas. Assim, deparar-se com a complexidade dos circuitos neurofuncionais, dos problemas mente-cérebro, e esbarrar no inconsciente humano, parece ser um convite irrecusável. É neste momento que começam a fazer sentido os estudos sobre psicanálise, física, filosofia, antropologia, sociologia, entre outras ciências, pois estudar o comportamento humano requer um olhar amplo, não cabe reducionismo. Lembro que, ao ler o livro de Feynman, *Sobre as leis da física* (2012), no capítulo intitulado "Probabilidade e incerteza: a visão quântica da natureza", havia um comentário do autor sobre este dito filosófico: "Para existir ciência, é necessário que as mesmas condições produzam sempre os mesmos resultados". Feynman, comentando este pressuposto, questionou que os mesmos resultados nunca seriam reproduzidos na sua integralidade, que eles poderiam estabelecer circunstâncias, com as mesmas condições a cada vez, mas não poderiam prever por qual fenda um elétron iria passar, e que, mesmo assim, a ciência continuaria, apesar de as condições nem sempre produzirem os mesmos resultados. Feynman então se perguntou: "O que é necessário para a existência da ciência?". Para esse grande cientista, prêmio Nobel de Física em 1965, "o fundamental para a existência da ciência é que as mentes não exijam que a natureza tenha que satisfazer condições preconcebidas". Como aquela que o filósofo quis afirmar! O que dizer, então, dos estudos sobre a neurociência comportamental? Como considerar que os experimentos científicos que demonstram resultados específicos sejam verdades absolutas? Como desconsiderar certas ciências como a psicanálise – sim, a psicanálise é uma ciência, como bem disse Althusser (pois possui uma teoria, um método e um resultado), considerando que ela não possui formas de quantificação científica?

Este livro não busca provar qualquer teoria ou criar polêmicas. Mas, ao contrário, convida o leitor para um diálogo e novas reflexões. E será a partir desse diálogo que teremos possiblidades de ampliar e sugerir novos caminhos e olhares futuros. Sabemos da imensa complexidade que envolve o funcionamento cerebral, pois se trata de estudar a natureza humana. Sabemos também das questões controversas que existem acerca do problema mente-cérebro, e dos inúmeros questionamentos sobre a teoria do inconsciente freudiano. Por esta razão, partimos da ideia de que ao falar sobre a natureza humana, considerando suas imprevisibilidades e incertezas, algo extremamente desafiador, faz-se necessário unir as pesquisas sobre os circuitos neurais, bem como falar sobre o aparato mental.

Quando nos imaginamos um ser, não conseguimos separar o nosso corpo da nossa alma, e nem da nossa vida que é partilhada e vivida por meio de um outro. Nesse sentido, ao nos integrarmos, somos sujeitos pertencentes a uma experiência unificada de ser, existir, desejar e partilhar. Mas, para existirmos, faz-se necessária uma energia que nos mova, que nos impulsione, pois somente existimos se possuirmos nossos extremos pulsionais. O estar no mundo nos obriga a conectar nossas vísceras, sonhos, afetos, emoções, memórias e percepções com outros seres desejantes de partilhas. Parece ser este encontro de "almas" a grande fonte de uma energia psíquica que movimenta todos os circuitos neurais, que altera nossa química cerebral, que ativa nossas emoções e desejos, tornando-nos vivos, pertencentes e conscientes de quem somos enquanto ser social e singular, e daquilo que não sabemos que somos do ponto de vista do nosso inconsciente. Não existe espaço para as certezas, se considerarmos que nosso corpo, nosso cérebro e nossa consciência precisam dessa energia inconsciente para se moverem, se lançarem e se projetarem, mas ninguém conseguirá provar qual caminho essa energia seguirá, por qual "fenda irá passar"!

Analisar o comportamento humano requer, acima de tudo, considerar que dentro do nosso estudo e da nossa prática clínica existe um sujeito que fala, que sofre, que sonha e fantasia, que ama e odeia. Assim, além de avançarmos nos estudos sobre neurociência comportamental e psicopatologia, cabe-nos aprender sobre uma ciência que busca entender a dimensão dos afetos e dos traumas, dos sonhos e das transferências, da sexualidade e do recalcamento. Em outras palavras, não existe como se interessar em estudar o homem e deixar de lado seu sofrimento, suas angústias e suas dores. Quando falamos sobre neurociência, circuitos neurofuncionais e doenças neuropsiquiátricas, existe sempre uma busca para oferecer a possibilidade de ajuda. E quanto mais soubermos sobre esse sujeito que sofre, mais chances teremos de oferecer-lhe algo além da medicalização.

Por fim, uma das maiores contribuições destes escritos será o convite feito ao leitor para este entender que existe no homem um universo particular com muitas dimensões físicas e psíquicas, o qual parece coexistir com outros universos dentro de um mundo cheio de incertezas.

Silvia Laurentino

Conteúdo

1. Um ser social

Introdução

Podemos começar este capítulo nos perguntando: qual espaço nosso corpo ocupa no mundo? E por que não perguntar também qual lugar a nossa alma ocupa nesse corpo? Espaço e lugar são duas questões que, a princípio, parecem ter o mesmo significado, porém, quando falamos de corpo e alma existe uma enorme diferença. Um espaço físico onde nosso corpo habita revela a dimensão da nossa realidade, do mundo e das coisas, porém um lugar que a alma habita nos fornece um olhar para as enormes possibilidades da nossa complexa existência. Mas como evoluímos, desde nossos ancestrais com comportamentos básicos e primitivos, até adquirirmos uma complexa forma de ser, viver e nos relacionarmos? O que levou o *Homo sapiens* a criar um comportamento tão complexo? Forte o suficiente para perpetuar a espécie diante de tantas mudanças climáticas e frágil o suficiente para padecer de doenças psíquicas intratáveis! Sem dúvida, somos fruto de uma evolução que precisa ser mais bem entendida para que possamos compreender um pouco sobre a complexidade da nossa existência e da nossa relação com o mundo e com os outros.

Escrever sobre a evolução dos circuitos neurofuncionais e todo o aparato mental que moldou o comportamento humano exige um olhar transdisciplinar. Para irmos aos primórdios da evolução, faz-se necessário buscar estudos sobre a origem do homem e, como em um garimpo, lapidar as preciosas informações que complementarão parte do quebra-cabeça para o entendimento da construção do ser humano, apesar de sabermos que este está muito longe de ser concluído, como bem disse o professor Karl Jaspers.

Um olhar sobre a evolução do Sistema Nervoso Central (SNC) no Homo sapiens

A Terra surgiu há aproximadamente 4 bilhões de anos.[1-3] Mas, ao olharmos para a história do universo, há cerca de 14 bilhões de anos, logo após o Big Bang, vamos nos deparar com o relato de um evento que produziu grandes aglomerados de poeiras cósmicas formados por átomos e moléculas, os quais tornaram-se blocos de estrelas compostas por todos os elementos químicos que viriam a formar a Terra e outros planetas rochosos.

A Terra, após passar de muitos ciclos evolutivos e climáticos, especialmente com o advento das placas tectônicas e seu reprocessamento de crosta e manto, diversificou seu reino mineral, formando supercontinentes a partir das constantes colisões de grandes massas. Assim, surgiram gradativamente Kenorland, há 2,5 bilhões de anos; Hudsonland, há 1,75 bilhão de anos; e, por fim, Pangeia, há 200 milhões de anos. Foi exatamente na época dos constantes colapsos de placas tectônicas e da formação dos supercontinentes que surgiram as primeiras algas, as quais, por meio da fotossíntese, produziram o oxigênio, dando início a uma nova era, com o surgimento dos primeiros seres vivos anucleados.

No entanto, esses primeiros seres vivos eram simplesmente células procariotas sem núcleos e sem plena capacidade energética para se diferenciarem de forma mais elaborada. Mas, com a evolução dessas pequenas células, ainda na era pré-cambriana, ocorreu um desenvolvimento celular mais complexo que culminou com o aparecimento de um núcleo celular (células eucariotas) e elevada capacidade para produzir energia mitocondrial.[1-3] Foi esse suporte de energia mitocondrial que promoveu uma facilitação no processo de multiplicação e diferenciação celular e, com essa evolução, surgiram os primeiros vertebrados e a mielinização do Sistema Nervoso Central.[4-6] A nossa história, de fato, começou com a explosão da diversidade na era cambriana, quando ocorreu o surgimento de inúmeros animais invertebrados e vertebrados.

Por volta de 520 milhões de anos, os vertebrados (anfíbios, peixes, répteis, pássaros e mamíferos) surgiram, apresentando um esqueleto que oferecia movimentos mais rápidos. Isso ocorreu graças ao aparecimento de um sistema nervoso mais avançado com elevado grau de encefalização.[7-9] Mas foi o aumento da velocidade de transmissão neural, que ocorreu devido ao processo de mielinização dos vertebrados, que promoveu uma velocidade de transmissão neuronal de cerca de 100 m/s, comparada com a velocidade de transmissão de 9 m/s das fibras não mielinizadas, culminando em uma maior precisão temporal e uma rápida comunicação entre o cérebro e o corpo.[4, 6] Esse desenvolvimento foi fundamental para que existisse uma forma mais rápida de se movimentar e se proteger dos ataques dos predadores.[4-6]

Na verdade, podemos dizer que a vida se apresenta na nossa existência não apenas nos 200 mil anos do nosso surgimento, mas nesses 4 bilhões de anos em que surgiu o planeta azul. Os primeiros metazoários surgiram há 2 bilhões de anos, e os primeiros verte-brados, há 535 milhões de anos; os mamíferos por volta de 230 milhões de anos atrás e, por fim, os primeiros primatas há cerca de 85 milhões de anos.[2, 10]

A história do aparecimento dos primeiros hominídeos, ou pré--humanos, surge por volta de 85 milhões de anos atrás no continente africano, e, especialmente, no leste da África. Supõe-se que, após um evento geológico que culminou na abertura de uma grande cratera na região de Olduvai, ocorreram mudanças no ecossistema que levaram a um ambiente propício para que os primeiros ancestrais se desenvolvessem.[1-4]

Os primeiros hominídeos pertenciam a três tipos de gêneros e, destes, quatro espécies foram descobertas e catalogadas nas regiões do Chade, Quênia, Etiópia: i) *Sahelanthropus tchadensis* (7 milhões de anos); ii) *Orrorin tugenensis* (6 milhões de anos); iii) *Ardipithecus kadabba* (5,8-5,6 milhões de anos); e iv) *Ardipithecus ramidus* (4,4 milhões de anos). Com a evolução desses primeiros ancestrais, surgiu um novo gênero, também chamado de pré-humanos clás-sicos, denominados de *Australopithecus*, que significa "macacos do sul".[1-4] Em termos geográficos, esses primeiros pré-humanos tiveram seus fósseis encontrados no Chade, Etiópia, Quênia, Tan-zânia e África do Sul.[2] Dessa forma, encontraram-se no Quênia e Etiópia o *Australopithecus anamensis*; no Chade o *Australopithecus bahrelghazali*; na Tanzânia e Etiópia o *Australopithecus afarensis*; e, por fim, na África do Sul foram encontrados fósseis do chamado *Australopithecus prometheus*.[2, 3, 11]

Não se sabe como se deu o aparecimento do primeiro gênero *Homo* nem o motivo pelo qual a linhagem Hominidae se dividiu em *Paninae* (chimpanzés) e *Homininae* (*Homo*). Algumas teorias apontam uma explicação bastante pertinente: os pré-humanos do leste da África, especialmente da região de Olduvai, diante da escassez de alimentos, começaram a modificar sua dieta, antes apenas composta de frutas e folhas, e introduziram restos de caças de outros animais, colocando a carne como um hábito alimentar.[12, 13] A introdução da carne na dieta dos primeiros pré-humanos trouxe consigo um grande aporte proteico que serviu de base para um maior desenvolvimento do SNC, especialmente com o aumento da estimulação dopaminérgica, visto que a proteína seria fonte para a produção das catecolaminas.[1-4] Diante desses fatores climáticos e alimentares, um processo evolutivo fez com que ocorresse um aumento do volume cerebral, culminando com o aparecimento das duas primeiras espécies *Homo*: *Homo habilis* e *Homo rudolfensis*.[12, 13]

Como e por que o gênero *Homo* surgiu no leste da África continua sendo um grande mistério. O fato é que, com o aparecimento da inteligência, nossos ancestrais passaram a criar ferramentas para caçar e se alimentar,[10, 14] e assim seus rastros passaram a ser estudados a partir das ferramentas deixadas nos sítios históricos. Após milhões de anos e com a evolução e mudanças climáticas, surgiram outras espécies, como *Homo habilis*, *Homo ergaster* e *Homo erectus*, em Java; *Homo heidelbergensis* e *Homo neanderthalensis*, na Europa, Ásia Central e Oriente Médio; e *Homo denisovano*, na Sibéria.[2, 15] Por fim, surge o *Homo sapiens* há 200 mil anos, que parece ter sua origem na África e Oriente Médio.[2]

Quando nos referimos ao *Homo sapiens*, podemos pensar que, como consequência natural dos eventos climáticos e da seleção natural com uma dieta composta de maior aporte proteico, já iniciada pelos ancestrais pré-humanos clássicos, o crescimento do volume cerebral daria lugar ao aparecimento de um cérebro mais curioso e inteligente.[2, 7, 9, 10, 16] Sem dúvida, quando falamos sobre o desenvolvimento do cérebro humano e o diferenciamos de outros primatas, focamos nosso olhar para a evolução que determinou um maior volume cerebral do lobo frontal,[1, 17] inclusive muitos pesquisadores têm atribuído a capacidade cognitiva do *Homo sapiens* a esse aumento desproporcional do lobo frontal. Mas, se olharmos estudos realizados, especialmente após o advento de técnicas mais modernas como a Ressonância Nuclear Magnética do Encéfalo, iremos observar que o tamanho relativo do córtex frontal no *Homo sapiens* não está tão desproporcionalmente maior do que em outros primatas.[17, 18] No entanto, quando estudos mais aprofundados da citoarquitetura cortical foram aplicados, o que se revelou não foi uma relevância do volume cortical frontal, mas sim a sua reorganização neuroquímica e de conectividade.[1, 9, 19] Os estudos revelaram especialmente um desenvolvimento mais acentuado da área 10 de Brodmann, equivalente ao córtex frontoinsular e à região do cíngulo anterior no *Homo sapiens*, quando comparado a outros símios estudados, como chimpanzés, bonobos, orangotangos e gibões.[19]

A área 10 de Brodmann é uma das principais áreas envolvidas nas funções corticais relacionadas ao comportamento social e ao planejamento das ações futuras[18, 19] (**Fig.1**).

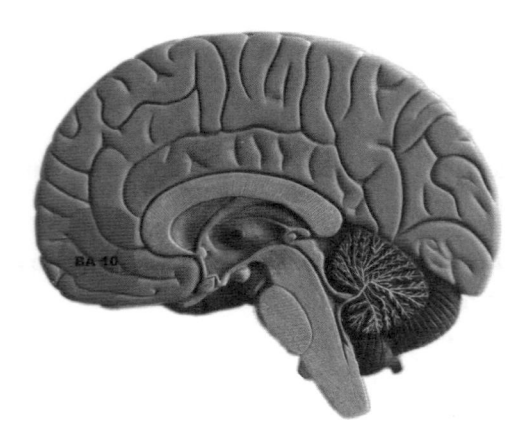

Figura 1 Área 10 de Brodmann

As características citoarquitetônicas do cérebro humano diferem das dos outros hominídeos especialmente porque a área BA 10 tem camadas supragranulares com mais espaço para conexões com outras áreas de associação superior.[18, 19] Tais achados sugerem que os substratos neurais que dão suporte às funções cognitivas associadas a essa parte do córtex se ampliaram e tornaram-se mais especializados durante a evolução dos hominídeos.[19] Além disso, no *Homo sapiens*, o córtex frontoinsular e o córtex cingulado anterior possuem neurônios fusiformes de ação rápida, também chamados de neurônios de Von Economo, os quais têm grande conectividade com áreas do cérebro social, especialmente no hemisfério direito, como a região polar temporal, orbitofrontal, ínsula anterior e corpo amigdaloide.[20] Essas regiões estão diretamente relacionadas com detecção dos sinais interoceptivos, reconhecimento de erro, tomada de decisão e comportamento social.[21, 22] Considerando-se a importância dessas conexões, pode-se supor que o aporte proteico oriundo da dieta omnívora teria proporcionado o amadurecimento do circuito dopaminérgico, conectando regiões subcorticais ligadas aos gânglios da base com regiões corticais ligadas aos comportamentos de recompensa, controle emocional e comportamento social.[21, 22] No entanto, outras áreas corticais também apresentaram diferenças na citoarquitetura do *Homo sapiens*, quando comparado a outros primatas. Por exemplo, o lobo temporal se encontrava mais desenvolvido em humanos e com maior aumento do giro da substância branca, o que levou a sugerir um aumento da conectividade entre as fibras de associações mais curtas,[1] o que poderia justificar o aparecimento da linguagem articulada.

Sem dúvida, os estudos apontam uma evolução do cérebro humano, que começou nos nossos ancestrais, amadurecendo primeiro as áreas responsáveis pelos comportamentos social e emocional.[20, 21] Por exemplo, estudos realizados procuraram entender o quanto o processamento da emoção contribuiu na evolução da complexa cognição social em humanos e outros primatas.[20, 23] Após extensiva análise evolucionária das múltiplas estruturas límbicas usando ferramentas filogenéticas modernas, e combinando dados volumétricos dos núcleos amigdaloides, do hipocampo e do corpo estriado, tanto em humanos quanto em primatas, os estudos deram suporte à ideia de que regiões envolvidas no processamento emocional não foram necessariamente conservadas ou regredidas, mas foram aperfeiçoadas na recente evolução do *Homo sapiens*.[20, 23]

Considerando o que já foi dito, devemos entender a evolução do cérebro humano na perspectiva de uma reorganização e expansão não apenas dos lobos frontal, temporal, parietal inferior e do complexo amigdaloide, mas de uma extensa e complexa rede córtico-subcortical de curta e de larga escala. Redes neurais específicas evoluíram de forma coordenada e têm sido denominadas de reorganização em mosaico. Áreas críticas para o comportamento social como o córtex frontoinsular, o córtex cingulado anterior, o complexo amigdaloide e o córtex parietal foram evoluindo em sua organização de redes neurais.[1, 24] Como já descrevemos, o que parece ter ocorrido foi uma grande reorganização dos circuitos neurais, que se deu dentro do próprio lobo frontal e de suas conexões a distância com o córtex temporal e o córtex parietal e occipital. Essa reorganização em mosaico levou à evolução das funções corticais nos humanos e nos proporcionou uma forma de ser diferenciada da dos outros ancestrais.[1, 24-26]

Mas não somente a reorganização em mosaico das regiões corticais deve ser considerada como a pedra fundamental da evolução do comportamento humano. Em uma das históricas apresentações da série de conferências anuais denominada "The annual James Arthur lecture series on the Evolution of the Human Brain", do American Museum of Natural History, o professor Karl Pribram, na 39ª conferência, realizada em 1970, proferiu uma das mais importantes palestras já apresentadas, a qual foi intitulada "What makes man human?" (O que nos torna humanos?). Na conferência, suas ideias levantaram questões que permanecem atuais, sugerindo que o substrato biológico subjacente ao pensamento simbólico, que seria tão inerente ao *Homo sapiens*, foi alcançado ao longo da evolução. Pribram perguntou: "O que possibilitou ao cérebro humano criar o pensamento simbólico?" Sua resposta: "A massiva conectividade córtico-cortical" (que já havia sido descrita por outro palestrante, Norman Geschwind). Porém adicionou outro substrato fisiológico: "As conexões córtico-subcorticais!".[27] Por muitos anos, Pribram e outros pesquisadores observaram que primatas não humanos construíam sinais e símbolos, e que nos humanos a interação recíproca entre sinal e símbolo tornou a cognição humana diferente de todos os outros animais. Para o autor, a invenção espontânea da linguagem articulada foi o grande passo para a adoção de padrões simbólicos do pensamento e, consequentemente, para uma maior interação social e a construção de uma cultura e de um comportamento mais adaptativo que permitiu à espécie *sapiens* criar formas sofisticadas de sobrevivência e de sua perpetuação da espécie.

A evolução dos circuitos neuroquímicos que moldaram as funções cognitivo-comportamentais do Homo sapiens

Quando, em 1970, o professor Karl Pribram falou sobre a importância da linguagem e da massiva conexão córtico-subcortical na construção da nossa "humanidade", mediante a criação do nosso pensamento simbólico, ele ainda não tinha os conhecimentos neurocientíficos dos dias atuais para aprofundar sua teoria. Em 2018, Raghanti et al. publicaram um artigo intitulado "A hipótese neuroquímica para a origem dos hominídeos".[28] Nesse artigo, ficou clara a importância do circuito córtico-subcortical (córtico-estriatal) e das modulações químicas que ocorreram nos nossos-ancestrais e que, possivelmente, serviram de base para a separação entre os gêneros *Pan* e *Homo*. Sem dúvida, uma das maiores características da espécie *sapiens* foi a construção de uma sociedade, suas culturas, suas relações afetivas, empáticas e intelectuais, diferenciando-nos do gênero *Paninae* (chimpanzés, bonobos etc.). Anteriormente, já havia sido descrito que o aumento do volume cerebral e a própria reorganização cortical foram críticos para o desenvolvimento e o sucesso da emergência do gênero *Homo*, que culminou com o aparecimento da nossa espécie. [9, 29, 30]

Uma das hipóteses que têm conexão direta com o pensamento de Pribram é, sem dúvida, a hipótese neuroquímica da origem dos hominídeos. Estudos reportaram que no corpo estriado humano havia uma dramática diferença nas concentrações de neurotransmissores, em comparação com outros primatas.[28] Uma espécie de assinatura humana poderia ser identificada a partir da constatação de que no estriado humano existiria maior concentração de dopamina, serotonina e neuropeptídeo Y, e baixa concentração de acetilcolina.[28, 31] Sabe-se que os gânglios da base possuem grupamentos de núcleos com intensas e contínuas projeções para o córtex cerebral, especialmente o córtex frontal e o sistema límbico, formando circuitos motores e cognitivos em *loopings* fechados e abertos.[32-34] Os circuitos frontossubcorticais formam a principal rede que modula o comportamento e a atividade motora em humanos. Cinco circuitos paralelos frontossubcorticais ligam áreas específicas do córtex frontal com o estriado, os gânglios da base e o tálamo. Estes circuitos são originados das áreas motoras suplementares, do córtex pré-frontal dorsolateral, orbitofrontal lateral, área ocular frontal, e do córtex cingulado anterior frontal.[34, 35] Sabe-se que disfunções nesses circuitos neurais e neuroquímicos promovem alterações nas atividades motoras, bem como no comportamento, podendo ocasionar quadros de apatia, síndromes disexecutivas ou mesmo psicóticas[33-36] **(Fig. 2).**

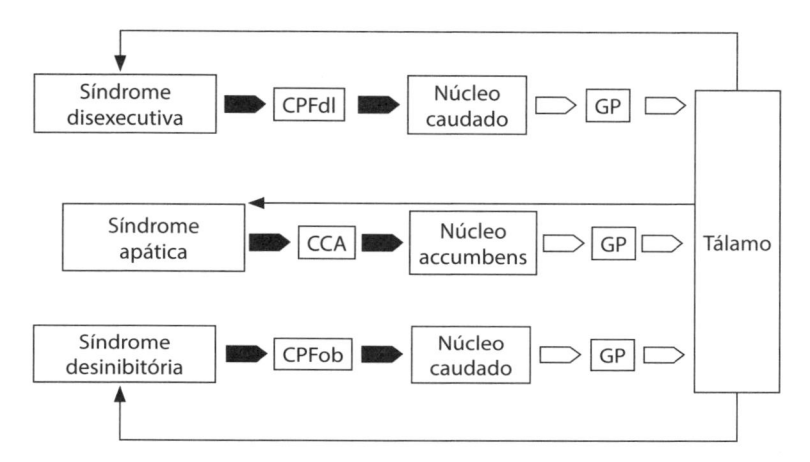

Figura 2 Circuito Frontossubcortical e Disfunções Comportamentais – CPFdl (Córtex Pré-Frontal dorsolateral); CCA (Córtex Cingulado Anterior); CPFob (Córtex Pré-Frontal Orbitofrontal); GP (Globo Pálido).[34, 35]

É clara a relação entre os achados das disfunções neuroquímicas observadas nos humanos, bem como a relação da modulação dos neurotransmissores no estriado. Fica mais evidente que os neurotransmissores, especialmente a dopamina, funcionam como a grande base para moldar o comportamento em humanos. E como essa modulação neuroquímica é totalmente diferente da de outros símios.[28] O estriado tem um papel fundamental no comportamento social, particularmente aqueles envolvidos no circuito da recompensa, com uma dicotomia de função entre o estriado ventral e o dorsal.[28] O estriado dorsal se encontra envolvido com *drivers* internamente guiados e comportamentos direcionados a uma tarefa específica. Por outro lado, o estriado ventral participa do sistema que regula as emoções e inclui córtex orbitofrontal e amígdala, e é mais sensível aos estímulos ambientais.[28] Para Raghanti et al. (2018), os resultados obtidos em suas pesquisas dão um grande suporte para a hipótese de que humanos possuem alta concentração de dopamina estriatal, o que influencia a modulação emocional e motivacional, melhorando o convívio social por meio de um comportamento internamente guiado. Sabe-se que o núcleo caudado medial se encontra hiperativado durante comportamentos envolvidos em recompensas sociais, na fala e na linguagem, sugerindo que a modulação dopaminérgica participou do amadurecimento do circuito do cérebro social e da linguagem, diferenciando a espécie *sapiens* das outras espécies do gênero *Homo*. Essa diferenciação pode ter sido a grande revolução que proporcionou o aparecimento do pensamento simbólico, o qual levou à perpetuação da espécie por meio da construção de relações sociais, criação de grupos sociais e da cultura. [27, 28, 31]

A arquitetura funcional que modulou o comportamento social nos humanos

Desde que ocorreu o surgimento do *Homo sapiens*, há 200 mil anos, algo nos diferenciou dos outros hominídeos. Sem dúvida, a forma de se comportar em grupos sociais, de interagir e de se expressar verbalmente tornou nossa espécie mais preparada para as adversidades das mudanças climáticas, a formação de sociedades e o aparecimento de diversas culturas. A pedra fundamental dessa grande evolução se deu com a reorganização dos circuitos neurais e das suas projeções neuroquímicas.[1, 28] O cérebro humano foi moldado para formar conexões entre diferentes áreas, construindo uma grande rede de informações, gerando e modulando nosso comportamento e nossa cognição. Sabe-se que vários circuitos se conectam através de sincronizações de escala local e de larga escala, ligando diferentes regiões do córtex cerebral e do subcórtex, criando complexas redes neurais. Essas redes irão conectar estímulos sensoriais do mundo exterior com circuitos que modulam o comportamento emocional e social, a linguagem, o planejamento motor, a tomada de decisão, a memória e os estímulos oriundos de um corpo que reage visceralmente. Essa grande rede neural promove uma resposta comportamental plena, na qual, ao nos depararmos com as contingências e demandas sociais, reagimos de forma complexa e como um todo, em que o corpo e a mente se integram para nos inserir em um mundo onde percebemos quem somos, como reagimos e interagimos com os outros e suas diferenças. Por essa razão, discutir a evolução da mente e do comportamento implica falar sobre o psiquismo humano e seus desdobramentos.

O inconsciente como grande força motivacional

Nosso comportamento vai além do que conscientemente percebemos e de como reagimos. O estudo do inconsciente leva-nos a diferentes correntes de pensamento e teorias. Mas, de forma geral, existe um consenso sobre a importância de o nosso inconsciente direcionar nossos atos e comportamentos em busca de autopreservação.

Do ponto de vista evolutivo, somos uma espécie que fez do comportamento motivacional a sua principal arma de sobrevivência.[37] "Uma motivação ou meta é o agente local pelo qual a influência genética de um passado distante encontrou sua expressão."[37] Do ponto de vista evolutivo, nossos circuitos amadureceram, criando um "sistema aberto que, a partir das interações sociais colaborativas entre membros da mesma espécie, criou conexões entre diferentes áreas ou circuitos neurais, tanto córtico-corticais como córtico--subcorticais, conectando o circuito de Default Mode Network (DMN), ligado mais aos processos internamente guiados, com as áreas do cérebro social ligadas ao mundo exterior, evoluindo para o aparecimento da linguagem e do pensamento simbólico via conexões frontossubcorticais.[37-45]

Por essa razão, como bem disse Tomasello (2005), "a diferença crucial entre a cognição humana e das outras espécies seria a nossa habilidade para participar junto com outros humanos de atividades colaborativas, partilhando metas e intenções".[37] Ao desenvolvermos uma motivação peculiar de partilhar estados emocionais e psicológicos com outros da mesma espécie, e desenvolvermos uma cognição cultural usando símbolos linguísticos para a construção de crenças, normas e culturas, desenvolvemos um comportamento voltado para selecionar, escolher, se interessar ou evitar aspectos do ambiente social, no qual consciente ou inconscientemente nossas escolhas passaram a ser guiadas por intuições, sentimentos, reações, memórias, aprendizados, culturas, crenças etc.[45-51]

O inconsciente dinâmico freudiano

Freud iniciou a construção da sua teoria sobre o inconsciente percorrendo um longo caminho de estudos como médico neurologista, os quais se iniciaram com um profundo conhecimento sobre as doenças neurológicas e a anatomia patológica. Na universidade, além das aulas de anatomia e neurologia, ele viveu uma experiência única quando passou a ter aulas de filosofia ministradas pelo professor Brentano, o qual foi um dos grandes teóricos do estudo da consciência. Esse encontro parece ter despertado um outro olhar em Freud, que buscou ampliar seus estudos neuropsiquiátricos com o professor Breuer. Curioso sobre o comportamento humano, embarcou para Paris em 1885, onde por um ano se dedicou aos estudos anátomo-patológicos e aos casos clínicos do serviço do professor Charcot. Freud, ao retornar da França, parece ter modificado a visão puramente anatomista da escola alemã, onde tinha o famoso professor Meynert como referência acadêmica. De fato, Freud tinha uma visão ampla sobre a natureza humana e era um profundo estudioso de filosofia, de anatomia patológica e de outras ciências. Talvez por causa dessa visão mais ampla, tenha se interessado em adquirir um maior entendimento sobre o que levaria o ser humano a ter tanto sofrimento e adoecimento psíquico, sem que existisse qualquer sinal de lesão detectável. O que separava o Freud neurologista do psicanalista (o termo psicanálise somente aparece em 1896, quase no mesmo período do aparecimento da teoria das localizações da linguagem de Broca e Wernicke)? Sabe-se que, inicialmente, ele vai solidificar um conhecimento neurológico muito rico, do ponto de vista anatômico, na escola alemã, e posteriormente vai adquirir uma grande experiência na clínica de Charcot, além de traduzir as "Lessons du Mardi", em 1886, em que Charcot relatava casos neurológicos clássicos dos encontros semanais e casos das pacientes histéricas com suas manifestações diversas – por exemplo, a monoplegia braquial.

Em 1891, Freud começou a escrever o texto "Sobre as afasias: um estudo crítico", impulsionado por uma inquietação sobre a teoria localizacionista das afasias de Wernicke/Meynert. Nesse texto, ele afirmava que, em muitos casos, haveria mutilações da fala sem que existissem lesões detectáveis no estudo anatomopatológico. E a linguagem estaria conectada de forma dinâmica com outras áreas com uma complexidade que fugiria à compreensão humana. Logo depois, Freud e Breuer trabalharam juntos nos escritos de "Estudos sobre a histeria", prosseguindo com o desenvolvimento de alguns conceitos como recalcamento e transferência. Mas o que separou o Freud neurologista do psicanalista? Quando ele começou a trocar correspondências com Fliess sobre o "Projeto" para uma psicologia científica e Fliess não conseguiu entender adequadamente a ideia de Freud, isso fez com que Freud abandonasse esse desafio e voltasse seu interesse para o estudo do inconsciente, iniciando a escrita de "A interpretação dos sonhos".

O "Projeto para uma psicologia científica" seria, então, a estrutura biológica da psicologia que Freud queria trabalhar. E que estrutura biológica seria esta? Ele considerava um primeiro nível que seria parecido com um arco reflexo, ou seja, haveria no psiquismo humano um sistema estímulo/resposta. Algo como se sofrêssemos um choque na mão e, instintivamente, retirássemos a mão em postura de defesa.

Nesse caso, o indivíduo, ao receber o choque, injetaria um quantum de energia, transformando-o em uma resposta reflexa e reduzindo imediatamente aquela tensão do circuito. Posteriormente haveria um segundo nível, classificado como percepção/ação, o qual estaria dentro do sistema da consciência.

Mas, além do sistema primário, Freud vai também pensar sobre a questão da linguagem e da pulsão. Ao fazer isso, depara-se com a dificuldade que seria explicar a questão da consciência. Assim, ele abandona essa ideia, desconsidera a questão da consciência e vai focar seus esforços no desenvolvimento da teoria do inconsciente e de como esse inconsciente iria se expressar por meio da linguagem.

Para Freud, porém, a pulsão que parece ser a base da sua teoria é a pulsão da autoconservação! O instinto de autoconservação seria aquele da excitação externa, oriundo dos estímulos e das experiências vividas; a interna viria das fontes endógenas como a fome, a sede, entre outras de necessidades fisiológicas. Mas a tensão provocada pelas duas fontes seria sempre inconsciente e intensa. Assim, esta primeira visão do circuito pulsional não seria consciente nem inconsciente. Somente poderia ser reconhecida por meio dos seus representantes. Por exemplo, ter fome (que seria o representante psíquico da pulsão) induziria uma necessidade fisiológica imediata, buscando, instintivamente, um objeto de interesse. Ao saciar a fome e equilibrar a alteração metabólica provocada, por exemplo, por uma hipoglicemia, haveria uma descarga da tensão psíquica e uma posterior sensação de prazer. Assim, Freud fala de uma excitação que parece estar no limite entre o psíquico e o somático, e que, tendo uma função de autoconservação, não poderia sofrer repressão. Ela precisaria ser descarregada para a redução da tensão. Ou seja, o representante psíquico da pulsão de autoconservação seria uma tensão de energia. Porém, nem toda energia pulsional está voltada para as respostas fisiológicas de autoconservação, que passam sem grandes bloqueios. Existe uma fonte de energia inconsciente que fica reprimida, provocando um grande acúmulo de energia, que causa uma tensão permanente e contínua, e sofre um recalcamento, permanecendo fixada dentro do inconsciente. Essa energia tem como fonte a ligação que temos com outros indivíduos e seu psiquismo carregado de afetos, desejos, fantasias, traumas. Como seres primariamente sociais, esses encontros funcionarão como grande fonte de energia, os quais terão outra forma de representação. Esses recalques buscam a descarga da energia sobre o pré-consciente, e este terá a função de, pelo princípio da realidade, escoar essa energia de forma mais moderada e menos imediata, diferentemente da pulsão de autoconservação, ou retornar para o inconsciente, quando sua intensidade não conseguir vencer o recalcamento. Assim, no nível da consciência, o que teremos é um representante do inconsciente que estará associado à representação da palavra e de tudo aquilo que se relaciona na mente consciente. Essa energia que conseguiu vencer a barreira de contato da espessa energia do recalcamento, e que foi redistribuída pelo pré-consciente e pelo consciente, alcançará o aparato físico cerebral, influenciando o comportamento emocional, afetivo e social, e se expressando pela linguagem irá afetar o psiquismo de um outro que também nos afeta.

Em uma das minhas palestras realizadas na Jornada de Psicanálise do Recife, há alguns anos, ousei falar sobre o inconsciente dinâmico ao ampliar o questionamento de Antônio Damásio sobre a teoria cartesiana que afirmava: *"Cogito ergo sum"* (Penso, logo existo!).[52] Damásio, ao estudar o caso de um indivíduo com lesão cerebral que afetou a área da emoção, descreveu, elegantemente, que, além da razão, o homem para existir necessitava da emoção. Sem emoção, ou, melhor dizendo, sem os sinais fisiológicos do despertar emocional diante de contingências sociais, o homem não seria capaz de existir, ou de viver uma vida socialmente satisfatória, por não conseguir aprender com os erros e, assim, selecionar escolhas vantajosas.[52]

Ampliando a visão de Antônio Damásio e considerando uma visão transdisciplinar, poderíamos acrescentar, também, a teoria freudiana da energia libidinal/motivacional que seria oriunda das profundezas do nosso inconsciente, trazendo nossas pulsões como força motriz fundamental para a existência humana. Em outras palavras, seria necessário pensar, sentir e ter catexia para existir: Penso, sinto e desejo, logo existo. Mas, colocando uma visão mais filosófica, por que não pensarmos na existência humana como um devir? Este vir a ser que nos impulsiona para uma outra perspectiva futura. Por fim, ao estudar a evolução da espécie humana, algo me despertou para uma nova visão que julguei ser necessário lançar como um buraco na parede. Além de pensar, sentir e desejar algo que parece absolutamente centrado no próprio "eu", faz-se necessário pensar que a existência humana somente pode acontecer se ela transbordar de humanidade, e, para isto, precisamos pensar, sentir, desejar e perceber a existência do outro.

Novas teorias contemporâneas sobre o inconsciente

Por outro lado, contrapondo-se à psicanálise, a psicologia cognitiva lançou um outro olhar sobre o inconsciente e sugeriu que esses processos seriam apenas uma rede de informações subliminares. Alguns estudos apontaram que os estímulos subliminares seriam fracos e de baixa intensidade, por definição, e os processos mentais que eles direcionariam seriam geralmente mínimos e não sofisticados. Considerando esses estudos, a psicologia cognitiva lançou um pensamento oposto à teoria freudiana, ou seja, o poder do inconsciente seria pobre e limitado.[53, 54]

Posteriormente outras correntes uniram as ideias da psicologia social e da neurociência, abrindo novas perspectivas sobre o estudo do inconsciente. Estudos realizados em 2006 descreveram uma nova teoria sobre o pensamento humano, a qual foi denominada de Unconscious Thought Theory (UTT), ou Teoria do Pensamento

Inconsciente.[49] A teoria foi aplicada para a compreensão dos comportamentos em tomadas de decisão, formação, impressão, atitude, soluções de problemas e consciência.[49]

Para os autores, o pensamento consciente e o inconsciente teriam diferentes características, e essas diferenças conformariam cada modo de pensamento escolhido de acordo com as circunstâncias. Por exemplo, ao contrário das crenças populares, decisões sobre questões simples poderiam ser realizadas pela mente consciente, enquanto decisões mais complexas seriam mais bem realizadas pela mente inconsciente.[49]

Uma outra teoria sobre o inconsciente propôs que este seria derivado de multiatitudes de impulsos comportamentais gerados em um dado momento e oriundos das nossas motivações, preferências, valores, normas culturais, experiências passadas de situações similares e de comportamentos que outras pessoas vivenciaram na mesma situação.[47] Essa pesquisa leva-nos a responder o que é o inconsciente, colocando uma perspectiva alternativa. Para os autores, "os processos inconscientes seriam definidos em termos de sua natureza não intencional, da inerente falta de consciência e da influência dos estímulos motivacionais".[47]

Podemos supor que as diferentes perspectivas sobre o funcionamento da mente levam-nos a uma compreensão bem mais complexa do ser humano. Nossos processos conscientes atuam através de redes que integram diferentes áreas, atuando na elaboração, no planejamento e na execução das nossas motivações. Essas motivações, que surgem de um processo inconsciente, estariam relacionadas aos recalques ou repressões, como Freud colocou, além de informações oriundas das nossas vivências, desejos, valores, culturas, memórias e estímulos facilmente acessíveis pela mente consciente. Por outro lado, demandas provocadas por estímulos externos mais direcionados, precisando de respostas imediatas, ativariam o circuito cognitivo mais racional, simples e operacional. Assim, podemos pensar sobre a mente humana como uma rede com grande fluxo de energia, integrando o inconsciente ao consciente e vice-versa, transmitindo e enviando informações e, assim, gerando uma grande fonte motivacional. Essa grande rede neural fez emergir uma mente criativa e dinâmica que foi o grande diferencial para a perpetuação da espécie, para a construção de grandes feitos científicos, para a formação de uma sociedade complexa com diferentes culturas e crenças e, principalmente, para o surgimento da singularidade e imprevisibilidade de cada indivíduo.

O cérebro social

Ao inferir sentimentos, intenções e pensamentos de outras pessoas dentro do nosso próprio consciente e das nossas interpretações cognitivas, diferenciamo-nos de outros ancestrais, e assim tivemos a capacidade singular de conviver em sociedade, criando culturas e civilizações únicas e revolucionárias. Somos, portanto, uma espécie essencialmente social e fruto de uma evolução e reorganização de circuitos neurais e da união de mecanismos neurobiológicos e psicológicos que nos diferenciaram de outros ancestrais e animais, apesar de partilharmos características comportamentais e sociais parecidas.[1, 27, 55-59]

Algumas pesquisas descrevem dois campos de estudos que explicam o comportamento social. Um campo focado no que chamamos de "Circuitos Compartilhados" (SCs), o qual se encontra envolvido nos nossos próprios atos, sensações, emoções e na percepção do outro; e um segundo, denominado de ToM (Teoria da Mente), que enfatiza o papel das estruturas subcorticais de linha média na inferência sobre o estado mental de outros indivíduos.[60]

Os circuitos neurais descritos como pertencentes ao que se chama de cérebro social estão relacionados com estruturas que modulam o comportamento social. Os polos do lobo temporal participam da percepção dos estímulos socialmente relevantes, enquanto a amígdala, o córtex orbitofrontal, o córtex cingulado, os polos temporais e o córtex somatossensorial participam ligando a percepção dos estímulos sociais com a motivação, a emoção e a cognição[59, 61, 62] (**Fig. 3**). Outros estudos também relataram a presença de um circuito que integraria as percepções recebidas do córtex sensorial, o qual alimentaria estruturas subcorticais como a amígdala, enviando esses estímulos sensoriais através de vias paralelas para uma região em mosaico que analisaria aspectos particulares dos estímulos ou categorias particulares de estímulos, como a face e o corpo.[59] A maioria dos "*inputs*" que entram no circuito do cérebro social processa informações relevantes oriundas das percepções sensoriais visuais e auditivas.[59] Existem evidências de que a via consciente depende mais do córtex visual que processa a identificação do objetivo, o chamado "*what system*", no córtex occiptotemporal inferior, e que participa da via ventral integrando o fascículo longitudinal inferior. Esse circuito exibe uma interessante seletividade para estímulos sociais – por exemplo, reconhecimento de faces e expressões faciais.[59]

Por outro lado, através do colículo superior, parece existir uma via que processa o estímulo visual acessível inconscientemente.[59] Algumas regiões ligadas ao comportamento social merecem considerações especiais, principalmente a amígdala, o córtex pré-frontal ventromedial e o córtex da ínsula.

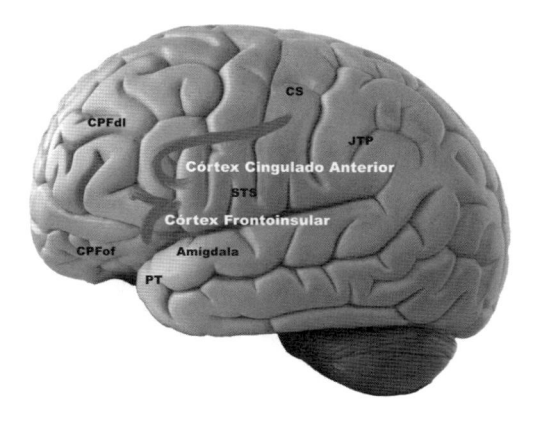

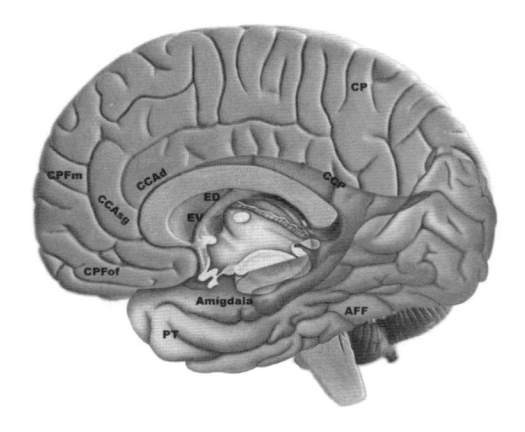

Figura 3 Circuito do cérebro social: CPFdl (Córtex Pré-Frontal dorsolateral); CPFof (Córtex Pré-Frontal órbito frontal); CPFvm (Córtex Pré-Frontal medial); Amígdala; PT (Polo Temporal); STS (Sulco Temporal Superior); JTP (Junção Temporo-Parietal); CCAsg (Córtex Cingulado Anterior subgenial); CCAd (Córtex Cingulado Anterior dorsal); CP (Córtex Parietal); AFF (Área Facial Fusiforme); ED (Estriado Dorsal); EV (Estriado Ventral).

A amígdala

A amígdala pode ser considerada uma região fundamental para a modulação do comportamento social e emocional **(Fig. 4)**.

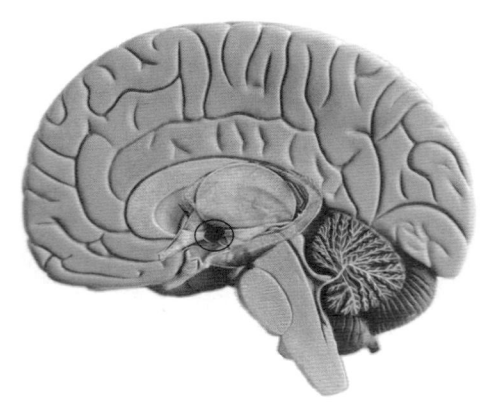

Figura 4 Corpo amigdaloide.

Estudos revelam que certos estímulos não percebidos conscientemente podem levar a uma ativação amigdaliana, sugerindo que essa região participa de uma qualificação inconsciente dos estímulos emocionais e da modulação do comportamento do medo. Por exemplo, estímulos sensoriais visuais de faces humanas e expressões faciais levam à ativação da amígdala quando fazemos um julgamento de outra pessoa a partir da sua face.[59, 63] A presença de estímulos emocionais negativos também ativará a amígdala. Em estudos feitos com RNM funcional, observou-se um aumento no sinal amigdaliano devido à manutenção ativa de emoções negativas, que foi significantemente correlacionado a indivíduos que relatavam uma disposição para afetos negativos.[64, 65] Outra função que tem sido descrita refere-se à sua ação sobre a vigilância e o despertar emocional. A amígdala funcionaria como uma estrutura voltada para estímulos salientes imprevisíveis, visto que estes estariam relacionados à tomada de decisão baseada no aprendizado de recompensa e punição, ou por ser um sinal de relevância social.[59]

Aspectos relacionados ao comportamento social nos levam a avaliar e nos preparar para circunstâncias aversivas. A capacidade de antecipar eventos aversivos é um papel fundamental da amígdala e de suas conexões, para que ocorra uma adaptação adequada às circunstâncias sociais. Sabe-se que uma disfunção no circuito de antecipação para eventos aversivos pode explicar as causas de transtornos sociais, fobias e ansiedade. Um estudo realizado com RNM funcional em 21 voluntários saudáveis, expostos à antecipação de estímulos aversivos, revelou ativação da amígdala dorsal, ínsula anterior, Córtex Cingulado Anterior dorsal (CCAd), Córtex Pré-Frontal dorsolateral (CPFdl) e do Córtex Pré-Frontal orbital posterior direito (CPFob). Os resultados revelaram que o comportamento de antecipação de uma emoção aversiva recrutou regiões que respondiam à aversão, potencializando assim as respostas adaptativas para esses eventos.[66]

A teoria desenvolvida por Bechara e A. Damasio; H. Damásio (2003),[67] denominada Teoria do Marcador Somático, também propôs que a amígdala e o córtex ventromedial fariam parte de um circuito neural relacionado ao julgamento e à tomada de decisão. A teoria deu suporte à hipótese de que a amígdala seria um substrato crítico no sistema neural e extremamente necessário para ativar estados somáticos, induzido por estímulos primários. Ou seja, a amígdala participaria mais da aquisição de novos atributos emocionais do que da busca de atributos mais retrógrados, sendo estes acessados mais pelo córtex pré-frontal.[67]

Compreender o papel da amígdala amplia a compreensão sobre a regulação do comportamento social referente à necessidade que o homem tem de se adaptar a situações aversivas, aprender a partir de experiências negativas e positivas, qualificar estímulos externos ameaçadores e reconhecer expressões faciais e comportamentais que o preparem para uma convivência social adequada.

Córtex pré-frontal ventromedial

Outra região envolvida na regulação do comportamento social é o Córtex Pré-Frontal ventromedial (CPFvm) **(Fig. 5)**.

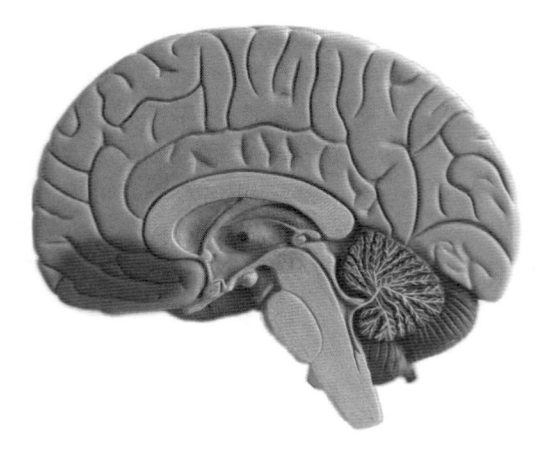

Figura 5 Córtex Pré-Frontal ventromedial.

O CPFvm tem sido implicado em vários aspectos do comportamento social, da emoção e da tomada de decisão.[62] Um dos casos mais emblemáticos de como uma disfunção no circuito do CPFvm, por uma lesão estrutural, pode levar a um comportamento social totalmente inadequado foi descrito por Damásio et al., 1994,[68] ao relatar o caso de Phineas Gage. Em 1861 Phineas Gage, um trabalhador ferroviário, sofreu um acidente e teve parte do seu cérebro danificado ao ser perfurado por uma barra de ferro na região pré-frontal ventromedial.[68, 69] Estudos descreveram que indivíduos previamente normais quanto à personalidade, após alguma lesão ou disfunção no CPFvm, desenvolviam transtornos na tomada de decisão e no planejamento, que afetavam substancialmente sua vida e suas relações sociais. Eles propuseram que o defeito seria devido à inabilidade para ativar estados emocionais ligados ao comportamento de recompensa e punição, o qual foi experimentado anteriormente em situações sociais específicas.[68] Diante de eventos sociais, haveria a ativação de um marcador somático (Teoria do Marcador Somático), que seria um despertar emocional fisiológico corporal (taquicardia, sudorese, piloereção, dilatação pupilar etc.), o qual enviaria o sinal fisiológico para o cérebro. Este evento social então geraria uma análise comportamental, reativando as redes neurais que iriam antecipar resultados e opções de respostas, provocando um reforço na atenção para consequências negativas futuras, permitindo, assim, uma supressão consciente das respostas negativas e escolhas de respostas biologicamente vantajosas.[69] Ao mesmo tempo, as conexões córtico-subcorticais ligadas ao sistema dopaminérgico da via límbica, mais instintivas, promoveriam respostas inibitórias não conscientes, visando suprimir necessidades primárias.[69] Em resumo, os estudos baseados na análise comportamental de pacientes com lesões no córtex pré-frontal ventromedial, ou na amígdala, revelaram que a emoção teria um papel fundamental na tomada de decisão adaptativa e que uma disfunção nesse circuito promoveria tomadas de decisões desvantajosas para sua vida social.[68, 70-72]

Além da importância da modulação do circuito emocional na regulação mais eficiente das contingências sociais, outro circuito fundamental na adaptação social seria a rede voltada para o comportamento de empatia.[73-75] Estudos de neuroimagem em lesões cerebrais têm implicado o lobo frontal medial como uma região de destaque na nossa habilidade de predizer o comportamento de outras pessoas, ao atribuir estados mentais como crenças, intenções e emoções. Esses estados têm sido descritos como ToM (Teoria da Mente). Testou-se em um experimento a hipótese de que o CPFvm teria um papel efetivo na ToM.[73] Os autores compararam o desempenho de pacientes com lesões localizadas no CFPvm, no Córtex Pré-Frontal Dorsolateral (CPFdl) e Junção Temporoparietal (JTP) com um grupo controle, mediante uma bateria de histórias afetivas e cognitivas relacionadas à ToM (falsas crenças, falsas atribuições, ironias e mentiras). Pacientes com danos no CPFvm tiveram importantes *déficits* e dificuldade para promoverem explicações dos estados mentais de forma apropriada para as histórias de conteúdo mais afetivo do que cognitivo, quando comparados ao grupo controle e ao grupo com lesões posteriores.[73] Posteriormente, estudaram-se as bases neurais do circuito da empatia humana, analisando dois sistemas separados que foram identificados mediante estudos de neuroimagem em pacientes com lesões cerebrais: um sistema emocional que daria suporte à habilidade de ter empatia emocional, bem como um sistema cognitivo que iria focar na compreensão das perspectivas do outro. O primeiro sistema incluiu o giro frontal inferior e o lobo parietal inferior, extremamente necessários para o reconhecimento emocional. Por outro lado, o envolvimento do córtex ventromedial com a JTP e o lobo temporal medial foi ativado diante do comportamento de autorreflexão e memórias autobiográficas, circuito importante para a empatia cognitiva.[73-75] Esses dois sistemas parecem agir de forma independente, porém observou-se que os indivíduos com lesões no córtex ventromedial, quando submetidos ao teste da ToM, com elevado conteúdo emocional, apresentavam maior número de erros, indicando que quanto maior o conteúdo emocional envolvido na história, maior a dificuldade de interpretação cognitiva.[73] Esse estudo demonstrou que o CPFvm atuaria como uma ponte de conexão entre os processos cognitivos e emocionais referentes à cognição social.

A literatura também aponta para a importância do julgamento moral nas relações interpessoais e na formação da sociedade.[76-79] Essencialmente como seres sociais, nós, humanos, temos a capacidade de imaginar o outro, suas crenças, pensamentos e sentimentos. O comportamento moral parece fazer parte da história da humanidade e, também, tem sido identificado em grupos de primatas.[80, 81] Um comportamento imoral implica violações de regras éticas e direitos civis que podem resultar em atos criminosos. Assim, pode-se dizer que um comportamento moral adequado deve sofrer influências ambientais e genéticas, mas deve, também, ser compreendido sob o aspecto dos circuitos cerebrais. Por esse motivo, faz-se necessário entender o comportamento de julgamento moral, considerando os circuitos neurais envolvidos.[69, 77, 82-84]

Estudos recentes sugerem que as áreas da junção temporoparietal direita e esquerda, o pré-cúneo e o córtex pré-frontal medial estejam intensamente ativados quando os participantes de um experimento estão lendo declarações explícitas de crenças de uma pessoa e, posteriormente, julgam o *status* moral da ação da mesma pessoa.[79] O resultado desse estudo revelou a importância do circuito da ToM e do CPFvm no julgamento moral por meio da inferência de crenças espontâneas e da integração de crenças impulsionadas por estímulos.[79] Portanto, ao contemplarem tarefas moralmente conflituosas, indivíduos parecem ativar o córtex pré-frontal medial e outras regiões subcorticais relacionadas ao circuito da ToM, confirmando que o julgamento moral e a tomada de decisão em situações de conflitos morais necessitam de uma conexão entre o circuito da ToM e o circuito da tomada de decisão.[79] Nesse caso, certas tomadas de decisões que envolvem conflitos morais sem que o indivíduo esteja inserido diretamente no contexto parecem ativar mais o circuito racional, enquanto situações nas quais existe um conteúdo emocional envolvido e o indivíduo participa diretamente do contexto parecem ativar mais o circuito emocional.[77, 83, 85-87]

Em resumo, pode-se dizer que o ser humano em seus primórdios e ainda vivendo como um selvagem, ao observar o comportamento de outros indivíduos, primeiramente, parece ter maturado o circuito do cérebro social, em que o comportamento voltado para a empatia com a dor e com o sofrimento do outro, associado ao comportamento de inserir pensamentos e crenças de outros dentro das suas interpretações cognitivas, criou um pensamento crítico do que poderia ser certo ou errado, humano ou desumano, moral ou imoral. Esses circuitos amadureceram e foram passados ao longo da história, criando uma espécie que conseguiu conviver socialmente de forma harmônica e com regras sociais que impediram, em parte, atos bárbaros e selvagens que colocassem em risco a perpetuação da nossa espécie.

O córtex da ínsula

Como dito anteriormente, a neurociência social nos últimos anos tem focado seus objetivos nos estudos dos mecanismos neuronais que modulam o comportamento e a habilidade humana, para compreender os estados mentais de outros indivíduos. Alguns pesquisadores têm proposto, por meio de estudos de neuroimagem, dois circuitos neurais responsáveis pelo sentimento de empatia e ToM (Teoria da Mente).[88] Apesar de existir uma certa semelhança nos termos, os quais muitas vezes são usados como sinônimos, a ToM, como já descrito, é voltada para a compreensão de estados mentais como intenções, metas e crenças, enquanto a empatia se refere à nossa habilidade de compartilhar sentimentos como emoções e sensações de outros indivíduos.

O córtex insular anterior tem um importante papel na emoção social, ou seja, nos estados afetivos que se apresentam quando indivíduos interagem com outros indivíduos dentro de um contexto social específico. Empatia, compaixão, cooperação, amor maternal, amor romântico, sentimento de justiça etc. têm sido reações comportamentais que são moduladas pelo córtex insular e suas conexões com as regiões límbicas, paralímbicas, corticais sensoriais, subcorticais etc.[89-94] Considerada o centro da emoção visceral, a ínsula anterior está relacionada com um despertar interoceptivo/visceral e a representação dos estados emocionais (**Fig. 6**).

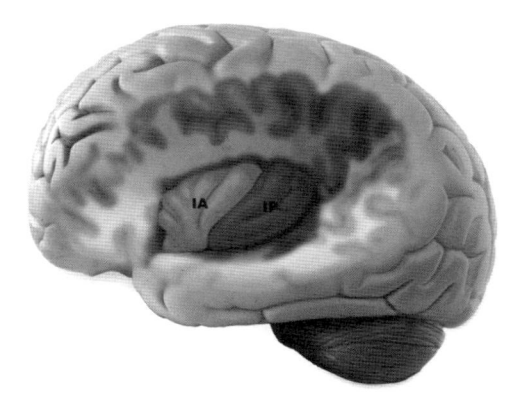

Figura 6 Córtex da ínsula – IA (Ínsula Anterior); IP (Ínsula Posterior).

Ao estudar o comportamento empático de indivíduos quanto à dor de outros indivíduos, constatou-se a importância do córtex insular no comportamento empático.[88] A empatia pela dor do próximo ativou partes da rede neural afetivo-motivacional, que também foi ativada quando se induziram estados afetivos relacionados com a própria dor do indivíduo testado.[88] Pesquisas compararam a ativação cerebral de participantes que foram submetidos a um estudo no qual experimentavam um estímulo doloroso e observavam estímulos dolorosos no parceiro. O estudo revelou uma atividade neural na ínsula anterior esquerda e direita, no córtex cingulado anterior dorsal, no mesencéfalo e cerebelo.[88] O que se observou foi uma ativação tanto para a experiência da própria dor como da dor do parceiro, sugerindo que as representações dos estados afetivos dos participantes se engajavam quando estes estavam observando o estado afetivo negativo relacionado ao sofrimento dos seus parceiros.[88, 89] Um estudo de metanálise, posteriormente, analisou e integrou todos esses achados e descreveu a presença de uma rede neural central envolvendo a empatia para a dor. Essa rede neural incluía principalmente a ínsula anterior bilateral e o Córtex Cingulado Anterior dorsal (CCAd). O mais importante foi identificar que a ativação dessas regiões se sobrepunha à ativação evocada pela experiência direta da dor. Ou seja, compartilhar as emoções dos outros depende de estruturas neurais que também estão envolvidas na experiência direta dessas sensações. Curiosamente a ínsula posterior e o córtex sensitivo primário foram ativados apenas quando os participantes sentiram dor, mas não na condição de empatia – indicando que compartilhamos apenas os efeitos afetivos da dor, mas não a experiência nociceptiva completa.[88, 89, 95-97]

A ínsula também participa ativamente no comportamento amoroso. O nosso cérebro social foi moldado, ao longo da evolução, para criar um comportamento voltado para o cuidado e a proteção da espécie. O amor maternal, o amor romântico, a compaixão e a admiração por outros indivíduos fizeram com que a nossa espécie criasse um ambiente social e interpessoal mais equilibrado afetivamente. Estudos mostram que a ínsula anterior é recrutada e ativada durante emoções positivas relacionadas com a interação com outros, especialmente quando se refere à questão da compaixão, admiração e do amor romântico e maternal. [89, 97, 98]

Fazendo parte do circuito que modula as respostas emocionais viscerais, o córtex da ínsula também vem sendo estudado no que diz respeito às suas conexões com o sistema nervoso periférico autônomo.

As bases neuroanatômicas da assimetria inter-hemisférica vinculadas às respostas emocionais mostraram que a assimetria emocional do prosencéfalo seria anatomicamente baseada em uma representação assimétrica da atividade homeostática que se originaria de assimetrias no sistema nervoso autônomo. Esta proposta baseou-se em evidências que sugeriam uma lateralização da atividade sensorial envolvida nas questões homeostáticas, as quais influenciariam sentimentos subjetivos. Ou seja, o córtex insular esquerdo tinha maior influência na modulação das emoções com valências positivas e regulação do sistema parassimpático, enquanto a ínsula direita estava envolvida na modulação emocional com valências negativas, em que predominava um processamento regulado pelo sistema simpático.[89, 99-101] Vale ressaltar que esses achados são coincidentes com outros estudos que identificaram assimetria frontal diante de emoções com valências negativas e positivas.

De uma forma geral, as estruturas anatômicas como a amígdala, o córtex pré-frontal ventromedial e a ínsula integram diferentes circuitos neurais que estão envolvidos na cognição social. Mas devemos ressaltar a importância de descrever o papel de três circuitos neurofuncionais que são fundamentais na modulação do comportamento social: i) a rede em modo padrão ou Default Mode Network (DMN); ii) o circuito de Von Economo (VEN); e iii) o circuito dos neurônios espelho.

Default Mode Network (ou rede em modo padrão)

Em 2001, Raichle et al. publicaram um estudo no qual descreveram mudanças detectadas quando se comparava o estado relacionado a uma tarefa desenhada para ativar o funcionamento do cérebro com uma demanda cognitiva e a uma tarefa controle em estado de repouso com olhos fechados ou ao observar passivamente um estímulo neutro.[102] A possibilidade de existir um circuito neural organizado que pudesse estar ativado e funcionante, mesmo em estado de repouso, e que durante uma demanda cognitiva fosse desativado, ou hipoatenuado, gerou um grande interesse da comunidade científica, passando a ser bastante investigado pelos métodos de neuroimagem funcional.[102, 103]

Nos últimos anos, com os avanços dos estudos em imagens neurofuncionais, ocorreu um grande crescimento das pesquisas e análises das bases neurais relacionadas com a cognição, percepção e emoção.[32, 36, 102-107] No entanto, as pesquisas que antes estavam direcionadas às regiões que tinham maior ativação durante tarefas específicas ganharam um outro foco. Resultados de estudos com ressonância magnética funcional nas regiões de atividades neurais neutras durante o estado de repouso mostraram que de fato essas regiões, que aparentemente eram ativadas apenas em situações de neutralidade, pareciam ser mais do que uma simples rede de repouso e tinham um papel fundamental no comportamento humano.[103, 105, 108, 109] Foi identificado um circuito subcortical conectando diferentes áreas cerebrais que passou a ser chamado de Default Mode Network (DMN). Isso ampliou o entendimento sobre a importância dos processos mentais internamente guiados e sua influência sobre as regiões que modulam as funções cognitivas superiores.[102, 103, 105 107, 110 112] Mas qual seria a função de um circuito que seria ativado apenas quando o cérebro estivesse em repouso e sem uma demanda ou tarefa cognitiva com meta direcionada? Novas pesquisas revelaram algo mais enriquecedor, relacionando a DMN ao estado de introspecção e autorreferência.[108, 112-114] Além disso, diferentes padrões foram observados quanto à idade e gênero.[114, 115] Descobriu-se, por exemplo, que processos dirigidos internamente como a memória episódica, a autoprojeção e a autorreferência ativavam constantemente as regiões da DMN.[104, 116-120] Posteriormente, estudos de neuroimagem funcional mostraram que esse circuito era modulado por pensamentos dirigidos internamente e existia um comportamento adaptativo em que os indivíduos se tornavam capazes com de desativar a DMN durante o envolvimento de uma tarefa. Ou seja, quanto mais o indivíduo se torna capaz de "recusar" a resposta da DMN, mais bem-sucedido se torna o seu desempenho.[104, 106, 109, 114, 121]

Do ponto de vista neural, a rede em modo padrão, ou DMN, consiste de uma integração entre áreas corticais simétricas da porção medial e lateral do córtex parietal, córtex pré-frontal medial e córtex temporal lateral e medial.[106, 114] Os estudos de imagens revelam três grandes áreas corticais pertencentes ao circuito, cada uma atuando em determinadas ações comportamentais: o Córtex Pré-Frontal Ventromedial (CPFvm), participando da modulação do comportamento emocional; o Córtex Pré-Frontal dorsomedial (CPFdm), participando do comportamento de julgamento autorreferencial; e o Córtex Cingulado Posterior (CCP) e pré-cúneo em conexão com o hipocampo, recoletando informações ou lembranças passadas.[102, 103, 105, 106, 112, 121-124] (Fig. 7)

Dentro da DMN, o CPFvm faz parte de uma rede neural envolvida no recebimento de informações sensoriais oriundas de percepções externas e informações sensoriais provenientes do córtex orbitofrontal.[103] Essas regiões então se projetam para estruturas subcorticais, conectando as informações sensoriais com o sistema límbico, os gânglios da base – especialmente o estriado ventral (substância cinzenta periaquedutal), a amígdala e o hipotálamo, modulando o comportamento emocional com as contingências sociais e os *drives* motivacionais.[102, 103, 105, 106, 124] Desse modo, pensar que o circuito da DMN atua somente quando se encontra no estado de repouso com olhos fechados, ou de introspeção vagueando nos pensamentos (*mind-wandering*) seria um equívoco. A DMN nunca está "*off*" e se encontra sempre ativada, porém em um estado padrão, que pode ser atenuado ou intensificado, dependendo do estímulo interna ou externamente guiado.[102, 112, 121, 124]

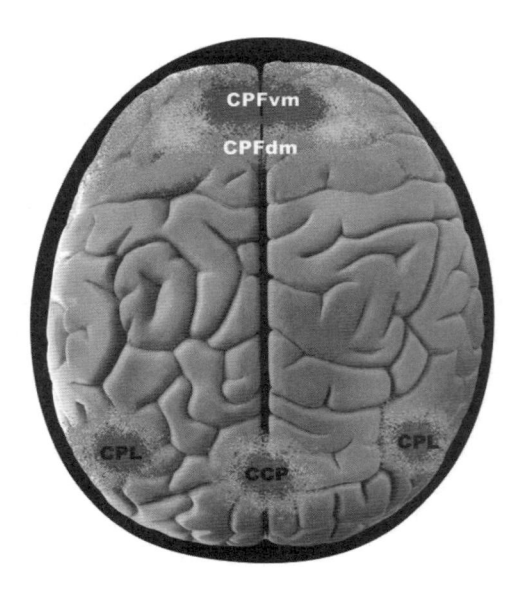

Figura 7 Rede em modo padrão – CPFvm (Córtex Pré-Frontal ventromedial); CPFdm (Córtex Pré-Frontal dorsomedial); CPL (Córtex Parietal Lateral); CCP (Córtex Cingulado Posterior).

Vale ressaltar, mais uma vez, que estudos atuais demonstram a importância dos circuitos córtico-subcorticais no comportamento social, o qual foi moldado ao longo da evolução. Com o aparecimento do circuito da linguagem e da criação do pensamento simbólico no *Homo sapiens*, criou-se uma conexão entre nossos pensamentos e ações guiados interna e externamente, na qual, sem dúvida, existe a participação da DMN que, entre outras funções, exerce papel fundamental no processo da imaginação humana.[27, 28, 112] Imaginar indica a faculdade de criar imagens e construções mentais de um novo personagem, capacidade esta especialmente desenvolvida em humanos.[125] Assim, ao possuirmos a capacidade de expandir nossas experiências, criarmos uma realidade virtual futura para anteciparmos certos resultados, nos preparando para uma melhor resposta adaptativa, ampliando as perspectivas e a nossa compreensão do mundo e dos outros, construímos pensamentos visionários, otimismo, esperança e motivações que levaram a nossa espécie ao seu devir humano. Todos esses atributos da nossa humanidade têm relação com nossa ancestralidade, nossa genética, cultura, e a formação do nosso pensamento simbólico a partir das conexões de redes neurais, entre elas a DMN, que foi amadurecendo ao longo da nossa evolução.[19, 24, 125, 126] Então a imaginação não se resume apenas a um processo de interpretações sensoriais, mas sim é algo mais complexo e construtivo, com a criação de objetos mentais singulares referentes ao mundo interior de cada indivíduo.

Pode-se, assim, afirmar que uma das funções mais nobres que a humanidade possui é a capacidade de desenvolver o autoconhecimento. Para que possamos compreender o outro e o seu comportamento e singularidade, primeiramente aprendemos a mergulhar no nosso interior e, por meio de um processo de imaginação e autoprojeção, mentalmente simulamos como poderíamos nos comportar diante de uma determinada situação social hipotética. Ou seja, para que possamos perceber a nossa existência, faz-se necessária a presença de um outro, que nos proporcionará um aprendizado social para que tenhamos a percepção de que, enquanto indivíduos, somos singulares, mas precisamos respeitar outras crenças, opiniões, escolhas, decisões e afetos.

Outra região que faz parte do circuito da DMN e que tem sido implicada nos modelos de cognição social é o Córtex Pré-Frontal dorsomedial (CPFdm). A ativação do CPFdm está envolvida nos processos de autorreferência e percepção dos estados mentais.[127] Pesquisas identificaram que no CPFdm ocorria uma maior ativação em cenas de filmes que envolviam interações sociais.[127] Ou seja, socialmente o ser humano tem um comportamento voltado para a observação comportamental de terceiros. Fazemos isso ao assistir a um filme, um telejornal, uma novela. Estudos com técnica de correlação reversa de unidade de dados para estudar o papel do CPFdm demonstraram que essa região é particularmente direcionada para características de narrativas sociais em experimentos audiovisuais presentes em filmes. Mesmo na ausência de qualquer tarefa explícita, o CPFdm acompanha o fluxo e o contrafluxo da informação social, confirmando a importância dessa região e do circuito da DMN na cognição social do mundo real.[127]

Do ponto de vista evolutivo, o córtex pré-frontal dorsomedial tem um papel fundamental no desenvolvimento comportamental da espécie *sapiens*. Estudos prévios mostraram evidências de que a área 10 de Brodmann seria a única mais larga em humanos do que nos outros primatas.[17-19] Dessa forma, estudar detalhadamente a anatomia neurofuncional do CPFdm tornou-se fundamental para os vários pesquisadores interessados em comportamento social. Em humanos, essa região do córtex tem sido implicada em vários e complexos processos cognitivos, além do comportamento social. O CPFdm foi estudado e segregado dentro de quatro sub-regiões (rostroventral, rostrodorsal, caudal direita e caudal esquerda).[128] Foi observado que ambos os grupamentos rostrais (ventral e dorsal) se encontravam conectados com o sistema límbico, especialmente a amígdala e o hipocampo, e estavam envolvidos nas tarefas cognitivas e de memória na decodificação funcional. Porém, a região ou *cluster* rostroventral exibiu mais conectividade com a rede em modo padrão ou DMN. Já o *cluster* caudal direito estava mais conectado com a rede de atenção dorsal ou frontoparietal, enquanto o *cluster* esquerdo se conectava ao córtex cingulado anterior e à ínsula anterior bilateral (rede de saliência ou *salience network*).[128] Esses achados apontam para uma rede neural altamente sofisticada da DMN e sua conexão com a porção dorsomedial do córtex pré-frontal envolvido na cognição humana. Por exemplo, diferentes tarefas cognitivas sociais como a teoria da mente, a autorreferência, o julgamento moral e a empatia têm mostrado um recrutamento regional em diferentes sub-regiões do CPFdm, do CPFvm e da ínsula anterior.

Essas regiões estão altamente conectadas com outras áreas do córtex cerebral, modulando o comportamento cognitivo e emocional de forma contínua e permanente.[127-129]

Outra importante região que faz parte da DMN é o córtex cingulado posterior e pré-cúneo. O córtex cingulado posterior e pré-cúneo, em conexão com o hipocampo, participa da evocação de memórias autobiográficas.[128] Estudos propuseram que regiões corticais, entre elas a região frontopolar, as estruturas anteriores da linha média, o lobo temporal medial/parietal e a junção temporoparietal, responsáveis pela memória, prospecção, navegação espacial e Teoria da Mente, antes vistas de formas distintas e separadas, compartilham a mesma rede de conectividade dentro da DMN.[130, 131] Constatou-se que essa rede padrão daria suporte ao processo de autoprojeção ou a habilidade de mentalmente projetar-se do momento presente para um outro tempo, espaço e perspectiva, mentalmente simulados.[60, 130-135] Como já descrito, a capacidade de coletar lembranças autobiográficas e fazer autoprojeção futura cria uma perspectiva virtual fora do contexto da realidade, a partir de memórias de fatos reais já vividos. Esse processo ocorre dentro do circuito da DMN, ativando o Córtex Cingulado Posterior (CCP), o Lobo Temporal medial (LTm), o Lobo Parietal inferior (LPi), o Córtex Pré-Frontal ventromedial (CPFvm) e a sub-região rostroventral do Córtex Pré-Frontal dorso medial (CPFdm). Trata-se de uma rede que tem papel fundamental na sociabilização humana, visto que irá prever o comportamento de uma outra pessoa, ou de eventos sociais e, assim, moldar um comportamento com relações sociais mais adequadas e vantajosas.[60, 109, 133-137]

Os neurônios de Von Economo

O que são os neurônios de Von Economo (VEN) e qual a sua função no comportamento humano? Do ponto de vista citológico, esses neurônios são células bipolares largas e fusiformes, identificadas há muitos anos por grandes neuroanatomistas como Betz (1881), Hammarberg (1895), Ramón e Cajal (1899), e Von Economo e Koskinas (1925). Von Economo estudou mais profundamente esses neurônios e fez a descrição morfológica, mapeando-os na região frontoinsular e na III e na V camada do córtex do cíngulo anterior, área 24 de Brodmann (BA24)[138, 139] **(Fig. 8)**. Em estudos mais recentes, observou-se, também, a presença de VEN no córtex pré-frontal medial, a cerca de 5 mm da convexidade dorsomedial, região que corresponde à área 9 de Brodmann (BA9).[139]

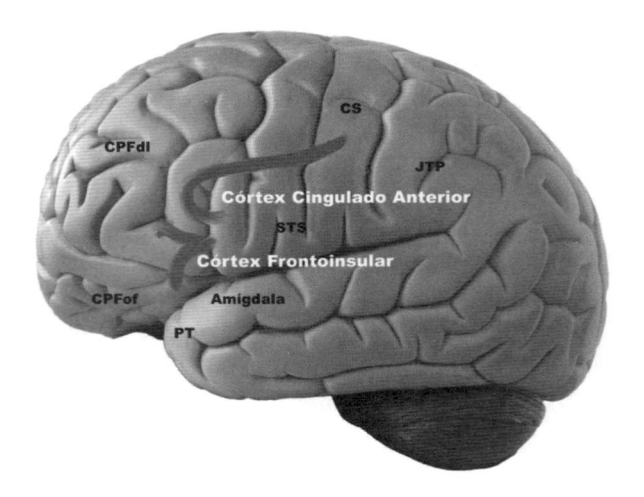

Figura 8 Localização dos neurônios de Von Economo: Córtex Frontoinsular e Córtex Cingulado Anterior.

Os VEN podem ser encontrados em humanos e primatas, porém em menos quantidade nestes últimos. Os estudos mostram que esses neurônios surgiram nos hominídeos nos últimos 15 milhões de anos, muito antes do desenvolvimento do circuito da linguagem. Por essa razão, são considerados fundamentais no processo evolutivo e de sociabilização do gênero *Homo* e, posteriormente, da espécie *sapiens*, uma vez que participam do circuito da DMN.[1, 20, 119, 127, 137, 140-144] Os VEN são considerados neurônios de projeção e possuem um largo e único dendrito basal que, possivelmente, surgiu como resultado de uma evolução e programação genética.[143] Essa evolução culminou com uma transformação dos neurônios piramidais que suprimiram ramos dendríticos terciários e secundários, porém desenvolveram um aumento do dendrito basal primário.[55, 143-145] Com essa mudança, os VEN passaram a ter uma arborização dendrítica estreita com capacidade de transmitir rapidamente os sinais de transmissão neuronal.[143, 144]

Do ponto de vista do desenvolvimento, os VEN começam a aparecer em pequeno número por volta da 36ª semana de vida, depois crescem em número durante os primeiros 8 meses até chegarem ao mesmo número de um cérebro adulto, o que ocorre por volta dos 4 anos de idade.[143, 146] Existe uma significante assimetria inter-hemisférica, na qual se observa uma maior quantidade de VEN no hemisfério direito, em comparação com o hemisfério esquerdo.[138]

Estudos de conectividade mostram que o perfil de conexão desses neurônios forma uma rede frontoparietal com algumas subdivisões.[147] O primeiro *cluster* contém uma rede de saliência que é uma *network* atencional, a qual inclui o córtex frontal superior, a área de Brodmann 10 (BA10), o lobo parietal inferior, a ínsula anterior e o córtex cingulado anterior dorsal. O segundo *cluster* apresenta a rede sensório-motora composta pelas áreas: temporal superior, pré-central e pós-central. O terceiro cluster consiste das áreas frontal ventromedial e ventrodorsal, que fazem parte da região mais anterior do circuito da DMN.[147] Como achado mais relevante desse estudo, observou-se que a rede que emerge a partir da análise funcional de conectividade entre áreas que contêm os VEN está conectada com o córtex insular anterior, formando o circuito frontoinsular, fundamental nas funções de detecção de saliência e autorregulação.

Por isso, os neurônios de Von Economo constituem *subnetworks* que se sobrepõem ao circuito da DMN, sensório-motor e à rede atencional dorsal (DAN).[147]

O Córtex Cingulado Anterior (CCA) e a ínsula anteroinferior são as regiões onde se localizam a maior parte dos neurônios de Von Economo. Ambas participam dos mecanismos de homeostase e de aspectos das funções fisiológicas mais básicas.[143] Além disso, outros estudos mostram que a ínsula anterior e o córtex cingulado estão envolvidos no reconhecimento do erro e na iniciação de respostas adaptativas para o erro e para o *feedback* negativo.[96, 143, 148] Em situações sociais em que um erro ou a mudança de estado de uma outra pessoa pode indicar um erro ou um defeito na rede social, observa-se ativação tanto da ínsula anterior quanto do córtex cingulado anterior.[143] Por outro lado, alguns estudos apontam para uma ativação dessas regiões em situações de sinais pró-sociais positivos, como o amor e a confiança.[149] Isso demonstra que as áreas dos VEN participam do registro de estados positivos e negativos da rede social.[143]

Com todos esses estudos, ficou claro o papel dos VEN e suas redes de conexão com regiões envolvidas nos seguintes circuitos: atenção, emoção, rede de saliência, Default Mode Network, circuito do cérebro social etc. Esses neurônios exercem um papel crítico na regulação do comportamento humano, funcionando como uma ponte de integração, ou "*hub*", entre diferentes circuitos para organizar a função do comportamento social.[32, 33, 59, 90, 115, 146, 150-155]

Os neurônios espelho

Os neurônios espelho formam uma rede neural que dispara quando um indivíduo pratica uma ação motora ou observa a ação de um outro indivíduo, e, por isso, participam do circuito que envolve a cognição social.[156-159] Existem vias que estão ligadas ao Sistema dos Neurônios Espelho (SNE): uma via ligada à área pré-motora frontal e outra via ligada ao Lobo Parietal Inferior (LPI), além do Sulco Temporal Superior (STS).[156] Duas grandes metanálises com estudos de Ressonância Nuclear Magnética Encefálica funcional (RNMf) e Tomografia por emissão de pósitrons (PET *scan* cerebral) confirmaram que as regiões-chave envolvidas no Sistema de Neurônios Espelho (SNE) seriam as seguintes áreas: Motora Suplementar (AMS), Lobo Parietal Inferior (LPI) e Sulco Temporal Superior (STS) (**Fig. 9**), que estariam ativadas durante atos motores de observação, imitação e execução, apresentando múltiplas áreas de associação. Esse estudo de metanálise revelou que o circuito seria bilateral e estaria dentro do córtex frontal pré-motor, córtex parietal e do têmporo-occipital.

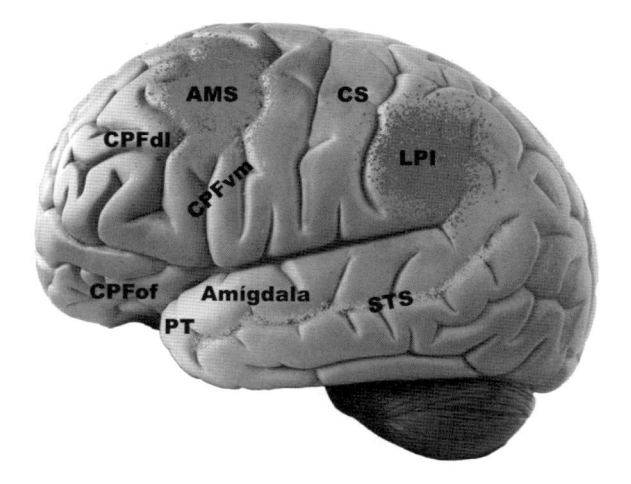

Figura 9 Circuito dos neurônios espelho – AMS (Área Motora Suplementar); LPI (Lobo Parietal Inferior); STS (Sulco Temporal Superior).

Outras pesquisas argumentaram que os neurônios espelho seriam originados a partir de um aprendizado associativo sensório-motor.

Ou seja, os neurônios espelho seriam desenhados pela evolução para preencher uma função sociocognitiva específica.[160] De qualquer forma, a função dos neurônios espelho, apesar de controversa, sinaliza para a importância de se observar o comportamento de outros indivíduos e aprender com suas atitudes.

Considerações finais

Em resumo, podemos afirmar que os circuitos que participam da modulação do comportamento social formam uma grande rede que possibilita relações estruturadas, equilibradas e produtivas. Enquanto seres sociais e totalmente dependentes das relações interpessoais, compreender a evolução das redes neurais que moldaram o nosso comportamento, bem como entender o funcionamento do aparato mental humano, que torna cada indivíduo singular, obriga-nos a aprofundar os conhecimentos neurocientíficos e a dialogar com outros saberes, buscando maior entendimento sobre a complexidade da nossa espécie.

Referências

1. Hoffmann, M. (2013). The human frontal lobes and frontal network systems: an evolutionary, clinical, and treatment perspective. *ISRN Neurol*, 892459.

2. Coppens, Y. (1994). East side story: the origin of humankind. *Sci Am*, 270(5), 88-95.

3. Coppens, Y. (1998). [The evolution of man]. *Bull Mem Acad R Med Belg*, 153(12), 447-9.

4. Zalc, B., Goujet, D., Colman, D. (2008). The origin of the myelination program in vertebrates. *Curr Biol*, 18(12), R511-2.

5.   Zalc, B. (2016). The acquisition of myelin: an evolutionary perspective. *Brain Res*, 1641(Pt A), 4-10.

6.   Zalc, B. (2006). The acquisition of myelin: a success story. *Novartis Found Symp*, 276, 15-21; discussion 21-5, 54-7, 275-81.

7.   Falk, D. (1983). Cerebral cortices of East african early hominids. *Science*, 221(4615), 1072-4.

8.   Falk, D. (1978). Brain evolution in Old World monkeys. *Am J Phys Anthropol*, 48(3), 315-9.

9.   Holloway, R. L., Jr. (1968). The evolution of the primate brain: some aspects of quantitative relations. *Brain Res*, 7(2), 121-72.

10. Falk, D. (1986). Hominid evolution. *Science*, 234(4772), 11.

11. Coppens, Y. (2013) [About Australopithecus afarensis Lucy]. *Gynecol Obstet Fertil*, 41(9), 477.

12. Leakey, L. S., Leakey, M. D. (1964). Recent discoveries of fossil hominids in Tanganyika: at Olduvai and near Lake Natron. *Nature*, 202, 5-7.

13. Leakey, L. S., Tobias, P. V., Napier, J. R. (1964). A New Species of the Genus *Homo* from Olduvai Gorge. *Nature*, 202, 7-9.

14. Chavaillon, J., Chavaillon, N., Coppens, Y., Senut, B. (1977). [Hominid in the Oldowan site of Gombore I, Melka-Kunture, Ethiopia]. *C R Acad Sci Hebd Seances Acad Sci D*, 285(9), 961-3.

15. Coppens, Y. (1991) [The anatomical and functional origin of the first bipedalism]. *Bull Acad Natl Med*, 175(7), 977-91; discussion 991-3.

16. Marean, C. W. (2010). When the sea saved humanity. *Sci Am*, 303(2), 54-61.

17. Semendeferi, K., Lu, A., Schenker, N., Damásio, H. (2002). Humans and great apes share a large frontal cortex. *Nat Neurosci*, 5(3), 272-6.

18. Semendeferi, K., Damásio, H., Frank, R., Van Hoesen, G. W. (1997). The evolution of the frontal lobes: a volumetric analysis based on three-dimensional reconstructions of magnetic resonance scans of human and ape brains. *J Hum Evol*, 32(4), 375-88.

19. Semendeferi, K., Armstrong, E., Schleicher, A., Zilles, K., Van Hoesen, G. W. (2001). Prefrontal cortex in humans and apes: a comparative study of area 10. *Am J Phys Anthropol*, 114(3), 224-41.

20. Barger, N., Hanson, K. L., Teffer, K., Schenker-Ahmed, N. M., Semendeferi, K. (2014). Evidence for evolutionary specialization in human limbic structures. *Front Hum Neurosci*, 8, 277.

21. Allman, J. M., Tetreault, N. A., Hakeem, A. Y., Manaye, K. F., Semendeferi, K., Erwin, J. M., Park, S., Goubert, V., Hof, P. R. (2010). The von Economo neurons in frontoinsular and anterior cingulate cortex in great apes and humans. *Brain Struct Funct*, 214(5-6), 495-517.

22. Hrvoj-Mihic, B., Bienvenu, T., Stefanacci, L., Muotri, A. R., Semendeferi, K. (2013). Evolution, development, and plasticity of the human brain: from molecules to bones. *Front Hum Neurosci*, 7, 707.

23. Barger, N., Stefanacci, L., Schumann, C. M., Sherwood, C. C., Annese, J., Allman, J. M., Buckwalter, J. A., Hof, P. R., Semendeferi, K. (2012). Neuronal populations in the basolateral nuclei of the amygdala are differentially increased in humans compared with apes: a stereological study. J Comp Neurol, 520(13), 3035-54.

24. Sherwood, C. C., Subiaul, F., Zawidzki, T. W. (2008). A natural history of the human mind: tracing evolutionary changes in brain and cognition. *J Anat*, 212(4), 426-54.

25. Preuss, T. M. (2006). Who's afraid of *Homo sapiens*? *J Biomed Discov Collab*, 1, 17.

26. Park, M. S., Nguyen, A. D., Aryan, H. E., U, H. S., Levy, M. L., Semendeferi, K. (2007). Evolution of the human brain: changing brain size and the fossil record. *Neurosurgery*, 60(3), 555-62; discussion 562.

27. Pribram, K. H. (2006). What makes humanity humane. *J Biomed Discov Collab*, 1, 14.

28. Raghanti, M. A., Edler, M. K., Stephenson, A. R., Munger, E. L., Jacobs, B., Hof, P. R., Sherwood, C. C., Holloway, R. L., Lovejoy, C. O. (2018). A neurochemical hypothesis for the origin of hominids. *Proc Natl Acad Sci U S A*, 115(6), E1108-E1116.

29. Holloway, R. L. (1983). Cerebral brain endocast pattern of *Australopithecus afarensis* hominid. *Nature*, 303(5916), 420-2.

30. Holloway, R. L., De La Costelareymondie, M. C. (1982). Brain endocast asymmetry in pongids and hominids: some preliminary findings on the paleontology of cerebral dominance. *Am J Phys Anthropol*, 58(1), 101-10.

31. Raghanti, M. A., Stimpson, C. D., Marcinkiewicz, J. L., Erwin, J. M., Hof, P. R., Sherwood, C. C. (2008). Cortical dopaminergic innervation among humans, chimpanzees, and macaque monkeys: a comparative study. *Neuroscience*, 155(1), 203-20.

32. Cummings, J. L. (1993). Frontal-subcortical circuits and human behavior. *Arch Neurol*, 50(8), 873-80.

33. Masterman, D. L., Cummings, J. L. (1997). Frontal-subcortical circuits: the anatomic basis of executive, social and motivated behaviors. *J Psychopharmacol*, 11(2), 107-14.

34. Tekin, S., Cummings, J. L. (2002). Frontal-subcortical neuronal circuits and clinical neuropsychiatry: an update. *J Psychosom Res*, 53(2), 647-54.

35. Bonelli, R. M., Cummings, J. L. (2007). Frontal-subcortical circuitry and behavior. *Dialogues Clin Neurosci*, 9(2), 141-51.

36. Royall, D. R., Lauterbach, E. C., Cummings, J. L., Reeve, A., Rummans, T. A., Kaufer, D. I., LaFrance, W. C., Jr., Coffey, C. E. (2002). Executive control function: a review of its promise and challenges for clinical research. A report from the Committee on Research of the American Neuropsychiatric Association. *J Neuropsychiatry Clin Neurosci*, 14(4), 377-405.

37. Tomasello, M., Carpenter, M., Call, J., Behne, T., Moll, H. (2005). Understanding and sharing intentions: the origins of cultural cognition. *Behav Brain Sci*, 28(5), 675-91; discussion 691-735.

38. Arbib, M. A. (2008). From grasp to language: embodied concepts and the challenge of abstraction. *J Physiol Paris*, 102(1-3), 4-20.

39. Arbib, M. A., Liebal, K., Pika, S. (2008). Primate vocalization, gesture, and the evolution of human language. *Curr Anthropol*, 49(6), 1053-63; discussion 1063-76.

40. Chomsky, N. (2017). Language architecture and its import for evolution. *Neurosci Biobehav Rev*, 81(Pt B), 295-300.

41. Damásio, H., Grabowski, T. J., Tranel, D., Hichwa, R. D., Damásio, A. R. (1996). A neural basis for lexical retrieval. *Nature*, 380(6574), 499-505.

42. Di Vincenzo, F., Manzi, G. (2013). Social learning and origin of the language faculty by means of natural selection. *J Anthropol Sci*, 91, 261-7.

43. Fitch, W. T., Huber, L., Bugnyar, T. (2010). Social cognition and the evolution of language: constructing cognitive phylogenies. *Neuron*, 65(6), 795-814.

44. Komarova, N. L., Nowak, M. A. (2001). Natural selection of the critical period for language acquisition. *Proc Biol Sci*, 268(1472), 1189-96.

45. Lieberman, P. (2016). The evolution of language and thought. *J Anthropol Sci*, 94, 127-46.

46. Bargh, J. A. (2014). Our unconscious mind. *Sci Am*, 310(1), 30-7.

47. Bargh, J. A., Morsella, E. (2008). The unconscious mind. *Perspect Psychol Sci*, 3(1), 73-9.

48. Dijksterhuis, A. (2004). Think different: the merits of unconscious thought in preference development and decision making. *J Pers Soc Psychol*, 87(5), 586-98.

49. Dijksterhuis, A., Nordgren, L. F. (2006). A theory of unconscious thought. *Perspect Psychol Sci*, 1(2), 95-109.

50. Damasio, A. (2003). Feelings of emotion and the self. *Ann N Y Acad Sci*, 1001, 253-61.

51. Pribram, K. H. (1969). The neurophysiology of remembering. *Sci Am*, 220(1), 73-86.

52. Damásio, A. R. (2001). Descartes' error revisited. *J Hist Neurosci*, 10(2), 192-4.

53. Greenwald, A. G. (1992). New look 3. Unconscious cognition reclaimed. *Am Psychol*, 47(6), 766-79.

54. Loftus, E. F., Klinger, M. R. (1992). Is the unconscious smart or dumb? *Am Psychol*, 47(6), 761-5.

55. Butti, C., Santos, M., Uppal, N., Hof, P. R. (2013). Von Economo neurons: clinical and evolutionary perspectives. *Cortex*, 49(1), 312-26.

56. Bauernfeind, A. L., de Sousa, A. A., Avasthi, T., Dobson, S. D., Raghanti, M. A., Lewandowski, A. H., Zilles, K., Semendeferi, K., Allman, J. M., Craig, A. D., Hof, P. R., Sherwood, C. C. (2013). A volumetric comparison of the insular cortex and its subregions in primates. *J Hum Evol*, 64(4), 263-79.

57. Pribram, K. H. (1975). The primate frontal cortex: progress report 1975. *Acta Neurobiol Exp* (Wars), 35(5-6), 609-25.

58. Schenker, N. M., Desgouttes, A. M., Semendeferi, K. (2005). Neural connectivity and cortical substrates of cognition in hominoids. *J Hum Evol*, 49(5), 547-69.

59. Adolphs, R. (2009). The social brain: neural basis of social knowledge. *Annu Rev Psychol*, 60, 693-716.

60. Keysers, C., Gazzola, V. (2007). Integrating simulation and theory of mind: from self to social cognition. *Trends Cogn Sci*, 11(5), 194-6.

61. Adolphs, R. (2001). The neurobiology of social cognition. *Curr Opin Neurobiol*, 11(2), 231-9.

62. Adolphs, R. (2014). Social attention and the ventromedial prefrontal cortex. *Brain*, 137(Pt 6), 1572-4.

63. Adolphs, R. (1999). Social cognition and the human brain. *Trends Cogn Sci*, 3(12), 469-479.

64. Schaefer, S. M., Jackson, D. C., Davidson, R. J., Aguirre, G. K., Kimberg, D. Y., Thompson-Schill, S. L. (2002). Modulation of amygdalar activity by the conscious regulation of negative emotion. *J Cogn Neurosci*, 14(6), 913-21.

65. Berntson, G. G., Bechara, A., Damásio, H., Tranel, D., Cacioppo, J. T. (2007). Amygdala contribution to selective dimensions of emotion. *Soc Cogn Affect Neurosci*, 2(2), 123-9.

66. Nitschke, J. B., Sarinopoulos, I., Mackiewicz, K. L., Schaefer, H. S., Davidson, R. J. (2006). Functional neuroanatomy of aversion and its anticipation. *Neuroimage*, 29(1), 106-16.

67. Bechara, A., Damasio, H., Damasio, A. R. (2003). Role of the amygdala in decision-making. *Ann N Y Acad Sci*, 985, 356-69.

68. Damásio, H., Grabowski, T., Frank, R., Galaburda, A. M., Damásio, A. R. (1994). The return of Phineas Gage: clues about the brain from the skull of a famous patient. *Science*, 264(5162), 1102-5.

69. Damásio, A. R., Tranel, D., Damásio, H. (1990). Individuals with sociopathic behavior caused by frontal damage fail to respond autonomically to social stimuli. *Behav Brain Res*, 41(2), 81-94.

70. Bechara, A., Tranel, D., Damásio, H. (2000). Characterization of the decision-making deficit of patients with ventromedial prefrontal cortex lesions. *Brain*, 123(Pt 11), 2189-202.

71. Bechara, A., Damásio, H., Damásio, A. R. (2000). Emotion, decision making and the orbitofrontal cortex. *Cereb Cortex*, 10(3), 295-307.

72. Damásio, A. R. (1996). The somatic marker hypothesis and the possible functions of the prefrontal cortex. *Philos Trans R Soc Lond B Biol Sci*, 351(1346), 1413-20.

73. Shamay-Tsoory, S. G., Tibi-Elhanany, Y., Aharon-Peretz, J. (2006). The ventromedial prefrontal cortex is involved in understanding affective but not cognitive theory of mind stories. *Soc Neurosci*, 1(3-4), 149-66.

74. Shamay-Tsoory, S. G., Lester, H., Chisin, R., Israel, O., Bar-Shalom, R., Peretz, A., Tomer, R., Tsitrinbaum, Z., Aharon-Peretz, J. (2005). The neural correlates of understanding the other's distress: a positron emission tomography investigation of accurate empathy. *Neuroimage*, 27(2), 468-72.

75. Shamay-Tsoory, S. G. (2011). The neural bases for empathy. *Neuroscientist*, 17(1), 18-24.

76. Greene, J. D., Nystrom, L. E., Engell, A. D., Darley, J. M., Cohen, J. D. (2004). The neural bases of cognitive conflict and control in moral judgment. *Neuron*, 44(2), 389-400.

77. Greene, J. D., Sommerville, R. B., Nystrom, L. E., Darley, J. M., Cohen, J. D. (2001). An fMRI investigation of emotional engagement in moral judgment. *Science*, 293(5537), 2105-8.

78. Laurentino, S., Lavareda, A., Oliveira, P. E., Souza, S. L., Diniz, P. R., Sougey, E. B. (2013). Decision-making in moral conflict: A brain electrical tomography analysis. *Neuroscience of Decision Making*, 1, 19-25.

79. Young, L., Saxe, R. (2009). An FMRI investigation of spontaneous mental state inference for moral judgment. *J Cogn Neurosci*, 21(7), 1396-405.

80. Brosnan, S. F. (2009). Animal behavior: the right tool for the job. *Curr Biol*, 19(3), R124-5.

81. Brosnan, S. F., de Waal, F. B. (2002). A proximate perspective on reciprocal altruism. *Hum Nat*, 13(1), 129-52.

82. Mendez, M. F., Anderson, E., Shapira, J. S. (2005). An investigation of moral judgement in frontotemporal dementia. *Cogn Behav Neurol*, 18(4), 193-7.

83. Greene, J., Haidt, J. (2002). How (and where) does moral judgment work? *Trends Cogn Sci*, 6(12), 517-23.

84. Drake, R. E. (1969). Comparison of the moral value judgments of neurotics and normals. *Nurs Res*, 18(1), 34-9.

85. Bandura, A. (1969). Social learning of moral judgments. *J Pers Soc Psychol*, 11(3), 275-9.

86. Greene, J. D., Morelli, S. A., Lowenberg, K., Nystrom, L. E., Cohen, J. D. (2008). Cognitive load selectively interferes with utilitarian moral judgment. *Cognition*, 107(3), 1144-54.

87. Lombrozo, T. (2009). The role of moral commitments in moral judgment. *Cogn Sci*, 33(2), 273-86.

88. Singer, T. (2006). The neuronal basis and ontogeny of empathy and mind reading: review of literature and implications for future research. *Neurosci Biobehav Rev*, 30(6), 855-63.

89. Lamm, C., Singer, T. (2010). The role of anterior insular cortex in social emotions. *Brain Struct Funct*, 214(5-6), 579-91.

90. Gefen, T., Papastefan, S. T., Rezvanian, A., Bigio, E. H., Weintraub, S., Rogalski, E., Mesulam, M. M., Geula, C. (2018). Von Economo neurons of the anterior cingulate across the lifespan and in Alzheimer's disease. *Cortex*, 99, 69-77.

91. Mesulam, M. M., Mufson, E. J. (1982). Insula of the old-world monkey. III: Efferent cortical output and comments on function. *J Comp Neurol*, 212(1), 38-52.

92. Nachtergaele, P., Radwan, A., Swinnen, S., Decramer, T., Uytterhoeven, M., Sunaert, S., van Loon, J., Theys, T. (2019). The temporoinsular projection system: an anatomical study. *J Neurosurg*, 1-9.

93. Penfield, W., Faulk, M. E., Jr. (1955). The insula; further observations on its function. *Brain*, 78(4), 445-70.

94. Timmers, I., Park, A. L., Fischer, M. D., Kronman, C. A., Heathcote, L. C., Hernandez, J. M., Simons, L. E. (2018). Is empathy for pain unique in its neural correlates? A meta--analysis of neuroimaging studies of empathy. *Front Behav Neurosci*, 12, 289.

95. Singer, T., Lamm, C. (2009). The social neuroscience of empathy. *Ann N Y Acad Sci*, 1156, 81-96.

96. Lamm, C., Decety, J., Singer, T. (2011). Meta-analytic evidence for common and distinct neural networks associated with directly experienced pain and empathy for pain. *Neuroimage*, 54(3), 2492-502.

97. Lamm, C., Batson, C. D., Decety, J. (2007). The neural substrate of human empathy: effects of perspective-taking and cognitive appraisal. *J Cogn Neurosci*, 19(1), 42-58.

98. Singer, T., Klimecki, O. M. (2014). Empathy and compassion. *Curr Biol*, 24(18), R875-R878.

99. Craig, A. D. (2004). Human feelings: why are some more aware than others? *Trends Cogn Sci*, 8(6), 239-41.

100. Craig, A. D. (2005). Forebrain emotional asymmetry: a neuroanatomical basis? *Trends Cogn Sci*, 9(12), 566-71.

101. Craig, A. D. (2009). How do you feel – now? The anterior insula and human awareness. *Nat Rev Neurosci*, 10(1), 59-70.

102. Raichle, M. E., MacLeod, A. M., Snyder, A. Z., Powers, W. J., Gusnard, D. A., Shulman, G. L. (2001). A default mode of brain function. *Proc Natl Acad Sci U S A*, 98(2), 676-82.

103. Raichle, M. E. (2015). The brain's default mode network. *Annu Rev Neurosci*, 38, 433-47.

104. Greicius, M. D., Supekar, K., Menon, V., Dougherty, R. F. (2009). Resting-state functional connectivity reflects structural connectivity in the default mode network. *Cereb Cortex*, 19(1), 72-8.

105. Raichle, M. E. (2015). The restless brain: how intrinsic activity organizes brain function. *Philos Trans R Soc Lond B Biol Sci*, 370 (1668).

106. Raichle, M. E., Snyder, A. Z. (2007). A default mode of brain function: a brief history of an evolving idea. *Neuroimage*, 37(4), 1083-90; discussion 1097-9.

107. Roland, J. L., Snyder, A. Z., Hacker, C. D., Mitra, A., Shimony, J. S., Limbrick, D. D., Raichle, M. E., Smyth, M. D., Leuthardt, E. C. (2017). On the role of the *corpus callosum* in interhemispheric

functional connectivity in humans. *Proc Natl Acad Sci U S A*, 114(50), 13278-83.

108. Mazoyer, B., Zago, L., Mellet, E., Bricogne, S., Etard, O., Houde, O., Crivello, F., Joliot, M., Petit, L., Tzourio-Mazoyer, N. (2001). Cortical networks for working memory and executive functions sustain the conscious resting state in man. *Brain Res Bull*, 54(3), 287-98.

109. Kucyi, A. (2018). Just a thought: how mind-wandering is represented in dynamic brain connectivity. *Neuroimage*, 180 (Pt B), 505-14.

110. Otti, A., Gundel, H., Wohlschlager, A., Zimmer, C., Sorg, C., Noll-Hussong, M. (2012). [Default mode network of the brain. Neurobiology and clinical significance]. *Nervenarzt*, 83(1), 16, 18-24.

111. Mars, R. B., Neubert, F. X., Noonan, M. P., Sallet, J., Toni, I., Rushworth, M. F. (2012). On the relationship between the "default mode network" and the "social brain". *Front Hum Neurosci*, 6, 189.

112. Nakao, T., Ohira, H., Northoff, G. (2012). Distinction between externally vs. internally guided decision-making: operational differences, meta-analytical comparisons and their theoretical implications. *Front Neurosci*, 6, 31.

113. Supekar, K., Uddin, L. Q., Prater, K., Amin, H., Greicius, M. D., Menon, V. (2010). Development of functional and structural connectivity within the default mode network in young children. *Neuroimage*, 52(1), 290-301.

114. Mak, L. E., Minuzzi, L., MacQueen, G., Hall, G., Kennedy, S. H., Milev, R. (2017). The default mode network in healthy individuals: a systematic review and meta-analysis. *Brain Connect*, 7(1), 25-33.

115. Gao, W., Alcauter, S., Smith, J. K., Gilmore, J. H., Lin, W. (2015). Development of human brain cortical network architecture during infancy. *Brain Struct Funct*, 220(2), 1173-86.

116. Greicius, M. D., Kiviniemi, V., Tervonen, O., Vainionpaa, V., Alahuhta, S., Reiss, A. L., Menon, V. (2008). Persistent default--mode network connectivity during light sedation. *Hum Brain Mapp*, 29(7), 839-47.

117. Greicius, M. D., Krasnow, B., Reiss, A. L., Menon, V. (2003). Functional connectivity in the resting brain: a network analysis of the default mode hypothesis. *Proc Natl Acad Sci U. S. A.*, 100(1), 253-8.

118. Greicius, M. D., Menon, V. (2004). Default-mode activity during a passive sensory task: uncoupled from deactivation but impacting activation. *J Cogn Neurosci*, 16(9), 1484-92.

119. Gusnard, D. A., Akbudak, E., Shulman, G. L., Raichle, M. E. (2001). Medial prefrontal cortex and self-referential mental activity: relation to a default mode of brain function. *Proc Natl Acad Sci U S A*, 98(7), 4259-64.

120. Elton, A., Gao, W. (2015). Task-positive Functional Connectivity of the Default Mode Network Transcends Task Domain. *J Cogn Neurosci*, 27(12), 2369-81.

121. Thomason, M. E., Chang, C. E., Glover, G. H., Gabrieli, J. D., Greicius, M. D., Gotlib, I. H. (2008). Default-mode function and task-induced deactivation have overlapping brain substrates in children. *Neuroimage*, 41(4), 1493-503.

122. Gusnard, D. A., Raichle, M. E., Raichle, M. E. (2001). Searching for a baseline: functional imaging and the resting human brain. *Nat Rev Neurosci*, 2(10), 685-94.

123. Shannon, B. J., Dosenbach, R. A., Su, Y., Vlassenko, A. G., Larson-Prior, L. J., Nolan, T. S., Snyder, A. Z., Raichle, M. E.

(2013). Morning-evening variation in human brain metabolism and memory circuits. *J Neurophysiol*, 109(5), 1444-56.

124. Simpson, J. R., Jr., Snyder, A. Z., Gusnard, D. A., Raichle, M. E. (2001). Emotion-induced changes in human medial prefrontal cortex: I. During cognitive task performance. *Proc Natl Acad Sci U S A*, 98(2), 683-7.

125. Agnati, L. F., Guidolin, D., Battistin, L., Pagnoni, G., Fuxe, K. (2013). The neurobiology of imagination: possible role of interaction-dominant dynamics and default mode network. *Front Psychol*, 4, 296.

126. Henshilwood, C. S., Marean, C. W. (2003). The origin of modern human behavior. *Curr Anthropol*, 44(5), 627-51.

127. Wagner, D. D., Kelley, W. M., Haxby, J. V., Heatherton, T. F. (2016). The dorsal medial prefrontal cortex responds preferentially to social interactions during natural viewing. *J Neurosci*, 36(26), 6917-25.

128. Eickhoff, S. B., Laird, A. R., Fox, P. T., Bzdok, D., Hensel, L. (2016). Functional segregation of the human dorsomedial prefrontal cortex. *Cereb Cortex*, 26(1), 304-21.

129. Zaki, J., Weber, J., Bolger, N., Ochsner, K. (2009). The neural bases of empathic accuracy. *Proc Natl Acad Sci U S A*, 106(27), 11382-7.

130. Buckner, R. L., Carroll, D. C. (2007). Self-projection and the brain. *Trends Cogn Sci*, 11(2), 49-57.

131. Buckner, R. L., Vincent, J. L. (2007). Unrest at rest: default activity and spontaneous network correlations. *Neuroimage*, 37(4), 1091-6; discussion 1097-9.

132. Spreng, R. N., Mar, R. A., Kim, A. S. (2009). The common neural basis of autobiographical memory, prospection, navigation,

theory of mind, and the default mode: a quantitative meta-
-analysis. *J Cogn Neurosci*, 21(3), 489-510.

133. Hassabis, D., Kumaran, D., Maguire, E. A. (2007). Using imagination to understand the neural basis of episodic memory.
J Neurosci, 27(52), 14365-74.

134. Hassabis, D., Maguire, E. A. (2009). The construction system of
the brain. *Philos Trans R Soc Lond B Biol Sci*, 364(1521), 1263-71.

135. Hassabis, D., Spreng, R. N., Rusu, A. A., Robbins, C. A., Mar,
R. A., Schacter, D. L. (2014). Imagine all the people: how the
brain creates and uses personality models to predict behavior.
Cereb Cortex, 24(8), 1979-87.

136. Andrews-Hanna, J. R., Reidler, J. S., Huang, C., Buckner, R. L.
(2010). Evidence for the default network's role in spontaneous
cognition. *J Neurophysiol*, 104(1), 322-35.

137. Andrews-Hanna, J. R., Reidler, J. S., Sepulcre, J., Poulin, R.,
Buckner, R. L. (2010). Functional-anatomic fractionation of
the brain's default network. *Neuron*, 65(4), 550-62.

138. Allman, J. M., Tetreault, N. A., Hakeem, A. Y., Manaye, K. F.,
Semendeferi, K., Erwin, J. M., Park, S., Goubert, V., Hof, P. R.
(2011). The von Economo neurons in the frontoinsular and
anterior cingulate cortex. *Ann N Y Acad Sci*, 1225, 59-71.

139. Fajardo, C., Escobar, M. I., Buritica, E., Arteaga, G., Umbarila,
J., Casanova, M. F., Pimienta, H. (2008). Von Economo neurons
are present in the dorsolateral (dysgranular) prefrontal cortex
of humans. *Neurosci Lett*, 435(3), 215-8.

140. Semendeferi, K., Teffer, K., Buxhoeveden, D. P., Park, M. S.,
Bludau, S., Amunts, K., Travis, K., Buckwalter, J. (2011). Spatial
organization of neurons in the frontal pole sets humans apart
from great apes. *Cereb Cortex*, 21(7), 1485-97.

141. Higgins, E. T., Bargh, J. A. (1987). Social cognition and social perception. *Annu Rev Psychol*, 38, 369-425.

142. Zaki, J., Ochsner, K. (2009). The need for a cognitive neuroscience of naturalistic social cognition. *Ann N Y Acad Sci*, 1167, 16-30.

143. Allman, J. M., Hakeem, A., Erwin, J. M., Nimchinsky, E., Hof, P. (2001). The anterior cingulate cortex. The evolution of an interface between emotion and cognition. *Ann N Y Acad Sci*, 935, 107-17.

144. Watson, K. K., Jones, T. K., Allman, J. M. (2006). Dendritic architecture of the von Economo neurons. *Neuroscience*, 141(3), 1107-12.

145. Nimchinsky, E. A., Vogt, B. A., Morrison, J. H., Hof, P. R. (1995). Spindle neurons of the human anterior cingulate cortex. *J Comp Neurol*, 355(1), 27-37.

146. Allman, J. M., Watson, K. K., Tetreault, N. A., Hakeem, A. Y. (2005). Intuition and autism: a possible role for Von Economo neurons. *Trends Cogn Sci*, 9(8), 367-73.

147. Cauda, F., Torta, D. M., Sacco, K., D'Agata, F., Geda, E., Duca, S., Geminiani, G., Vercelli, A. (2013). Functional anatomy of cortical areas characterized by Von Economo neurons. *Brain Struct Funct*, 218(1), 1-20.

148. Dehaene, S., Changeux, J. P. (2000). Reward-dependent learning in neuronal networks for planning and decision making. *Prog Brain Res*, 126, 217-29.

149. Bartels, A., Zeki, S. (2004). The neural correlates of maternal and romantic love. *Neuroimage*, 21(3), 1155-66.

150. Gami-Patel, P., van Dijken, I., van Swieten, J. C., Pijnenburg, Y. A. L., Brain Bank, N., Rozemuller, A. J. M., Hoozemans, J. J.

M., Dijkstra, A. A. (2019). Von Economo neurons are part of a larger neuronal population that are selectively vulnerable in C9orf72 frontotemporal dementia. *Neuropathol Appl Neurobiol*.

151. Gonzalez-Acosta, C. A., Escobar, M. I., Casanova, M. F., Pimienta, H. J., Buritica, E. (2018). Von Economo Neurons in the Human Medial Frontopolar Cortex. *Front Neuroanat*, 12, 64.

152. Mitra, A., Raichle, M. E. (2018). Principles of cross-network communication in human resting state fMRI. *Scand J Psychol*, 59(1), 83-90.

153. Simms, M. L., Kemper, T. L., Timbie, C. M., Bauman, M. L., Blatt, G. J. (2009). The anterior cingulate cortex in autism: heterogeneity of qualitative and quantitative cytoarchitectonic features suggests possible subgroups. *Acta Neuropathol*, 118(5), 673-84.

154. Brune, M., Schobel, A., Karau, R., Benali, A., Faustmann, P. M., Juckel, G., Petrasch-Parwez, E. (2010). Von Economo neuron density in the anterior cingulate cortex is reduced in early onset schizophrenia. *Acta Neuropathol*, 119(6), 771-8.

155. Gallotti, M. (2013). Why not the first-person plural in social cognition? *Behav Brain Sci*, 36(4), 422-3.

156. Jeon, H., Lee, S. H. (2018). From neurons to social beings: short review of the mirror neuron system research and its socio-psychological and psychiatric implications. *Clin Psychopharmacol Neurosci*, 16(1), 18-31.

157. Rizzolatti, G. (2014). Confounding the origin and function of mirror neurons. *Behav Brain Sci*, 37(2), 218-9.

158. Rizzolatti, G., Sinigaglia, C. (2010). The functional role of the parieto-frontal mirror circuit: interpretations and misinterpretations. *Nat Rev Neurosci*, 11(4), 264-74.

159. Rizzolatti, G., Sinigaglia, C. (2016). The mirror mechanism: a basic principle of brain function. *Nat Rev Neurosci*, 17(12), 757-765.

160. Cook, R., Bird, G., Catmur, C., Press, C., Heyes, C. (2014). Mirror neurons: from origin to function. *Behav Brain Sci*, 37(2), 177-92.

2. Decisões, motivações, emoções e sentimentos

Decisões e motivações

Introdução

Todos os animais, diante dos desafios de autopreservação, se deparam com difíceis decisões, as quais devem ser solucionadas em face das contingências ambientais e sociais que lhes são impostas. Isso pode ocorrer desde decisões mais específicas de cada espécie, como o que caçar, com quem acasalar, fugir ou enfrentar um predador, até decisões mais complexas, como o tempo de migração, locais de reprodução seguros etc. Tais atitudes são baseadas em aprendizados adquiridos por meio de experiências que envolvem risco/recompensa e têm um fator evolucionário associado.[1,2] Uma abordagem neuroetológica da tomada de decisão sugere o efeito das pressões evolutivas nos circuitos neurais responsáveis pelos atos de escolha. Assim, a principal função do sistema de decisão seria melhorar a adequação em relação ao ambiente com a conservação de soluções eficientes para problemas específicos, as quais poderiam ser expandidas e reaproveitadas.[2]

No entanto, uma grande questão nas últimas décadas, estudada por vários cientistas e pensadores, é como o cérebro humano funciona para nos predispor a tomar certas decisões e escolhas, enquanto não decidimos ou escolhemos outras.[3, 4] O que está por trás das nossas decisões, que nem sempre são executadas como havíamos decidido racionalmente? Ao nascermos, nosso circuito afetivo-motivacional nos proporciona um comportamento de busca pela saciedade e pelo prazer. Com o passar dos anos, vamos adquirindo outros desejos e interesses que nos levam a decisões mais complexas pela busca por recompensas mais desafiadoras, sejam monetárias, morais ou afetivas. Por essa razão, ao analisar o comportamento humano, deve-se olhar com profundidade para o comportamento de tomada de decisão e motivação, bem como entender o circuito neural envolvido e suas conexões com outros nodos e redes neurais e, sem dúvida, olhar para o nosso aparato mental.

Anatomia neurofuncional da tomada de decisão

Sabe-se que diferentes regiões do córtex pré-frontal humano estão envolvidas em diferentes operações cognitivas e comportamentais.[5] As pesquisas tradicionais argumentam que os seres humanos tomam decisões baseadas na sua racionalidade e o principal objetivo na decisão é maximizar a utilidade. Para melhor compreender os processos de tomada de decisão e os circuitos envolvidos, e por termos na última década um progresso imensurável nos métodos de neuroimagem funcional, vários modelos computacionais têm sido implantados. No entanto, muitos desses modelos aplicam e limitam sua atenção para a influência da racionalidade nos processos decisórios, sem considerar a influência dos fatores emocionais.[5, 6] Por isso, quando falamos do papel da emoção influenciando nossas decisões, sempre pensamos que a tomada de decisão sob o efeito de estados afetivos provocaria um viés negativo e desvantajoso. No entanto, os estudos de Antônio

Damásio, baseados na análise comportamental de pacientes com lesões no córtex pré-frontal ventromedial, revelaram que a emoção tem um papel fundamental na tomada de decisão adaptativa e que uma disfunção nesse circuito promoveria tomadas de decisões desvantajosas.[6, 7] Em outras palavras, a sinalização de um determinado estado emocional pode promover um aprendizado adaptativo que será usado de forma vantajosa para eventos futuros.

Considerando que a tomada de decisão é um processo de preferência, seleção e execução de atos e avaliação de resultados, vários circuitos cerebrais estão interligados nesse complexo sistema.[8] Os estudos de neuroimagem demonstram, pela RNMf do encéfalo e PET *scan* cerebral, que as áreas envolvidas na circuitaria da tomada de decisão envolvem o córtex pré-frontal dorsolateral, ventromedial, gânglios da base, amígdala, córtices parietal, temporal, ínsula, região para-hipocampal e giro cingulado anterior dorsal **(Fig. 10)**,[9-17] ou seja, todas as regiões que, funcionalmente, estão envolvidas no comportamento social e na regulação da emoção. Dessa forma, torna-se importante compreender os diversos tipos de tomada de decisão e os circuitos relacionados, objetivando ampliar o entendimento sobre as influências da emoção e da razão nos nossos processos decisórios.[3, 11, 18, 19]

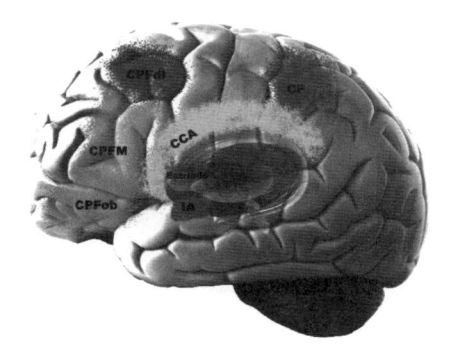

Figura 10 Circuito da tomada de decisão – CPFM (Córtex Pré-Frontal Medial); CPFob (Córtex Pré-Frontal orbitofrontal); CPFdl (Córtex Pré-Frontal dorsolateral); CCA (Córtex Cingulado Anterior); CP (Córtex Parietal); IA (Ínsula Anterior).

Nakao et al., em 2012, em um estudo de metanálise, comparavam dois tipos de tomadas de decisão: i) externamente guiadas, em que existiria uma única resposta correta menos preditiva (tomada de decisão de incerteza guiada externamente); ii) internamente guiadas, em que a tomada de decisão não seria baseada em circunstâncias externas, mas ao acessar internamente os valores pessoais. Os resultados sugeriram que as tomadas de decisões guiadas por estímulos externos (situações em que existiria apenas uma resposta menos previsível) estariam relacionadas com a ativação do circuito neural composto pelo CPFdl–ínsula–tálamo–lobo parietal inferior. Já as tomadas de decisões internamente guiadas (sem que existisse nenhuma resposta correta baseada em circunstâncias externas à disposição) estariam influenciadas pelo circuito neural composto pelo CPFvm–CCAp–CCP–GTS (Córtex Pré-Frontal ventromedial–Córtex Cingulado Anterior posterior–Córtex Parietal Posterior–Giro Temporal Superior), ou seja, haveria uma possível participação da rede em modo padrão no comportamento de tomada de decisão internamente guiada.[17] Em outras palavras, os circuitos envolvidos na tomada de decisão estariam conectando o circuito do controle executivo e da DMN em uma constante troca de informações, tendo o circuito frontoinsular funcionando como rede de saliência para os estímulos externos.

Considerando a complexidade do comportamento de recompensa e da tomada de decisão no ambiente social e na vida pessoal, que percorreu toda a existência humana, optamos por discutir dois tipos de tomada de decisão, considerando que existem inúmeros trabalhos publicados. Assim, iremos, na sequência, falar sobre o comportamento de decisão mais racional, voltado para o comportamento recompensa/punição, e outro relacionado ao aprendizado moral, que envolve um comportamento mais introspectivo, relacionado com a tomada de decisão em situações de conflito moral.

Tomada de decisão do tipo punição/recompensa

Os primeiros estudos sobre tomada de decisão foram realizados por H. Damásio et al. (1994), ao estudarem pacientes com lesão do córtex ventromedial. Pacientes que apresentavam disfunções nessa área cerebral tinham perdas funcionais, financeiras, sociais e familiares, devido a uma severa dificuldade na tomada de decisão guiada por fatores racionais e por processos emocionais.[20] Observou-se que esses pacientes se tornavam incapazes de aprender a partir de erros prévios. Essa dificuldade no aprendizado foi identificada quando se notou que tais pacientes se engajavam em decisões que repetidamente levavam a consequências negativas. Por outro lado, os mesmos pacientes apresentavam capacidade de resolução de problemas e tinham a sua capacidade intelectual totalmente preservada. Além disso, H. Damásio et al., observaram que esses pacientes apresentavam uma resposta emocional comprometida e uma incapacidade de reagir afetivamente aos estímulos com conteúdo emocional.[20] A hipótese levantada por H. Damásio et al., foi que pacientes com lesões no córtex pré-frontal ventromedial tinham incapacidade de usar a emoção para uma tomada de decisão apropriada.[20] Essa observação foi fundamental para que fosse construída a chamada Hipótese do Marcador Somático (HMS). A ideia do marcador somático partiria do conceito de que a emoção constituiria uma peça fundamental para guiar as tomadas de decisões em situações em que o resultado de uma escolha, em termos de punição e recompensa, era incerto.[20, 21] A essência da HMS faz convergir a atenção para o resultado negativo, no qual uma ação poderia conduzir e atuar como alarme automático, que sinalizaria a atenção ao perigo decorrente de escolher a ação que geraria esse resultado. O sinal poderia fazer com que se rejeitasse imediatamente o rumo da ação negativa, levando o sujeito a escolher alternativas. O sinal automático protegeria de prejuízos futuros, sem mais hesitações, e depois permitiria escolher entre um número menor de alternativas. A análise dos custos-benefícios e a capacidade dedutiva adequada ainda teriam um lugar, mas só depois de esse processo automático reduzir drasticamente o número de opções.[7, 21, 22]

Para testar a HMS, Bechara et al. (2005)[1] desenvolveram um jogo de cartas denominado Iowa Gambling Task (IGT). Esse jogo consistia na realização de uma tarefa informatizada, em forma de um jogo de quatro cartas (A, B, C, D), que contemplaria uma situação de tomada de decisão sob condição de incerteza, envolvendo escolhas monetárias de curto e de longo prazo. A tarefa envolveria escolhas de cartas de quatro baralhos distintos, ao longo de cem jogadas (cinco blocos de vinte jogadas cada). Cada baralho incluiria um esquema pré-determinado de recompensa e punição e, assim, a partir de um processo de aprendizagem, os participantes ao longo do jogo poderiam inferir quais baralhos seriam mais vantajosos em longo prazo. Dessa forma, seria possível classificar o comportamento do participante em termos de uma tomada de decisão adaptativa ou prejudicada (busca ou aversão ao risco). Os baralhos A e B foram considerados de risco porque o participante poderia ganhar muito dinheiro em curto prazo, mas perderia mais dinheiro em longo prazo. Já os baralhos C e D seriam considerados conservadores e mais adaptativos, já que os participantes ganhariam pouco dinheiro em curto prazo, mas quase não perderiam dinheiro, sendo mais vantajoso ao longo do jogo.[21, 23, 24] O objetivo final do jogo seria detectar uma curva de aprendizado por antecipação, comprovando que os sinais fisiológicos seriam fundamentais para uma tomada de decisão em situação de incerteza.

O grupo de pesquisa do IGT, posteriormente, definiu novas regiões cerebrais que incluíam córtex pré-frontal medial, amígdala, córtex insular, córtex somatossensorial e núcleos do tronco cerebral,[25] regiões que constituiriam a representação central do processamento de sinal somático para gerar tomadas de decisão vantajosas. Além disso, estudos mais recentes passaram a incluir o estriado, o giro cingulado anterior e o córtex pré-frontal dorsolateral.[25]

No entanto, na prática clínica, ao convivermos com uma maior complexidade do comportamento humano, especialmente no que diz respeito às emoções e tomadas de decisões, diversos questionamentos surgem de forma inquietante. Então, como explicar que indivíduos mesmo sem lesões ou transtornos neuropsiquiátricos cheguem com queixas de dificuldade para tomar decisões apropriadas em suas vidas sociais e pessoais? Como vários indivíduos queixam-se de procrastinar decisões ou de não saber administrar sua vida financeira, afetiva e social de forma vantajosa? Como outros, mesmo tendo consciência das escolhas desvantajosas feitas na sua vida social, econômica, afetiva, voltam a repetir os mesmos erros? Os estudos e resultados dos experimentos de A. Damásio et al. são irrefutáveis; mas poderíamos pensar que, teoricamente, pudesse existir uma influência de ações inconscientes atuando sobre nossas motivações e tomadas de decisões? Como negar que existam no comportamento humano condutas destrutivas que levam o indivíduo a fazer escolhas errôneas e a persistir nessas condutas repetidamente?

Tomada de decisão diante de conflito moral

Essencialmente como seres sociais, nós, humanos, temos a capacidade de imaginar o outro, suas crenças, pensamentos e sentimentos. Além disso, a grande facilidade de conviver em grandes grupos sociais nos tornou, do ponto de vista evolutivo, uma raça superior e mais adaptada às adversidades ambientais.[26] Por outro lado, no extremo oposto da humanização, podemos encontrar comportamentos desumanos e imorais, colocando o outro no lugar de objeto, sem vínculos de sentimentos ou emoções.

Nos últimos anos, vários estudos usando RNMf do encéfalo têm sido aplicados para a compreensão dos circuitos neurais que participam do processo de tomada de decisão diante de conflitos morais. Estudos de neuroimagem revelam que as regiões do Córtex Cingulado Anterior (CCA), do Córtex Pré-Frontal ventromedial (CPFvm), do Córtex Cingulado Posterior (CCP), lobo temporal, bem como da ínsula anterior e dos núcleos da base, são de extrema importância para o domínio geral das funções de moralidade, incluindo avaliação, processamento afetivo, mentalização, controle cognitivo e cognição social **(Fig. 10)**.[26-28]

No processo de tomada de decisão relacionada ao julgamento moral, os debates têm origem na Grécia Antiga, quando filósofos debatiam se o julgamento moral seria baseado em uma ação racional ou emocional. Um dos paradigmas para testar a tomada de decisão em julgamento moral é por meio dos chamados dilemas morais, entre eles os dilemas do trem e da passarela (Trolley Dilemma e Footbridge Dilemma). O dilema foi proposto por Philippa Foot e modificado por Judith Jarvis Thomson em 1986.[29]

Segundo Greene (2004), os dilemas e julgamentos morais pessoais seriam aqueles referentes à apropriação de violações morais. Considera-se violação moral se preencherem três critérios: primeiro, a violação deveria causar uma séria agressão física; segundo, essa agressão deveria ser dirigida a uma pessoa em particular ou a um grupo de pessoas; terceiro, a agressão não deveria ser resultado de uma deflexão de uma ameaça existente para diferentes partes.[30] Para o autor, esses três critérios deveriam ser pensados em termos de "Eu agrido você" (*Me hurt you*). O termo "agredir" preencheria o critério relacionado ao mais primitivo tipo de violação agressiva (exemplo: um assalto), enquanto o critério "você" significaria que a vítima deveria ser representada como um indivíduo. Finalmente o critério "eu", que teria a noção de agente, exigindo que a ação tivesse um agente direto, e que este deveria ser o autor do ato, mais do que simplesmente o criador. Os dilemas que não preencherem os três critérios devem ser classificados como dilemas impessoais.[30]

Um exemplo clássico de um dilema moral impessoal seria o conflito do trem. O dilema do trem é um teste em que os voluntários se deparam com uma cena de um trem em alta velocidade que, caso não seja parado, irá passar por cima de cinco trabalhadores que estão sobre os trilhos. Ao lado da linha férrea, haverá a figura de uma pessoa (que representa o voluntário) que parece olhar a aproximação do trem, o qual, se não for desviado, passará por cima dos cinco trabalhadores. Perto desta pessoa que observa o trem, existe uma alavanca que pode ser acionada para desviar o trajeto do trem, porém, nesse outro desvio, existe, também, um trabalhador sobre a linha e o trem passará por cima dele. Assim, o dilema será: sendo o voluntário a pessoa que pode mudar o destino do trem, qual opção ele escolheria? É moralmente permissível puxar a alavanca para desviar o trem, incorrendo no erro de matar um trabalhador para salvar cinco? [29, 31]

Por outro lado, um exemplo de um dilema moral pessoal, ou mais emocional, seria o dilema da passarela. Nesse dilema, um trem passará em alta velocidade por baixo de uma ponte e haverá cinco trabalhadores sobre a linha férrea, que fica um pouco mais à frente. Sobre a ponte, haverá a figura de uma pessoa que representa o voluntário e outra pessoa ao lado, mais forte e alta, que se for empurrada do alto poderá parar o trem e assim evitar a morte dos outros cinco. Nesse dilema, a questão moral é: é moralmente permissível empurrar a pessoa da ponte e incorrer no ato de matá-la para parar o trem e salvar os cinco trabalhadores? [29]

Para Greene, o nosso comportamento moral tem relevante história evolucionária, visto que nossos ancestrais viviam uma intensa vida social moldada nas interações emocionais, empatia, parcerias etc. Para apoiar essa hipótese, estudos de neuroimagem mostraram que áreas como córtex pré-frontal medial, córtex do cíngulo, pré-cúneo, sulco temporal superior e junção temporoparietal, áreas relacionadas ao circuito da rede em modo padrão ou *default mode network*, estariam ativadas enquanto os voluntários consideravam dilemas pessoais e impessoais.[32] Em outras palavras, a ativação da rede em modo padrão teria como função, diante de um dilema moral pessoal, inserir o dilema dentro do circuito autorreferencial, introspectivo, empático e de projeção futura, criando uma avaliação do dilema baseada em suas memórias autobiográficas e dos seus próprios valores morais. Dessa forma, o comportamento moral humano foi moldado a partir de aprendizados sociais que formaram uma grande rede neural responsável pelas avaliações cognitivas sobre nossos atos e decisões. No entanto, não podemos deixar de considerar que os processos inconscientes participam diretamente destas escolhas, influenciando o comportamento diante de situações em que existam conflitos morais.

Considerações sobre decisões e motivações

O ser humano, em toda a sua existência, foi obrigado a viver situações em que suas escolhas e decisões foram constantemente testadas e confrontadas. Desde os primórdios da nossa evolução, fazer escolhas assertivas foi o grande diferencial para a sobre-vivência da espécie e superação dos constantes desafios. Mas, com a formação de grandes grupos sociais, o *Homo sapiens* se viu obrigado a criar regras morais e éticas, ou criar formas de recompensas para retribuições de favores, ou bons desempenhos no trabalho, com o intuito de obter um melhor equilíbrio social. Com a evolução, a formação de diferentes culturas e os avanços tecnológicos, nos deparamos com a constante necessidade de tomarmos decisões e buscarmos recompensas mais complexas. Muitas dessas recompensas são potencialmente destrutivas, como a drogadição, compulsão alimentar etc. Mas, também, buscam-se recompensas construtivas, como reconhecimento por trabalhos sociais, promoções funcionais, produções artísticas, entre outras.

Por essa razão, tem crescido o interesse pelo estudo dos circuitos neurais envolvidos na tomada de decisão, visto que não existe uma regra racional para o tipo de reação comportamental que possa ser explicado apenas por uma interpretação cognitiva. Dessa forma, algumas perguntas ficam sem respostas: o que nos impulsiona a tomar decisões que ferem nossos princípios éticos e morais? O que nos leva a buscar, de forma patológica, a recompensa por um reconhecimento social midiático? O que nos move a correr riscos, mesmo sabendo do grau de destrutividade que os acompanha? Por outro lado, o que nos leva a tomar decisões empáticas? A de correr risco de vida para salvar um estranho? Como abrimos mão de recompensas e prazeres em nome de um outro? Como construímos nossos valores morais e éticos para tomarmos decisões justas e humanas? Apesar de sabermos tanto sobre os circuitos que estão envolvidos no comportamento de tomada de decisão e recompensa, pouco sabemos como e por que nos comportamos de forma tão imprevisível e singular. Talvez o segredo esteja dentro de outro aparato mental, ao qual não temos acesso. Um lugar onde nossos desejos, traumas, pulsões, memórias estejam agindo para modular nossos circuitos neurais. Às vezes nos fazendo cair em armadilhas, como cometer os mesmos erros decisórios, repetirmos os mesmos comportamentos compulsivos, quebrarmos regras éticas e morais, mergulharmos em comportamentos de risco e agressivos, buscarmos reconhecimento social e ganhos monetários sem considerar os meios. Ou, ao contrário, sermos proativos, engajando-nos em projetos sociais, termos condutas éticas e morais íntegras, comportamentos empáticos justos, amor fraternal etc. E, por fim, em alguns casos, optarmos por um comportamento apático e sem grandes investimentos libidinais, anulando-nos e deixando que outros decidam nossas vidas, escolhas e projetos etc.

Por esse viés tão complexo do comportamento, podemos recorrer aos conhecimentos psicanalíticos para unir saberes e melhor entender, pelo menos parcialmente, essas respostas decisórias tão singulares e imprevisíveis. Sem querer adentrar profundamente na psicanálise, gostaria de ressaltar que Freud, ao avançar seus estudos sobre o psiquismo humano, reestruturou e uniu alguns conceitos, e passou a falar especialmente sobre as pulsões de vida e de morte. O que seria a pulsão de vida, de forma bastante simplificada? Ora, seria o nosso investimento libidinal entre nosso psiquismo e tudo aquilo que faz parte do nosso "eu" e das coisas com que nos relacionamos. Por outro lado, a pulsão de morte representaria a busca pelo "nirvana", por um estado de desprendimento total da nossa energia libidinal sobre tudo aquilo que faz parte da nossa existência física, psíquica e social. Essa pulsão de morte pode ser benéfica ou destrutiva, dependendo do caminho a seguir, ou seja, projetando-se para o que está fora, ela irá buscar, incansavelmente, destruir essa tensão e se livrar das pressões do mundo e das coisas. Mas, uma vez dentro de nós, será uma potência de energia que nos moverá para a vida. Em outras palavras, o ser humano somente consegue existir e resistir dentro dos seus extremos pulsionais. Essa explicação nos oferece um sentido mais lógico e pleno para entender por que as tomadas de decisões criadas pela própria evolução da nossa espécie não seguiram um caminho tão previsível, como sugerido por alguns paradigmas científicos. Ao criarmos sociedades e culturas com regras e leis mais rígidas e punitivas, as satisfações pulsionais precisaram de uma repressão vital. Posteriormente, ao nos deparar com a revolução da agricultura e da indústria e, mais recentemente, com os avanços tecnológicos e midiáticos, nós humanos, que iniciamos nossa história no mundo com comportamentos mais primitivos/instintivos e de subsistência básica, passamos para comportamentos mais complexos devido às crescentes demandas de diversidades competitivas e do aumento populacional. Assim, as relações interpessoais conflitantes, a constante demanda por resultados sempre melhores, as pressões por mais satisfações egoicas, enfim, tudo aquilo que Freud falou no seu conceito sobre narcisismo aumentou a tensão psíquica.

Foi por essa visão de mundo e de psiquismo que Freud passou a falar sobre a chamada compulsão à repetição. Em outras palavras, ele quis dizer que tanto a pulsão de vida quanto a pulsão de morte buscam reviver as experiências prazerosas ou desprazerosas do passado. Ambas querendo repetir as experiências fixadas nos traços mnêmicos inconscientes, buscando sempre essa energia que irá se projetar sobre o nosso aparato físico e atuar nos circuitos da tomada de decisão e da recompensa. Quando a psicanálise fala que existe uma força incontrolável que nos impulsiona a repetir para reencontrar o que já se viveu e sentiu, como se fosse algo não finalizado, e esta força inconsciente é maior do que a vontade consciente de se projetar no futuro em busca de soluções e projeções que sejam prazerosas e vantajosas, nós nos deparamos com uma clara necessidade de melhor entender o psiquismo humano.

Agora, sim, podemos entender o porquê das nossas tomadas de decisões e nossas motivações não serem tão previsíveis e controladas pela razão. Podemos entender melhor por que certos indivíduos cometem os mesmos erros. E, também, podemos entender por que, diante de conflitos morais, de decisões financeiras, de escolhas e motivações sociais, não existe um comportamento único quando se fala do ser humano. Possivelmente essa energia libidinal de vida e de morte parece se confundir com os circuitos da tomada de decisão e da recompensa, como se uma influenciasse a outra. No entanto, essa influência ocorre em uma dimensão que jamais poderá ser alcançada por métodos neurocientíficos de quantificação. Jamais conseguiremos medir e prever o imprevisível e singular comportamento da nossa espécie. Por tudo o que foi dito anteriormente, torna-se imprescindível entender, também, a associação que existe entre recompensa, motivação, emoção e inconsciente.

Emoções e sentimentos

Introdução

Na espécie humana, um dos mais complexos sistemas de regulação comportamental é o neurocircuito da emoção. Sabe-se que o *Homo sapiens* foi evolutivamente moldado com um sistema emocional desenvolvido para respostas instintivas adaptativas, voltadas para a sobrevivência da espécie e para a convivência em grupos.[33] Assim, caçar, proteger-se dos predadores, encontrar seus pares, reproduzir, planejar, tomar decisões, executar tarefas, criar estratégias, pensar o futuro, partilhar sentimentos de medo, receios e desejos são características únicas da espécie *sapiens*, que tem o circuito neural da emoção participando do equilíbrio das respostas cognitivas e afetivas. Além disso, possuímos outros tipos de sentimentos que são mais complexos, como culpa, vergonha, ciúme, inveja, constrangimento etc., os quais somente têm sentido no contexto social, com suas funções voltadas diretamente para a comunicação social.[34]

O circuito da emoção possui uma vasta rede de conexões, entre as quais se deve ressaltar a importância do córtex ventromedial e suas conexões com o córtex insular, cíngulo anterior, amígdala e o circuito somatossensorial.[35-38] Em situações tipicamente complexas que envolvem estímulos emocionais salientes na vida real, essas regiões corticais operam, em paralelo, da seguinte forma: i) a amígdala promove uma qualificação rápida e automática da natureza da situação; ii) o córtex ventromedial/ínsula anterior associa elementos da situação vivenciada com situações prévias e desencadeia uma reconstituição do estado emocional correspondente, bem como modula os sinais interoceptivos relacionados ao evento; iii) o córtex somatossensorial é ativado à medida que uma representação detalhada e abrangente do estado corporal se associa ao comportamento emocional, ou social, para, então, ser disponibilizado.[33, 34, 36, 39-43]

Foi o desenvolvimento desse complexo circuito e suas conexões com outras áreas do cérebro, como a linguagem, a Teoria da Mente, o cérebro social, o circuito da recompensa, o sistema sensorial e executivo, que levou o homem a desenvolver um cérebro dinâmico e interconectado, capaz de solucionar problemas de ordem social e pessoal por meio de um equilíbrio entre a razão e a emoção, e que, apesar de não ser perfeito, proporcionou um estado suficientemente organizado para a vida em sociedade.[33-35, 41, 44-48]

Podemos pensar, então, que toda emoção é vivenciada como uma percepção sensorial e um despertar visceral, guiado por estímulos endógenos ou exógenos que, conscientemente, se traduzem em sentimentos, revelando que o corpo reage para que o nosso cérebro perceba e interprete. Quando sentimos medo, nosso coração bate mais forte, aumentamos a sudorese, as pupilas se dilatam, a respiração fica ofegante, buscando uma razão para aquele sentimento que se apropria das nossas defesas conscientes. Quando sentimos raiva, tristeza, alegria, empatia, por algo ou alguém, tais sentimentos estão dizendo que é a presença de algo externo ou de um outro que nos afeta, e que sem esse afeto a nossa existência não pode ser plena.

Quando inferimos sentimentos de alguém dentro da nossa interpretação cognitiva, quando nos colocamos no lugar do outro para percebermos suas necessidades e pensamentos, nosso circuito emocional participa regulando nossos sentimentos e respostas para que possamos vivenciar uma relação socioafetiva adequada e equilibrada. Além disso, nossas memórias e traumas, que refletem as experiências de vida, podem ficar reprimidos dentro de um inconsciente, o qual também se expressa por meio de descargas afetivas, modulando e participando das nossas respostas comportamentais.

Por outro lado, quando o nosso sistema emocional apresenta uma disfunção, nossas respostas e tomadas de decisões baseadas em contingências sociais, especialmente aquelas relacionadas às recompensas e punições diretamente ligadas ao aprendizado emocional, e baseadas em sinais corporais, provocam um sério transtorno na vida social.[6, 49] A. Damásio, por exemplo, ao estudar cérebros de indivíduos com lesões do córtex pré-frontal ventromedial[6, 21, 49-52] e observar que eles haviam perdido o sinal somático corporal, e por essa razão não conseguiam desenvolver uma resposta emocional adequada para certas contingências sociais, especialmente aquelas relacionadas à tomada de decisão do tipo recompensa/punição,[5, 21] questionou a teoria cartesiana do *Cogito ergo sum* (Penso, logo existo).[49] Ele levantou a premissa de que a razão pura sem um equilíbrio emocional levaria a atitudes e comportamentos inadequados a uma vida social estável.[49]

Mas A. Damásio, apesar de explicar brilhantemente o que poderia ser afetado no ser humano quando acometido por uma lesão no circuito da emoção, não conseguiu explicar o porquê de, na ausência de qualquer disfunção orgânica, quer fosse neurológica (lesão cortical) ou física (dor, desconforto físico etc.), ocorrer uma alteração na resposta emocional. Ou seja, como, na ausência de fatores externos e de lesões estruturais, desequilíbrios no circuito da emoção se faziam presentes e ocasionariam perturbações no comportamento e nas relações sociais e interpessoais? Assim, sentimentos como angústia, tristeza, raiva, melancolia, desânimo etc. poderiam se apresentar intensamente em certos indivíduos sem uma relação causal externa, podendo representar descargas afetivas de recalques ou eventos traumáticos prévios.

Nesse sentido, Freud foi quem melhor descreveu o poder do psiquismo sobre nossas emoções e atitudes. Em uma época em que a razão era colocada como a principal função do comportamento humano, Freud nos fez entender que não éramos animais puramente racionais, com respostas emocionais guiadas apenas por sinais biológicos ou sociais, mas que nossos comportamentos emocionais, nossos sentimentos e atitudes eram regidos por forças poderosas oriundas de um inconsciente pulsante cheio de catexia, e que nossos atos seriam reflexo das descargas das vias de tensão.[53-56]

Em resumo, podemos dizer que toda resposta emocional parte de experiências e percepções sensoriais interna ou externamente guiadas. Quando experimentamos ou vivenciamos uma experiência sensorial, são as respostas emocionais sentidas pelas reações corporais que nos dão um sentido de realidade, de existência do nosso eu no mundo. E o que percebemos como alegria, dor, tristeza, angústia, prazer são sentimentos que subjetivamente aprendemos e qualificamos a partir das vivências culturais, sociais e interpessoais.[33, 39, 57, 58] Mas, quando sentimos um vazio, uma dor na alma, um sentimento de angústia, de fracasso, de solidão, de desespero, ou quando agimos com atitudes compulsivas, destrutivas, agressivas, quando transferimos para um outro alguma raiva que não se sabe de onde vem, existe muito mais a ser dito sobre a emoção e os sentimentos humanos do que o nosso amplo conhecimento científico é capaz de explicar.

Por essa razão, compreender a evolução das emoções em nossa espécie, bem como entender os circuitos neurofuncionais que regulam a resposta emocional, e ousar mergulhar no psiquismo humano, tornam-se fundamentais para ampliar a compreensão sobre a complexidade humana.

A evolução da emoção no *Homo sapiens*

Para entendermos o desenvolvimento do circuito da emoção, faz-se necessário, antes de tudo, compreendermos o papel da emoção no comportamento social. Como seres, primordialmente, sociais, nós, humanos, desenvolvemos diferentes estratégias e aprendizados socioafetivos para uma resposta adaptativa e de autopreservação. Do ponto de vista comportamental, nossa evolução, enquanto espécie, foi moldada em dois diferentes caminhos: i) por um lado, grupos de indivíduos que promoviam uma melhor segurança contra os predadores, escolhas melhores de parceiros e mais acesso a alimentos; ii) por outro lado, parceiros e alimentos estariam à disposição, também, para competidores dentro do próprio grupo.[33] Assim, evoluímos desenvolvendo uma cognição social, tanto voltada para um comportamento altruísta, de cooperação, como também para um comportamento competitivo, hierárquico e, muitas vezes, voltado para a formação de pequenos grupos dentro do contexto social.[33, 35, 40, 44, 45, 59-61]

Estudos têm revelado que possuímos um complexo circuito de cognição social. O mais interessante é que parte desse circuito engloba as mesmas áreas relacionadas ao comportamento emocional. Entre as diversas regiões, ressalta-se a participação do lobo frontal, que parece modular vários aspectos das respostas afetivas e comportamentais. Por exemplo, o estudo feito por A. Damásio sobre o caso de Phineas Gage, que sofreu uma grande lesão traumática na região ventromedial do córtex pré-frontal, como já descrito anteriormente, mostrou que a lesão cortical provocou uma alteração comportamental caracterizada por severas dificuldades nas relações emocionais e sociais, tendo desenvolvido condutas inapropriadas e respostas afetivas desproporcionais às contingências sociais, a despeito de manter preservadas todas as suas habilidades cognitivas.[33, 35, 44, 49, 62, 63] Dessa forma, Phineas Gage passou a ter severa dificuldade de manter sua conduta social e seu comportamento dentro de uma adequação às regras de convívio, o que o impediu de ter escolhas e tomadas de decisões mais equilibradas, fazendo com que ele passasse a agir de forma mais irracional.[49, 64] Em outras palavras, fica claro que as funções cognitivas que modulam nossas tomadas de decisões e funções executivas necessitam direta e indiretamente do circuito da emoção para que, por meio das reações como medo, alegria, tristeza, possamos inserir na nossa memória afetiva sinais que nos façam agir de acordo com aquilo que aprendemos por meio das emoções e dos sentimentos.

Considera-se que nossa habilidade para reconhecer, modular e se comportar de acordo com sinais sociais relevantes, os quais recebemos continuamente desde o momento em que nascemos, requer um sistema neural integrado, que deve estar conectado com diferentes circuitos, como percepção sensorial, motivação, emoção e planejamento adaptativo. Mas, sem dúvida, o circuito da emoção parece ter um papel crucial no que diz respeito à tomada de decisão e aprendizado por erro, além de ser fundamental nas respostas instintivas e adaptativas para a autopreservação e para a preservação da espécie. Por essa razão, torna-se imprescindível olhar para os estudos sobre a evolução e emoção, com o objetivo de compreender como se desenvolveram todas as teorias sobre o comportamento emocional nos humanos.

Charles Darwin, em 1872, publicou um dos livros mais importantes para o estudo da emoção humana: "A expressão das emoções em homens e animais".[65, 66] Darwin estudou tanto as respostas emocionais, como medo, raiva, dor etc., como também sentimentos que não necessariamente correspondiam a emoções básicas, mas que refletiam sentimentos mais complexos, como desamparo, ressentimento, perplexidade etc. Ele concentrou seus estudos nas expressões faciais e gestuais, pois seu argumento era de que a forma de expressar as emoções primitivas seria algo inato e, portanto, seria comum a toda a espécie humana, apoiando a teoria de que haveria uma descendência para todas as raças a partir de um progenitor comum. Ele também descreveu que certas características na forma de expressar as emoções também poderia ser vista em outros animais, especialmente nos macacos, o que dava suporte à sua teoria da evolução das espécies. Darwin, influenciado pelos estudos de Charles Bell, que escreveu em 1806 "Anatomia e filosofia da expressão", questionou se a expressão facial poderia ser evocada pela emoção de outra pessoa e como seria fisiologicamente produzida. Então, baseando-se nos estudos de Duchenne, de 1862, Darwin usou os métodos de fotografias com expressões faciais com o intuito de entender como e por que essas expressões faciais inatas haviam evoluído, e também por que somente determinados grupamentos musculares eram usados para expressar certas emoções, como raiva, medo, tristeza etc. O estudo de Darwin abriu portas para que futuras pesquisas e teorias sobre a emoção humana fossem desenvolvidas.

Assim, muitos pesquisadores da emoção surgiram após os estudos de Charles Darwin, ressaltando-se que um dos mais estudados foi, sem dúvida, William James. Em 1884, William James levantou uma questão intrigante, pois para ele certos estímulos emocionais poderiam desencadear reações fisiológicas corporais e a percepção consciente dessas mudanças nas reações corporais constituiria nossa experiência consciente desses sentimentos e emoções. É notório que a maioria dos relatos científicos resume a teoria de William James ao seu famoso questionamento: "Nós corremos do urso porque temos medo, ou temos medo porque corremos?". Em outras palavras, quando nossa percepção do urso induz mudanças fisiológicas sentidas como aumento do batimento cardíaco, calafrios, piloereção, respiração ofegante, contrações abdominais etc., seria a nossa percepção dessas mudanças que ocasionaria a sensação do medo do urso? Tal foco sobre essa pequena pergunta reduz o brilhante trabalho de William James a um fato anedótico, desconsiderando a importância do seu estudo. Sabe-se que durante dez anos William James publicou artigos e revisões acerca da sua teoria. Em 1884, ele publicou um artigo na *Mind* intitulado "What is an emotion", o qual, posteriormente, viria a ser expandido e se tornaria o Capítulo 25 do livro *Princípios da psicologia*, publicado em 1890. Em 1894, ele publicou na *Psychological Review* o artigo "The physical basis of emotion", no qual respondia com firmeza aos seus críticos, pois durante todo esse período vários questionamentos e críticas foram feitos sobre a teoria "jamesiana". Alguns teóricos costumavam afirmar, por exemplo, que a sua ideia não tinha uma função e poderia ser descrita apenas como um epifenômeno. Para outros, a teoria de James parecia rejeitar a premissa de que a emoção teria um efeito causal sobre o comportamento.[64] Talvez William James tenha exagerado no papel das respostas fisiológicas do corpo sobre a experiência emocional. Mesmo assim, e com tantos questionamentos, seus estudos deixaram grandes questões, que foram estudadas e aperfeiçoadas com o passar dos anos.

Posteriormente outras teorias se seguiram, por exemplo, os estudos de Walter Cannon, em 1927, o qual, realizando experimentos em animais de laboratório, relatou que na presença de intensos estados emocionais ocorria a liberação de substâncias na glândula suprarrenal (adrenalina e noradrenalina). Cannon, então, descreve brilhantemente o chamado efeito de ataque ou fuga, constatando que diante de estímulos emocionais exacerbados ocorreria a secreção de adrenalina pela glândula adrenal, a qual, agindo sobre os tecidos periféricos, iria preparar o organismo para uma resposta vigorosa em estados de emergência ou de resposta instintiva. Posteriormente, Schachter e Singer, 1962, propuseram que uma atividade autonômica indiferenciada poderia subservir para emoções discretas. Para os autores, seria a percepção neutra e inexplicada do despertar fisiológico que criaria uma necessidade de avaliação, a qual motivaria o indivíduo a compreender cognitivamente esse estado de despertar emocional.[67]

Magda Arnold, posteriormente, lançou a chamada Teoria da Avaliação das Emoções, afastando-se das teorias de James e das teorias de Cannon, focando mais em uma abordagem cognitiva.[68-72] Para Arnold, as emoções seriam uma "tendência à ação" e estariam ligadas por meio da motivação – e a motivação seria refletida durante a avaliação. Assim, ela considerou que as emoções anteriores influenciariam as emoções subsequentes, visto que haveria uma memória afetiva, uma decisão emocional e uma constância de avaliação.[68-72] Assim como todas as outras teorias, os estudos de Arnold também geraram muitas controvérsias e questionamentos.

Dentre tantas teorias e discussões a respeito dos circuitos das emoções, A. Damásio (2013), revisitando a teoria de William James, descreveu algo inovador, abrindo novas perspectivas sobre os aspectos biológicos e ontogenéticos da emoção humana. Considerando, primeiramente, que os sentimentos seriam experiências mentais de estados corporais, ele classificou como sentimentos certas necessidades fisiológicas, como fome, sede, necessidade de respirar, dor provocada por lesões teciduais, sensação de bem-estar, ameaças ao organismo (raiva, medo, tensão) ou interações sociais específicas como compaixão, amor, gratidão etc. Do mais simples ao mais complexo, os sentimentos teriam como função buscar a autopreservação e a regulação vital do ser humano.[43]

A sobrevivência humana seria, então, totalmente dependente da manutenção da fisiologia do corpo e de um equilíbrio homeostático que teria como base a identificação de mudanças na fisiologia, bem como na função de diversos órgãos que pudessem sinalizar um risco de vida. Isto provocaria uma rápida reação fisiológica, bem como ativaria memórias emocionais relacionadas com experiências mentais, como medo, sede, fome, dor etc., com o intuito de restaurar o equilíbrio e proteger o indivíduo de alguma ameaça interna. Esse equilíbrio seria, então, guiado pelo sistema nervoso autônomo, o qual teria o sistema simpático ativado diante de sinais de alerta e o sistema parassimpático funcionando para restaurar a homeostase corporal. Assim, para A. Damásio (2013), os sentimentos teriam surgido para mobilizar um maquinário neural mais complexo, visando retratar diretamente a natureza vantajosa ou desvantajosa de uma situação fisiológica, retratando tais sinais fisiológicos como uma experiência vivida e, assim, facilitando o aprendizado das condições responsáveis pelos desequilíbrios homeostáticos e de suas respectivas correções.[6]

Além disso, esse tipo de aprendizado de marcadores somáticos serviria para antecipar situações futuras que fossem adversas ou favoráveis, e as experiências vividas e os sentimentos experimentados funcionariam para regular o comportamento diante de certas situações.[6, 43] Para que ocorresse uma contínua monitorização dos nossos sinais internos e externos, o sistema nervoso estaria sempre funcionando para captar ou perceber os estímulos salientes, que internamente seriam guiados pelo sistema interoceptivo, e seguiria via trato solitário para a ínsula anterior e para o sistema límbico, enquanto os sinais externos seriam percebidos pelos órgãos dos sentidos como olfato, visão, audição, tato, projetados sobre regiões corticais sensoriais que estariam conectadas com redes neurais, as quais regulariam o comportamento diante dos sinais favoráveis ou de ameaças externas.[6, 43, 73]

Considerando que toda emoção ou sentimento evocado exigem uma resposta ou uma ação, A. Damásio (2013), considerou que haveria dois tipos de programação: uma ação que seria mais instintiva, a qual ele denominou *"drives"* (ou impulsos); e uma mais elaborada, a qual ele chamou de "emoção". Os impulsos visariam à satisfação imediata de necessidades instintivas básicas como fome, sede, libido etc., cada qual tendo seu circuito ativado a partir de mudanças nos estados fisiológicos, como taxa de oxigênio no sangue, mudança de osmolaridade sanguínea, alterações hormonais etc. Por outro lado, as emoções seriam desencadeadas por memórias fixadas a partir de experiências vividas e percepção de estímulos externos como medo, nojo, raiva, tristeza, alegria etc.[6]

Outros pesquisadores que precederam ou se seguiram aos estudos de A. Damásio também propuseram diferentes teorias. Por exemplo, Jaak Panksepp (1992) descreveu quatro sistemas de emoções básicas, como medo, raiva, busca e pânico, cada uma delas associada a uma estrutura tanto neural quanto de neurotransmissores, podendo ser elaborada com vários graus e interagir entre si.[74-84]

Outro estudo de fundamental importância foi desenvolvido por Paul Ekman (2003), descrevendo o que ele chamou de expressões faciais universais da emoção.[85, 86] Como se sabe, Ekman não foi o primeiro a descrever ou publicar sobre expressões faciais e emoção. Como dito anteriormente, esses estudos se iniciaram com Darwin e, posteriormente, com alguns teóricos como Floyd Allport (1955), Asch (1952), Tomkins (1962) e Klineberg (1938), que discutiram sobre a existência de diferenças culturais nas expressões faciais da emoção.[87-90] Ekman et al. (1972), no entanto, levantaram a hipótese de que determinados movimentos de músculos faciais estariam relacionados a certas emoções e tal associação poderia ser encontrada com um caráter universal. Emoções como alegria, raiva, medo, surpresa, repugnância e interesse poderiam provocar expressões faciais observadas universalmente. No entanto, os autores sugeriram que existiam diferenças culturais no comportamento facial. Assim, consideraram que alguns estímulos, por meio do aprendizado, seriam estabelecidos como um indutor de uma resposta emocional. Esses estímulos poderiam variar entre as diversas culturas, porque as regras para o controle do comportamento facial em lugares sociais variariam, também, de acordo com a cultura. Além disso, as consequências do despertar emocional tenderiam a variar de acordo com o aprendizado cultural.[86, 91, 92] Os estudos de Ekman reforçaram a importância de colocar as expressões faciais da emoção como universais (envolvendo ações musculares específicas para cada emoção) e culturalmente variáveis. Dessa forma, os autores consideraram que as pesquisas voltadas para o estudo das expressões faciais da emoção deveriam mostrar sinais de diferenças culturais, como: a) cada expressão facial de emoção deveria ser mostrada variando em raça, sexo e idade; b) as expressões faciais deveriam ser estudadas considerando que os sinais musculares da emoção seriam registrados em apenas uma parte do rosto; c) as culturas selecionadas para um determinado estudo fossem aquelas em que as investigações etnográficas revelassem diferenças nas atitudes sobre a experiência ou expressão de emoções específicas.

Em resumo, podemos dizer que os humanos, durante a sua evolução, desenvolveram um sistema de resposta emocional que os levou a aperfeiçoar, ao longo da história, comportamentos que se iniciaram com a identificação de sinais de risco internos e externos voltados para a sobrevivência da espécie (emoções básicas), até o desenvolvimento de outras formas mais complexas de emoções ou sentimentos. Esses sentimentos passaram a ser expressos não como uma reação instintiva de ataque ou fuga, mas através das conexões de uma complexa rede neural ligando o circuito da memória, da interocepção, do córtex sensorial, do circuito motor e da linguagem. Por meio do aprendizado evolutivo e cultural, a expressão subjetiva do tipo de sentimento vivenciado conseguiu alcançar uma complexidade única nos humanos. Além disso, as manifestações motoras envolvendo atos, gestos e expressões faciais serviram como uma forma de demonstrar ao grupo social seus sentimentos e emoções. Assim, serviram para, social e culturalmente, ensinar certos sinais que pudessem ser entendidos pelo outro, para que este inserisse na sua interpretação cognitiva as reações emotivas observadas, partilhando, assim, afetos e sentimentos para uma melhor convivência social e proteção da espécie. Foi a partir do desenvolvimento das civilizações, culturas e sociedades que diferentes formas de expressões de sentimentos serviram para traçar as relações pessoais e sociais entre os indivíduos, criando por meio da linguagem e do discurso uma forma de comunicação socioemocional diretamente influenciada pelo ambiente e pela cultura de cada povo.

Psicofisiologia da emoção

Uma das maiores dificuldades nos estudos sobre a emoção humana deve-se às limitações em quantificar as respostas emocionais, visto existirem poucas ferramentas de registro. Isso limita, muitas vezes, os estudos a relatos subjetivos dos indivíduos analisados, ou apenas a registros eletrofisiológicos das emoções básicas. Por outro lado, deixam-se de fora estudos sobre as interpretações cognitivas conscientes dos diversos tipos de sentimentos inerentes às experiências emocionais vivenciadas no contexto social.

Sentimentos e emoções têm conceitos controversos, os quais geram até hoje muitas discussões no campo da neurociência. Os sentimentos geralmente representam uma classe especial de emoções, que são interpretadas cognitivamente para explicar as sensações corpóreas ou psíquicas que decorrem de eventos que podem ser internas ou externamente guiados. Mas como sondar de forma não invasiva as estruturas e redes neurais relacionadas aos processos da emoção? Nos últimos anos, vários estudos no campo da neurofisiologia e da neuroimagem têm colaborado com pesquisas voltadas para os estudos das emoções.[6, 38, 93-96]

Do ponto de vista neurofisiológico, estudos usando eletroencefalograma com cálculo do Índice de Assimetria do Alfa Frontal (IAAF) têm destaque nas pesquisas sobre resposta emocional.[95, 97, 98] Sabe-se que existem várias associações entre o IAAF e os modelos de emoção, sendo que os mais usados e com maior número de publicações são os estudos desenvolvidos por Davidson et al.[95, 97, 98] Estudando pacientes deprimidos, os autores constataram que a atividade eletroencefalográfica, particularmente na banda alfa (8-13 Hz), dava suporte à ideia de que as regiões do córtex frontal direito e esquerdo estariam envolvidas nos processos motivacionais e emocionais.[98] As pesquisas mostraram que pacientes deprimidos, ou previamente deprimidos, tinham maior potência do alfa no córtex frontal esquerdo, sendo esta inversamente proporcional à ativação cortical. A maior potência do alfa à esquerda, por outro lado, significava maior ativação do córtex frontal direito, revelando que a lateralização hemisférica frontal teria relação com a valência da emoção.[99-105] Assim, na análise da assimetria frontal do alfa, indivíduos que apresentavam ativação cortical frontal anterior esquerda, extrema e estável, tendiam a reportar aumento de sentimentos ou emoções positivas e diminuição de sentimentos ou emoções negativas. O índice de assimetria, dessa forma, refletiria um traço ou endofenótipo observado por meio de estudos de confiabilidade teste-reteste.[103, 106]

Observou-se, também, que a assimetria do alfa parecia funcionar como modulador dos processos afetivos. Davidson (1992) e Harmon-Jones (1997) descreveram que não apenas a dimensão emocional da valência (emoção positiva-negativa), mas a própria direção da dimensão (aproximação-aversão da emoção) estaria na base da assimetria do alfa frontal.[106-108]

O uso de neurofisiologia mais avançada aplicando análise de fontes geradoras de curta e de larga escala por meio de conectividade causal e funcional, devido à sua elevada resolução temporal, tem contribuído substancialmente para os estudos da emoção. Modelos experimentais com estímulos emocionais associados a registros eletroencefalográficos têm comprovado que a lateralização hemisférica, as modulações das frequências cerebrais, as conexões entre as regiões límbicas e o córtex pré-frontal estão envolvidos nos circuitos que participam da modulação da resposta emocional. Além disso, pesquisas clínicas com indivíduos que sofrem de transtornos depressivos também têm colaborado para um maior entendimento sobre a importância do circuito da emoção na modulação do humor.[98, 109-117]

A emoção como expressão consciente das descargas afetivas inconscientes

O estudo da mente humana sempre foi voltado para explicar os estados mentais conscientes como uma função cerebral atuando na modulação das nossas emoções, memórias, motivações, comportamentos. Isto implicou, historicamente, a suposição de que o estudo da mente levaria necessariamente ao estudo da consciência humana. Influenciada pela ciência cognitiva, a compreensão do funcionamento mental passou a ser focada em processos fisiológicos que poderiam ser registrados por experimentos comportamentais e técnicas de neuroimagem, eletrofisiologia etc. Seriam exemplos registrar áreas cerebrais ativadas durante um experimento no qual se induziria uma resposta emocional por expressões faciais de medo, alegria etc., ou obter um registro eletrofisiológico durante um experimento em que se poderia pedir para um indivíduo mentalizar um movimento motor na mão, porém sem executar de fato este movimento. São modelos de avaliação de uma resposta mental. Desta forma, estudar os estados mentais passou a ser considerado, historicamente, o estudo da consciência, sem considerar, no entanto, que muitos processos mentais ocorrem nas profundezas de um inconsciente dinâmico, não acessível pelos processos cognitivos e nossa racionalidade.

Estamos constantemente sendo bombardeados por uma miríada de estímulos externos oriundos das nossas relações sociais e das nossas vivências ambientais, bem como da consciência das nossas lembranças, das memórias de uma vida, dos nossos desejos. Além disso, também precisamos equilibrar nosso psiquismo com traços mnêmicos de recalques e pulsões que se projetam constantemente para nossa consciência, despertando comportamentos e pensamentos que produzem intenso desconforto, e que podem manifestar-se no corpo como uma resposta emocional fisiológica ou em pensamentos e sentimentos desagradáveis e recorrentes, como angústia, melancolia, vazio, culpa etc.[118-120]

Sabe-se que a revolução cognitiva, por uma razão que desconhecemos, não considerou a questão dos afetos e sentimentos no campo da pesquisa científica.[121] Talvez a dificuldade para comprovar ou mensurar tais respostas emocionais fosse considerada algo que deveria ficar restrito ao campo da filosofia, pois este foi o caminho trilhado desde a Grécia Antiga. Além disso, muitos neurocientistas consideraram que os experimentos cognitivos não exigiam uma análise emocional. Esses fatos limitaram por muitos anos a compreensão do comportamento emocional, provocando um atraso no aparecimento da neurociência afetiva.

No entanto, com os avanços tecnológicos e experimentais, outros grandes estudiosos do comportamento humano deixaram de lado essa postura científica tão reducionista, dando lugar a uma visão mais aberta e originando a chamada neurociência afetiva.[121] Para Davidson et al., "uma razão para a conclusão inescapável a respeito da necessidade de considerar cognição e emoção em nossos esforços para compreender as bases cerebrais de processos mentais complexos é que os circuitos da emoção e os circuitos da cognição se sobrepõem, pelo menos parcialmente. Esses fatos anatômicos começam a fornecer os substratos mecanicistas pelos quais as interações bidirecionais entre afeto e cognição podem ocorrer" (Davidson, 2000, p. 89). No entanto, apesar dos esforços que os pesquisadores citados fizeram para a construção de uma neurociência mais aberta aos estudos do comportamento humano com um viés cognitivo-afetivo, mesmo assim falta muito para afirmarmos que avançamos nos conhecimentos sobre o funcionamento do cérebro na modulação do comportamento emocional.

Apesar de termos evoluído nos entendimentos das redes neurais, nos estudos de conectividade etc., existe um grande espaço aberto e não explorado pela neurociência. Esse espaço é, sem dúvida, o estudo dos processos inconscientes e suas descargas afetivas, as quais moldam nossas respostas comportamentais e nossa vida psíquica.

A ideia de que o sistema límbico seria a sede da emoção e o sistema da cognição residiria no córtex cerebral foi posta de lado quando pesquisas científicas demonstraram que estruturas subcorticais teriam um papel fundamental nas funções corticais como memória, linguagem, tomada de decisão etc.[5, 17, 122-137] Por outro lado, as regiões corticais, antes consideradas a província exclusiva do pensamento complexo, são agora conhecidas por estarem intimamente envolvidas também na emoção (por exemplo, o córtex pré-frontal).[121]

As pesquisas atuais demonstram que o córtex pré-frontal parece ser a principal zona de convergência que modula e associa informações cognitivas e afetivas. Assim, certos processos cognitivos, como antecipação de resultados futuros ou de contingências sociais incertas que podem ser danosas financeiramente, pessoalmente, socialmente etc., tendem a gerar uma reação emocional de medo ou de felicidade, quando antecipados resultados futuros, negativos ou positivos.[95, 121]

Em 2004, Georg Northoff publicou uma "carta" intitulada "Why do we need a philosophy of the brain?" (Por que precisamos de uma filosofia para o cérebro?). Northoff não quis oferecer uma solução para o problema mente-cérebro, porém levantou um pressuposto neurofilosófico considerando que o cérebro humano sofreria uma espécie de lacuna de conhecimento ao permanecer incapaz de se perceber como cérebro. A esse pressuposto Northoff chamou de limitação autoepistêmica. Em outras palavras, o cérebro apenas poderia postular o conceito de mente e seria esse o problema mente-cérebro. A dificuldade do cérebro de se perceber estaria relacionada à sua organização funcional, que seria caracterizada por uma modulação de cima para baixo, em *feedback* ou com conexões reentrantes.[136] O que o estudo revelou, sem entrar no mérito das discussões científicas e filosóficas, daria um livro inteiro, pois falar sobre o comportamento humano exige uma visão transdisciplinar. Considerando, então, o pressuposto de Northoff, pode-se questionar em que sentido o cérebro humano, ao não se perceber, poderia perceber a existência dos sentimentos que ele mesmo produz. Considerando que a epistemologia também se relaciona com a metafísica e sendo o problema mente-cérebro incognoscível ao homem, por que não dizer o mesmo das manifestações do inconsciente e suas descargas afetivas sobre a consciência? Não se torna lógico ir além da neurociência afetiva e da neurofilosofia, e introduzir no campo dos estudos neurocientíficos transdisciplinares a teoria psicanalítica do aparato mental e da energia psíquica que modula o comportamento humano?

Considerações sobre emoções e sentimentos

A emoção pode ser considerada um grande sistema modulatório do comportamento humano e parece alcançar uma dimensão bem mais complexa do que possamos imaginar. Quando restringimos a emoção a neurocircuitos com conexões corticais e subcorticais, ou quando dividimos as manifestações da emoção em dimensões de despertar interoceptivo e valência emocional, simplificamos de tal forma o circuito da emoção que quase nada do que sentimos e vivenciamos como afetos se torna passível de explicação. Assim, ao fazermos um experimento com apresentação de estímulos que têm uma valência emocional e obtermos um registro cerebral quer seja por PET *scan*, eletroencefalograma ou ressonância magnética funcional, estamos estudando apenas uma pequena parte do comportamento emocional, relacionada com a presença de estímulos exógenos simples. Mas o que dizer das reações emocionais que surgem por lembranças ou pensamentos que aparecem quando evocamos algo que irá ocorrer no futuro? Como explicar certas reações emocionais exacerbadas sem que exista uma causa específica, a não ser de alguma memória traumática que ficou na infância e que retornou em forma de descargas afetivas desagradáveis?

Sabe-se, por exemplo, que os distúrbios neuropsiquiátricos são, na sua maioria, de ordem emocional e muitos deles tendem a surgir em situações de conflito social. Outro fator que deve ser ressaltado é que as emoções sociais são bem mais complexas e difíceis de explicar por teorias cognitivas. Como entender o motivo pelo qual o comportamento social é tão exageradamente emocional? Como entender, considerando que do ponto de vista cognitivo a emoção serviria para a autopreservação e o cérebro deveria agir de acordo com a racionalidade, que um indivíduo se matasse por um amor não correspondido? Por que certos indivíduos, mesmo tendo consciência da sua agressividade no contexto social, voltam a cometer os mesmos atos repetidamente? Como entender que, em meio a uma pandemia sem precedentes, os cuidados para se evitar a contaminação sejam negligenciados ou negados? Seria isto uma resposta puramente racional? Não deveria o cérebro humano seguir a razão e a ciência que provam o risco existente?

Por essas razões, deve-se considerar que a complexidade do comportamento emocional humano é tão vasta que se torna impossível reduzi-la a um processo puramente físico, relacionado com o circuito cognitivo-afetivo. Os sentimentos e as emoções, as vidas e as relações sociais não são construídas como uma coisa que se cria e se molda. O ser humano vive forçado a conviver com suas experiências afetivas passadas, porém se depara com um contínuo processo de transformação. A vida está em um contínuo processo de mudança e um constante fluxo de energia. Se pensarmos dessa forma, podemos imaginar que os processos mentais afetivos se estruturariam em um nível bem mais profundo e complexo, em um contínuo movimento de renovação e ressignificação de aprendizados. Um tipo de sentimento experimentado em uma determinada situação, hoje, pode não ser o mesmo amanhã, mesmo que a situação possa ser semelhante ou replicada. Então, pode-se supor, baseando-se nos estudos científicos, que o cérebro funciona por meio de reações e conexões químicas e físicas que se iniciam a partir da ação de neurotransmissores, neuromoduladores, canais iônicos e campos eletromagnéticos, os quais participam de um grande processo que envolve a percepção das coisas, das experiências, das memórias, dos aprendizados, tudo isso gerando grande quantum de energia, que se distribui e se descarrega em forma de afetos, de acordo com as contingências sociais e as demandas psíquicas. Assim, o caminho para a compreensão do funcionamento do aparato mental e da importância das emoções e dos sentimentos na vida humana pressupõe entender que o cérebro humano é uma engrenagem que precisa ser conhecida profundamente, mas ela sozinha não funciona, sendo necessária a energia psíquica que a move e que nos move.

Referências

1. Bechara, A., Damásio, H., Tranel, D., Damásio, A. R. (2005). The Iowa Gambling Task and the somatic marker hypothesis: some questions and answers. *Trends Cogn Sci*, 9(4), 159-62; discussion 162-4.

2. Adams, G. K., Watson, K. K., Pearson, J., Platt, M. L. (2012). Neuroethology of decision-making. *Curr Opin Neurobiol*, 22(6), 982-9.

3. Northoff, G. (2006). Neuroscience of decision making and informed consent: an investigation in neuroethics. *J Med Ethics*, 32(2), 70-3.

4. Northoff, G., Grimm, S., Boeker, H., Schmidt, C., Bermpohl, F., Heinzel, A., Hell, D., Boesiger, P. (2006). Affective judgment and beneficial decision making: ventromedial prefrontal activity correlates with performance in the Iowa Gambling Task. *Hum Brain Mapp*, 27(7), 572-87.

5. Bechara, A., Damásio, H., Damásio, A. R. (2000). Emotion, decision making and the orbitofrontal cortex. *Cereb Cortex*, 10(3), 295-307.

6. Damásio, A. R., Grabowski, T. J., Bechara, A., Damásio, H., Ponto, L. L., Parvizi, J., Hichwa, R. D. (2000). Subcortical and cortical brain activity during the feeling of self-generated emotions. *Nat Neurosci*, 3(10), 1049-56.

7. Bechara, A., Damásio, H., Tranel, D., Damásio, A. R. (1997). Deciding advantageously before knowing the advantageous strategy. *Science*, 275(5304), 1293-5.

8. Levin, I. P., Xue, G., Weller, J. A., Reimann, M., Lauriola, M., Bechara, A. (2012). A neuropsychological approach to understanding risk-taking for potential gains and losses. *Frontiers in neuroscience*, 6, 15.

9. Alexander, W. H., Brown, J. W. (2010). Competition between learned reward and error outcome predictions in anterior cingulate cortex. *Neuroimage*, 49(4), 3210-8.

10. Gupta, R., Koscik, T. R., Bechara, A., Tranel, D. (2011). The amygdala and decision-making. *Neuropsychologia*, 49(4), 760-6.

11. Holroyd, C. B., Coles, M. G. (2008). Dorsal anterior cingulate cortex integrates reinforcement history to guide voluntary behavior. *Cortex*, 44(5), 548-59.

12. McGuire, J. T., Botvinick, M. M. (2010). Prefrontal cortex, cognitive control, and the registration of decision costs. *Proc Natl Acad Sci U S A*, 107(17), 7922-6.

13. Yan, W. S., Li, Y. H., Xiao, L., Zhu, N., Bechara, A., Sui, N. (2014). Working memory and affective decision-making in addiction: a neurocognitive comparison between heroin addicts, pathological gamblers and healthy controls. *Drug Alcohol Depend*, 134, 194-200.

14. Stevens, M. C., Kiehl, K. A., Pearlson, G. D., Calhoun, V. D. (2009). Brain network dynamics during error commission. *Hum Brain Mapp*, 30(1), 24-37.

15. Pourtois, G., Vocat, R., N'Diaye, K., Spinelli, L., Seeck, M., Vuil-leumier, P. (2010). Errors recruit both cognitive and emotional monitoring systems: simultaneous intracranial recordings in the dorsal anterior cingulate gyrus and amygdala combined with fMRI. *Neuropsychologia*, 48(4), 1144-59.

16. Levens, S. M., Larsen, J. T., Bruss, J., Tranel, D., Bechara, A., Mellers, B. A. (2014). What might have been? The role of the ventromedial prefrontal cortex and lateral orbitofrontal cortex in counterfactual emotions and choice. *Neuropsychologia*, 54, 77-86.

17. Nakao, T., Ohira, H., Northoff, G. (2012). Distinction between externally vs. internally guided decision-making: operational differences, meta-analytical comparisons and their theoretical implications. *Front Neurosci*, 6, 31.

18. Sanfey, A. G., Rilling, J. K., Aronson, J. A., Nystrom, L. E., Cohen, J. D. (2003). The neural basis of economic decision-making in the Ultimatum Game. *Science*, 300(5626), 1755-8.

19. Santos-Ruiz, A., Garcia-Rios, M. C., Fernandez-Sanchez, J. C., Perez-Garcia, M., Munoz-Garcia, M. A., Peralta-Ramirez, M. I. (2012). Can decision-making skills affect responses to psycho-logical stress in healthy women? *Psychoneuroendocrinology*.

20. Damásio, H., Grabowski, T., Frank, R., Galaburda, A. M., Damásio, A. R. (1994). The return of Phineas Gage: clues about the brain from the skull of a famous patient. *Science*, 264(5162), 1102-5.

21. Bechara, A., Tranel, D., Damásio, H. (2000). Characterization of the decision-making deficit of patients with ventromedial prefrontal cortex lesions. *Brain*, 123 (Pt 11), 2189-202.

22. Bechara, A., Van Der Linden, M. (2005). Decision-making and impulse control after frontal lobe injuries. *Current opinion in neurology*, 18(6), 734-9.

23. Brevers, D., Bechara, A., Cleeremans, A., Noel, X. (2013). Iowa Gambling Task (IGT): twenty years after – gambling disorder and IGT. *Front Psychol*, 4, 665.

24. Brand, M., Recknor, E. C., Grabenhorst, F., Bechara, A. (2007). Decisions under ambiguity and decisions under risk: correlations with executive functions and comparisons of two different gambling tasks with implicit and explicit rules. *Journal of Clinical and Experimental Neuropsychology*, 29(1), 86-99.

25. Lin, C. H., Chiu, Y. C., Cheng, C. M., Hsieh, J. C. (2008). Brain maps of Iowa gambling task. *BMC Neuroscience*, 9, 72.

26. Majdandzic, J., Bauer, H., Windischberger, C., Moser, E., Engl, E., Lamm, C. (2012). The human factor: behavioral and neural correlates of humanized perception in moral decision making. *PloS One*, 7(10), e47698.

27. Fumagalli, M., Priori, A. (2012). Functional and clinical neuroanatomy of morality. *Brain: A Journal of Neurology*, 135 (Pt 7), 2006-21.

28. Fumagalli, M., Giannicola, G., Rosa, M., Marceglia, S., Lucchiari, C., Mrakic-Sposta, S., Servello, D., Pacchetti, C., Porta, M., Sassi, M., Zangaglia, R., Franzini, A., Albanese, A., Romito, L., Piacentini, S., Zago, S., Pravettoni, G., Barbieri, S., Priori, A. (2011). Conflict-dependent dynamic of subthalamic nucleus oscillations during moral decisions. *Social Neuroscience*, 6(3), 243-56.

29. Greene, J. D., Nystrom, L. E., Engell, A. D., Darley, J. M., Cohen, J. D. (2004). The neural bases of cognitive conflict and control in moral judgment. *Neuron*, 44(2), 389-400.

30. Greene, J. D., Paxton, J. M. (2009). Patterns of neural activity associated with honest and dishonest moral decisions. *Proceedings of the National Academy of Sciences of the United States of America*, 106(30), 12506-11.

31. Laurentino, S., Lavareda, A., Oliveira, P. E., Souza, S. L., Diniz, P. R., Sougey, E. B. (2013). Decision-making in moral conflict: A brain electrical tomography analysis. *Neuroscience of Decision Making*, 1, 19-25.

32. Greene, J., Haidt, J. (2002). How (and where) does moral judgment work? *Trends Cogn Sci*, 6(12), 517-23.

33. Adolphs, R. (1999). Social cognition and the human brain. *Trends Cogn Sci*, 3(12), 469-79.

34. Critchley, H. D., Daly, E. M., Bullmore, E. T., Williams, S. C., Van Amelsvoort, T., Robertson, D. M., Rowe, A., Phillips, M., McAlonan, G., Howlin, P., Murphy, D. G. (2000). The functional neuroanatomy of social behaviour: changes in cerebral blood flow when people with autistic disorder process facial expressions. *Brain*, 123(Pt 11), 2203-12.

35. Adolphs, R. (2002). Neural systems for recognizing emotion. *Curr Opin Neurobiol*, 12(2), 169-77.

36. Bennett, M. R., Hacker, P. M. (2005). Emotion and cortical--subcortical function: conceptual developments. *Prog Neurobiol*, 75(1), 29-52.

37. Cardinal, R. N., Parkinson, J. A., Hall, J., Everitt, B. J. (2002). Emotion and motivation: the role of the amygdala, ventral striatum, and prefrontal cortex. *Neurosci Biobehav Rev*, 26(3), 321-52.

38. Davidson, R. J., Lewis, D. A., Alloy, L. B., Amaral, D. G., Bush, G., Cohen, J. D., Drevets, W. C., Farah, M. J., Kagan, J., McClelland, J. L., Nolen-Hoeksema, S., Peterson, B. S. (2002). Neural and behavioral substrates of mood and mood regulation. *Biol Psychiatry*, 52(6), 478-502.

39. Craig, A. D. (2013). An interoceptive neuroanatomical perspective on feelings, energy, and effort. *Behav Brain Sci*, 36(6), 685-6; discussion 707-26.

40. Adolphs, R. (2010). Social cognition: feeling voices to recognize emotions. *Curr Biol*, 20(24), R1071-2.

41. Allman, J. M., Hakeem, A., Erwin, J. M., Nimchinsky, E., Hof, P. (2001). The anterior cingulate cortex. The evolution of an interface between emotion and cognition. *Ann N Y Acad Sci*, 935, 107-17.

42. Bush, G., Luu, P., Posner, M. I. (2000). Cognitive and emotional influences in anterior cingulate cortex. *Trends Cogn Sci*, 4(6), 215-22.

43. Damásio, A., Carvalho, G. B. (2013). The nature of feelings: evolutionary and neurobiological origins. *Nat Rev Neurosci*, 14(2), 143-52.

44. Adolphs, R. (2001). The neurobiology of social cognition. *Curr Opin Neurobiol*, 11(2), 231-9.

45. Adolphs, R. (2009). The social brain: neural basis of social knowledge. *Annu Rev Psychol*, 60, 693-716.

46. Adolphs, R. (2017). How should neuroscience study emotions? By distinguishing emotion states, concepts, and experiences. *Soc Cogn Affect Neurosci*, 12(1), 24-31.

47. Archer, J. (2009). The nature of human aggression. *Int J Law Psychiatry*, 32(4), 202-8.

48. Burgdorf, J., Panksepp, J. (2006). The neurobiology of positive emotions. *Neurosci Biobehav Rev*, 30(2), 173-87.

49. Damásio, A. R. (2001). Descartes' error revisited. *J Hist Neurosci*, 10(2), 192-4.

50. Damásio, A. R., Tranel, D., Damásio, H. (1990). Individuals with sociopathic behavior caused by frontal damage fail to respond autonomically to social stimuli. *Behav Brain Res*, 41(2), 81-94.

51. Damasio, A. (2003). Feelings of emotion and the self. *Ann N Y Acad Sci*, 1001, 253-61.

52. Damasio, A. (2003). Mental self: the person within. *Nature*, 423(6937), 227.

53. Freud, S. (1952). [The dynamics of transference]. *Rev Fr Psychanal*, 16(1-2), 170-7.

54. Freud, S. (1956). Four unpublished letters of Freud. *Psychoanal Q*, 25(2), 147-54.

55. Freud, S. (1956). [Report on my studies in Paris and Berlin in 1886 made possible by a scholarship from the jubilee fund of the Vienna University (October, 1885-March, 1886)]. *Rev Fr Psychanal*, 20(3), 299-306.

56. Freud, S. (1987). The origin and development of psychoanalysis. By Sigmund Freud, 1910. *Am J Psychol*, 100(3-4), 472-88.

57. Craig, A. D. (2009). Emotional moments across time: a possible neural basis for time perception in the anterior insula. *Philos Trans R Soc Lond B Biol Sci*, 364(1525), 1933-42.

58. Adolphs, R. (2014). Social attention and the ventromedial prefrontal cortex. *Brain*, 137(Pt 6), 1572-4.

59. Adolphs, R. (2004). Emotional vision. *Nat Neurosci*, 7(11), 1167-8.

60. Adolphs, R. (2006). How do we know the minds of others? Domain-specificity, simulation, and enactive social cognition. *Brain Res*, 1079(1), 25-35.

61. Adolphs, R. (2008). Fear, faces, and the human amygdala. *Curr Opin Neurobiol*, 18(2), 166-72.

62. Adolphs, R., Damásio, H., Tranel, D., Damásio, A. R. (1996). Cortical systems for the recognition of emotion in facial expressions. *J Neurosci*, 16(23), 7678-87.

63. Adolphs, R. (2010). Emotion. *Curr Biol*, 20(13), R549-52.

64. Damásio, A. R. (1994). Descartes' error and the future of human life. *Sci Am*, 271(4), 144.

65. Darwin, C. (1965). *The expression of the emotions in man and animals*. Chicago; London: University of Chicago Press.

66. Darwin, C., Darlington, C. D. (1950). *The origin of species by means of natural selection: or, The preservation of favoured races in the struggle for life*. London: Watts.

67. Cacioppo, J. T. (1999). Gardner, W. L., Emotion. *Annu Rev Psychol*, 50, 191-214.

68. Arnold, M. B. (1968). In defense of Arnold's theory of emotion. *Psychol Bull*, 70(4), 283-4.

69. Arnold, M. B. (1969). Emotion, motivation, and the limbic system. *Ann N Y Acad Sci*, 159(3), 1041-58.

70. Arnold, M. B. (1961). *Emotion and personality*. London: Cassell & Co.

71. Arnold, M. B. (1968). *The nature of emotion: selected readings*. Harmondsworth: Penguin.

72. Arnold, M. B., Loyola University Chicago (1970). *Feelings and emotions: the Loyola Symposium*. New York; London: Academic Press.

73. Craig, A. D. (2009). How do you feel – now? The anterior insula and human awareness. *Nat Rev Neurosci*, 10(1), 59-70.

74. Panksepp, J. (1992). A critical role for "affective neuroscience" in resolving what is basic about basic emotions. *Psychol Rev*, 99(3), 554-60.

75. Panksepp, J. (2003). At the interface of the affective, behavioral, and cognitive neurosciences: decoding the emotional feelings of the brain. *Brain Cogn*, 52(1), 4-14.

76. Panksepp, J. (2003). Neuroscience. Feeling the pain of social loss. *Science*, 302(5643), 237-9.

77. Panksepp, J. (2005). Affective consciousness: core emotional feelings in animals and humans. *Conscious Cogn*, 14(1), 30-80.

78. Panksepp, J. (2010). Affective neuroscience of the emotional BrainMind: evolutionary perspectives and implications for understanding depression. *Dialogues Clin Neurosci*, 12(4), 533-45.

79. Panksepp, J. (2011). Behavior. Empathy and the laws of affect. *Science*, 334(6061), 1358-9.

80. Panksepp, J. (2011). The basic emotional circuits of mammalian brains: do animals have affective lives? *Neurosci Biobehav Rev*, 35(9), 1791-804.

81. Panksepp, J. (2014). Integrating bottom-up internalist views of emotional feelings with top-down externalist views: might brain affective changes constitute reward and punishment effects within animal brains? *Cortex*, 59, 208-13.

82. Panksepp, J. (2017). The psycho-neurology of cross-species affective/social neuroscience: understanding animal affective states as a guide to development of novel psychiatric treatments. *Curr Top Behav Neurosci*, 30, 109-25.

83. Panksepp, J., Davis, K. (2014). The emotional fundamentals of personality and the higher affective polarities of mind: comment on "personality from a cognitive-biological perspective" by Y. Neuman. *Phys Life Rev*, 11(4), 691-2.

84. Panksepp, J., Knutson, B., Burgdorf, J. (2002). The role of brain emotional systems in addictions: a neuro-evolutionary perspective and new 'self-report' animal model. *Addiction*, 97(4), 459-69.

85. Ekman, P., Friesen, W. V., Ellsworth, P. (1972). *Emotion in the human face: guide-lines for research and an integration of findings*. New York; Oxford: Pergamon.

86. Ekman, P. (2003). *Emotions revealed: understanding faces and feelings*. London: Weidenfeld & Nicolson.

87. Allport, F. H. (1924). *Social psychology*. Boston: Houghton Mifflin.

88. Allport, F. H. (1955). *Theories of perception and the concept of structure: a review and critical analysis with an introduction to a dynamic-structural theory of behavior*. New York: Wiley.

89. Asch, S. E. (1952). *Social psychology*. London: Bailey Bros and Swinfen.

90. Tomkins, S. S., Karon, B. P. (1962). *Affect, imagery, consciousness*. New York: Springer Pub. Co.

91. Ekman, P. (2007). *Emotions revealed: recognizing faces and feelings to improve communication and emotional life*. 2. ed. New York: Henry Holt.

92. Ekman, P., Rosenberg, E. L. (2005). *What the face reveals: basic and applied studies of spontaneous expression using the facial action coding system (FACS)*. Series in affective science. Oxford: Oxford University Press.

93. Cacioppo, J. T. (2004). Feelings and emotions: roles for electro-physiological markers. *Biol Psychol*, 67(1-2), 235-43.

94. Cacioppo, J. T., Uchino, B. N., Crites, S. L., Snydersmith, M. A., Smith, G., Berntson, G. G., Lang, P. J. (1992). Relationship between facial expressiveness and sympathetic activation in emotion: a critical review, with emphasis on modeling underlying mechanisms and individual differences. *J Pers Soc Psychol*, 62(1), 110-28.

95. Davidson, R. J. (2004). What does the prefrontal cortex "do" in affect: perspectives on frontal EEG asymmetry research. *Biol Psychol*, 67(1-2), 219-33.

96. Nitschke, J. B., Sarinopoulos, I., Mackiewicz, K. L., Schaefer, H. S., Davidson, R. J. (2006). Functional neuroanatomy of aversion and its anticipation. *Neuroimage*, 29(1), 106-16.

97. Silva, J. R., Pizzagalli, D. A., Larson, C. L., Jackson, D. C., Davidson, R. J. (2002). Frontal brain asymmetry in restrained eaters. *J Abnorm Psychol*, 111(4), 676-81.

98. Davidson, R. J. (1998). Anterior electrophysiological asymmetries, emotion, and depression: conceptual and methodological conundrums. *Psychophysiology*, 35(5), 607-14.

99. Allen, J. J., Kline, J. P. (2004). Frontal EEG asymmetry, emotion, and psychopathology: the first, and the next 25 years. *Biol Psychol*, 67(1-2), 1-5.

100. Davidson, R. J. (1992). Anterior cerebral asymmetry and the nature of emotion. *Brain Cogn*, 20(1), 125-51.

101. Henriques, J. B., Davidson, R. J. (1990). Regional brain electrical asymmetries discriminate between previously depressed and healthy control subjects. *J Abnorm Psychol*, 99(1), 22-31.

102. Henriques, J. B., Davidson, R. J. (1991). Left frontal hypoactivation in depression. *Journal of Abnormal Psychology*, 100(4), 535-45.

103. Tomarken, A. J., Davidson, R. J., Wheeler, R. E., Doss, R. C. (1992). Individual differences in anterior brain asymmetry and fundamental dimensions of emotion. *J Pers Soc Psychol*, 62(4), 676-87.

104. Zoon, H. F., Veth, C. P., Arns, M., Drinkenburg, W. H., Talloen, W., Peeters, P. J., Kenemans, J. L. (2013). EEG alpha power as an intermediate measure between brain-derived neurotrophic factor Val66Met and depression severity in patients with major depressive disorder. *Journal of Clinical Neurophysiology*: official

publication of the American Electroencephalographic Society, 30(3), 261-7.

105. Stewart, J. L., Bismark, A. W., Towers, D. N., Coan, J. A., Allen, J. J. (2010). Resting frontal EEG asymmetry as an endophenotype for depression risk: sex-specific patterns of frontal brain asymmetry. *J Abnorm Psychol*, 119(3), 502-12.

106. Sutton, S. K., Davidson, R. J. (2000). Prefrontal brain electrical asymmetry predicts the evaluation of affective stimuli. *Neuropsychologia*, 38(13), 1723-33.

107. Harmon-Jones, E., Allen, J. J. (1997). Behavioral activation sensitivity and resting frontal EEG asymmetry: covariation of putative indicators related to risk for mood disorders. *Journal of Abnormal Psychology*, 106(1), 159-63.

108. Harmon-Jones, E., Allen, J. J. (1998). Anger and frontal brain activity: EEG asymmetry consistent with approach motivation despite negative affective valence. *Journal of Personality and Social Psychology*, 74(5), 1310-6.

109. Coan, J. A., Allen, J. J. (2004). Frontal EEG asymmetry as a moderator and mediator of emotion. *Biol Psychol*, 67(1-2), 7-49.

110. Allen, J. J. B., Keune, P. M., Schonenberg, M., Nusslock, R. (2018). Frontal EEG alpha asymmetry and emotion: From neural underpinnings and methodological considerations to psychopathology and social cognition. *Psychophysiology*, 55(1).

111. Harmon-Jones, E., Gable, P. A. (2018). On the role of asymmetric frontal cortical activity in approach and withdrawal motivation: An updated review of the evidence. *Psychophysiology*, 55(1).

112. Stewart, J. L., Coan, J. A., Towers, D. N., Allen, J. J. (2011). Frontal EEG asymmetry during emotional challenge differentiates

individuals with and without lifetime major depressive disorder. *J Affect Disord*, 129(1-3), 167-74.

113. Olbrich, S., Trankner, A., Chittka, T., Hegerl, U., Schonknecht, P. (2014). Functional connectivity in major depression: increased phase synchronization between frontal cortical EEG-source estimates. *Psychiatry Res*, 222(1-2), 91-9.

114. Pizzagalli, D., Pascual-Marqui, R. D., Nitschke, J. B., Oakes, T. R., Larson, C. L., Abercrombie, H. C., Schaefer, S. M., Koger, J. V., Benca, R. M., Davidson, R. J. (2001). Anterior cingulate activity as a predictor of degree of treatment response in major depression: evidence from brain electrical tomography analysis. *Am J Psychiatry*, 158(3), 405-15.

115. Veer, I. M., Beckmann, C. F., van Tol, M. J., Ferrarini, L., Milles, J., Veltman, D. J., Aleman, A., van Buchem, M. A., van der Wee, N. J., Rombouts, S. A. (2010). Whole brain resting-state analysis reveals decreased functional connectivity in major depression. *Front Syst Neurosci*, 4.

116. Whitton, A. E., Deccy, S., Ironside, M. L., Kumar, P., Beltzer, M., Pizzagalli, D. A. (2018). Electroencephalography source functional connectivity reveals abnormal high-frequency communication among large-scale functional networks in depression. *Biol Psychiatry Cogn Neurosci Neuroimaging*, 3(1), 50-8.

117. Drevets, W. C. (2003). Neuroimaging abnormalities in the amygdala in mood disorders. *Ann N Y Acad Sci*, 985, 420-44.

118. Freud, S. (2014). *Beyond the pleasure principle*. New York: Dover Thrift Editions; Dover Publications.

119. Freud, S., Brill, A. A. (1915). *The interpretation of dreams*. Rev. ed. London; New York: G. Allen & Unwin; The Macmillan Company.

120. Freud, S., Ragg-Kirkby, H. (2003). *An outline of psychoanalysis*. London: Penguin.

121. Davidson, R. J. (2000). Cognitive neuroscience needs affective neuroscience (and vice versa). *Brain Cogn*, 42(1), 89-92.

122. Hickok, G. (2001). Functional anatomy of speech perception and speech production: psycholinguistic implications. *J Psycholinguist Res*, 30(3), 225-35.

123. Hickok, G. (2009). The functional neuroanatomy of language. *Phys Life Rev*, 6(3), 121-43.

124. Hickok, G., Avrutin, S. (1995). Representation, referentiality, and processing in agrammatic comprehension: two case studies. *Brain Lang*, 50(1), 10-26.

125. Hickok, G., Bellugi, U., Klima, E. S. (1996). The neurobiology of sign language and its implications for the neural basis of language. *Nature*, 381(6584), 699-702.

126. Hickok, G., Bellugi, U., Klima, E. S. (1997). The basis of the neural organization for language: evidence from sign language aphasia. *Rev Neurosci*, 8(3-4), 205-22.

127. Hickok, G., Bellugi, U., Klima, E. S. (2001). Sign language in the brain. *Sci Am*, 284(6), 58-65.

128. Hickok, G., Poeppel, D. (2004). Dorsal and ventral streams: a framework for understanding aspects of the functional anatomy of language. *Cognition*, 92(1-2), 67-99.

129. Hickok, G., Poeppel, D. (2007). The cortical organization of speech processing. *Nat Rev Neurosci*, 8(5), 393-402.

130. Hickok, G., Poeppel, D. (2015). Neural basis of speech perception. *Handb Clin Neurol*, 129, 149-60.

131. D'Esposito, M., Alexander, M. P. (1995). Subcortical aphasia: distinct profiles following left putaminal hemorrhage. *Neurology*, 45(1), 38-41.

132. D'Esposito, M., Detre, J. A., Alsop, D. C., Shin, R. K., Atlas, S., Grossman, M. (1995). The neural basis of the central executive system of working memory. *Nature*, 378(6554), 279-81.

133. Damásio, A. R., Damásio, H. (1992). Brain and language. *Sci Am*, 267(3), 88-95.

134. Eitam, B., Hassin, R. R., Schul, Y. (2008). Nonconscious goal pursuit in novel environments: the case of implicit learning. *Psychol Sci*, 19(3), 261-7.

135. Allman, J. M., Tetreault, N. A., Hakeem, A. Y., Manaye, K. F., Semendeferi, K., Erwin, J. M., Park, S., Goubert, V., Hof, P. R. (2010). The von Economo neurons in frontoinsular and anterior cingulate cortex in great apes and humans. *Brain Struct Funct*, 214(5-6), 495-517.

136. Northoff, G. (2004). Why do we need a philosophy of the brain? *Trends Cogn Sci*, 8(11), 484-5.

137. Xiao, L., Koritzky, G., Johnson, C. A., Bechara, A. (2013). The cognitive processes underlying affective decision-making predicting adolescent smoking behaviors in a longitudinal study. *Front Psychol*, 4, 685.

3. Linguagem e pensamento simbólico

Introdução

Como já descrito anteriormente, em 1970, durante a 39ª James Arthur Lecture, uma conferência sobre a evolução do cérebro humano realizada no Museu de História Natural de Nova York, o pesquisador e grande professor Karl Pribram realizou uma extraordinária palestra intitulada "What makes man human?". Trabalhando com primatas, ele voltou seus estudos para a compreensão de como o funcionamento cerebral produziria o pensamento simbólico. Por muitos anos, Pribram e outros pesquisadores observaram que primatas não humanos construíam sinais e símbolos. Mas ao analisar os estudos sobre o comportamento de dois chimpanzés-fêmeas, um estudado por Gardner e Gardner em 1969, na Universidade de Nevada, e outro, por Premack, em 1970, na Universidade da Califórnia, em Santa Bárbara, Pribram começou a buscar explicações para suas dúvidas sobre a origem do pensamento simbólico. O chimpanzé-fêmea de Nevada, chamado Washoe, conseguiu aprender a se comunicar usando uma linguagem de sinais. Gardner e Gardner (1969) haviam observado, anteriormente, que todas as tentativas de comunicação com esses primatas haviam falhado e a causa seria a limitação do aparato de vocalização. Por essa razão, decidiram usar um sistema de linguagem de sinais americano (American Sign Language), que teria um sistema com características mais icônicas do que fonéticas.[1] Washoe aprendeu a usar cerca de 150 sinais e conseguiu fazer conexões com dois ou três deles, porém não em uma ordem regular e previsível.

O chimpanzé fêmea da Califórnia, chamado de Sarah, por outro lado, foi treinado com outro método de comunicação e com uma proposta diferente. Premack aplicou um treino de condicionamento, usando esse método para determinar o quanto um sistema de sinais complexos poderia ser usado para guiar o comportamento de Sarah.[2-6] Em todos esses experimentos, o problema crucial era que os sinais não promoviam uma resposta uniforme. Pribram, posteriormente, usou o termo "símbolo" para descrever esse contexto dependente do tipo de sinais e para diferenciar dos sinais relacionados com eventos independentes dos contextos nos quais eles surgissem.[7]

Após explorar todas as pesquisas já realizadas, Pribram sugeriu que sinais e símbolos seriam construídos por mecanismos que se originariam no córtex e operariam em sistemas que se projetavam para algumas áreas subcorticais. Assim, o efeito do funcionamento cortical estaria concebido para ser transmitido para regiões subcorticais, onde a maioria desta via seria retransmitida pelos gânglios da base com os sinais projetados das áreas corticais sensoriais e motoras primárias podendo ser pré-processados.[7] Os sinais seriam codificados invariavelmente em suas referências para eventos imaginados, tendo seu significado expresso em um contexto livre. Já o significado dos símbolos, por outro lado, seria dependente de um contexto e poderia variar com estados momentâneos induzidos no cérebro pela estimulação.

Quando Gardner e Gardner (1969) escolheram os chimpanzés para o estudo da linguagem em primatas, afirmaram que esta escolha teria sido baseada no fato de esses primatas terem um nível de inteligência adequado para o experimento, principalmente por seu grau de sociabilização e por facilmente se apegarem aos humanos. Foi o traço de sociabilidade na espécie humana que nos levou ao desenvolvimento da linguagem e, por essa razão, optou-se por escolher estudar primatas com tais características. Então, observa-se, mais uma vez, a importância da maturação do cérebro social no aparecimento da linguagem humana e como a maturação desses circuitos foi se conectando de acordo com estímulos e contingências sociais. Novos estudos têm indicado que o aprendizado precoce da linguagem, no mínimo de forma mais complexa, encontra-se severamente limitado na ausência de interações sociais.[9, 10] Pesquisas têm postulado que o aprendizado de idiomas depende de como as crianças observam as intenções de comunicação dos adultos, sua sensibilidade com a atenção visual e seu desejo de imitar.[11-16] Para Kuhl (2007), em relação ao aprendizado precoce da linguagem infantil, a interação social é essencial para o aprendizado natural.[9, 10, 15, 17]

No entanto, considerando que as crianças observam as intenções de comunicação dos adultos, deve-se supor que essas comunicações incluem não apenas a linguagem verbal, mas, também, a linguagem gestual. Arbib (2008), lançou uma teoria denominada teoria da origem gestual modificada,[18] traçando um possível curso evolutivo desde os mecanismos cerebrais para a práxis manual (ações práxicas como as envolvidas na manipulação de objetos), até o desenvolvimento da linguagem articulada. Para o autor, a vocalização dos nossos ancestrais foi de grande importância, porém, antes da vocalização, nossos ancestrais se comunicavam por meio de gestos e pantomimas. Um primeiro tipo de comportamento motor imitativo voltado para uma linguagem gestual tinha como objetivo repetir ações observadas para alcançar algum objetivo específico, sempre direcionado a um objeto.[19] Por outro lado, um segundo comportamento motor mais complexo, executado por meio de pantomimas, seria uma ação práxica sem que houvesse uma atuação sobre um objeto, com o intuito de comunicar algo sobre uma ação ou um evento.[19, 20]

Arbib et al. (2008) fundamentaram sua teoria a partir das evidências encontradas em estudos de imagens cerebrais, nos quais foi identificado, em humanos, um sistema de neurônios espelho, e parte dele estaria próxima da região motora da fala (área de Broca).[20, 21] No entanto, ao estudar esse sistema de neurônios, questionou por que um sistema de espelho para captação do ato motor estaria associado a uma área comumente vista como envolvida na produção da fala. Para os autores, se a afasia de expressão fosse resultante de lesões na área de Broca, isso justificaria a associação dessa região à produção de uma linguagem multimodal, e não apenas à fala.[18] Posteriormente seus estudos avançaram e acrescentaram três questionamentos sobre a evolução da linguagem em humanos: i) como o cérebro humano evoluiu para desenvolver, usar e adquirir idiomas; ii) como a busca evolutiva poderia ser informada mediante um estudo do cérebro, do comportamento e da interação social em primatas e humanos; iii) como a modelagem computacional poderia avançar nesses estudos.

Para os autores, o cérebro humano estaria pronto para a linguagem, pois os primeiros humanos arcaicos possuíam protolínguas, mas não linguagens (isto é, sistemas de comunicação dotados de léxicos e gramáticas ricas e abertas que apoiariam uma semântica composicional), o que levou à evolução cultural (um nicho cultural construído) "em que cérebros prontos para o idioma podem se tornar cérebros que usam o idioma".[19] A hipótese do sistema de espelhos, dessa forma, seria um exemplo bem desenvolvido dessa abordagem. Mas, para Arbib, não seria esta uma teoria fechada. A modelagem computacional poderia ajudar a entender o papel da evolução dos neurônios espelho não em si mesmos, mas apenas em sua interação com os sistemas além do espelho. De uma forma mais simplificada, fica claro o interesse em ir além dos modelos de compreensão da fala e vincular a linguagem à interação visomotora com o mundo físico e social.[19]

Um outro estudo usando Tomografia por Emissão de Pósitrons (PET *scan* cerebral), analisou, em indivíduos destros, quais áreas estariam ativadas diante da observação de objetos reais (ferramentas de uso comum), durante a nomeação silenciosa das ferramentas apresentadas. Os resultados revelaram que, durante a observação da ferramenta, existiu forte ativação do córtex pré-motor dorsal esquerdo.[22, 23] Por outro lado, a nomeação silenciosa das ferramentas ativou a área de Broca, sem atividade adicional no córtex pré-motor dorsal. A nomeação silenciosa do uso das ferramentas, por outro lado, além de ativar a área de Broca, aumentou a atividade no córtex pré-motor dorsal esquerdo e recrutou o córtex pré-motor ventral esquerdo, além da área motora suplementar esquerda.[22, 23] Os resultados indicaram que, mesmo na ausência de qualquer movimento subsequente, o córtex pré-motor esquerdo processava objetos que, como ferramentas, teriam uma valência motora. Essa ativação pré-motora dorsal, que aumentava ainda mais quando o sujeito nomeava o uso da ferramenta, poderia refletir a atividade neural relacionada aos esquemas motores para o uso do objeto. Ou seja, a presença de uma ativação do córtex pré-motor dorsal e do córtex pré-motor ventral, durante a nomeação do uso da ferramenta, sugeriria um papel para essas duas áreas na compreensão da semântica dos objetos.[22, 23]

Sabe-se que a construção da linguagem humana tem relação direta com a evolução da cognição social. Sendo construções complexas do cérebro humano, linguagem e cognição social possuem diversos mecanismos independentes, mas que possuem uma conexão rica, oferecendo um caminho de compreensão para entendermos a evolução desses dois sistemas.[24] Várias pesquisas apontam para a importância de se estudar e associar o desenvolvimento da linguagem em humanos com o aprendizado social.[9,]

[16, 17, 19, 25-32] Lieberman, 2002, destacou que a teoria tradicional da base cerebral da linguagem, focada nas áreas de Broca e Wernicke, estava errada.[33] De fato, circuitos neurais conectam diferentes áreas corticais com estruturas subcorticais, regulando comportamentos complexos que interagem continuamente com trocas de informações, ligando o comportamento motor, como marcha, gestos, fala etc.[33-35] Ao ler ou escutar uma palavra, observa-se a ativação de circuitos neurais córtico-subcorticais que dão suporte à conexão do córtex frontal com o estriado dorsal, modulando aspectos mais complexos da habilidade sintática, produção da fala e construção de um extenso vocabulário.[33] Vale ressaltar que muitas dessas estruturas relacionadas com a regulação da linguagem participam de outros aspectos do comportamento já mencionados anteriormente. Estudos linguísticos sugerem que, nos primórdios da nossa evolução, nossas funções práxicas, que regularam o controle motor tanto nos primeiros ancestrais quanto no *Homo sapiens*, foram modificadas ao longo da evolução para criar conexões cada vez mais complexas entre diferentes áreas cerebrais, aperfeiçoando a nossa capacidade cognitiva e linguística.

Desvendar a verdadeira origem da linguagem humana parece algo impossível. Por mais que diferentes cientistas levantem teorias, continuamos longe de alcançar tal enigma. Será que a nossa linguagem foi um produto biológico derivado de uma protolíngua ancestral? Ou, ao contrário, foi fruto de um processo de evolução cultural que se iniciou com a necessidade de encontrar outra forma de "*grooming*" (hábito de afagar a pele ou catar ectoparasitas) entre os grupos de primatas, que sempre cresciam em números, impossibilitando o líder de manter contato individual com cada um dos integrantes? [36-38] Será que surgiu a partir da fala gestual dos primatas ou da evolução dos circuitos de vocalização dos ancestrais? Todas essas teorias permanecem até hoje como foco de grande controvérsia. Muitas outras teorias irão surgir, mas se torna fundamental pontuar que a compreensão da linguagem humana deve ser vista no contexto da transdisciplinaridade.

Por meio da fala expressamos nossos pensamentos, que, por sua vez, se constroem a partir das percepções do mundo real e das contingências sociais, das relações afetivas, dos interesses pessoais. Acima de tudo, parecem ser a forma de expressão do nosso inconsciente. Somos seres sociais pela nossa capacidade de comunicação verbal, pela nossa empatia e pela nossa capacidade de viver em sociedade de forma harmoniosa e equilibrada. A linguagem, sem dúvida, é o grande salto na evolução da linhagem *Homo*, que levou a espécie *sapiens* a se destacar dos outros ancestrais e construir sua história.

Evolução da linguagem humana

Quando voltamos nossos olhares para o processo evolutivo da linguagem humana, perguntamos inicialmente como adquirimos o domínio de uma habilidade linguística com uma sintaxe tão complexa e um vocabulário tão extenso, o qual culminou com o aparecimento de diferentes idiomas e dialetos. Sabe-se que os primatas, de uma forma geral, compartilhavam muitas características linguísticas dos nossos ancestrais pré-humanos. Mas a compreensão da evolução da linguagem humana foi alvo de várias teorias, que começaram com a frenologia no século XIX, quando estudiosos como Gall (1809) e Spurzheim (1815), usando uma análise da associação entre as protuberâncias cranianas (consideravam ser correlacionadas com certas áreas do neocórtex cerebral), afirmavam que as regiões do crânio humano poderiam ser a sede de uma função cortical específica. Este pressuposto deu origem ao caminho para a teoria localizacionista da linguagem de Broca e Wernicke, que ainda hoje parece persistir.[33, 35]

A teoria localizacionista de Wernicke e a teoria sobre o funcionamento do sistema nervoso de Meynert foram primeiramente contestadas por Sigmund Freud, quando este escreveu uma emblemática monografia intitulada "Sobre a concepção das afasias: um estudo crítico".[39] Freud, ao ler e se debruçar sobre a teoria localizacionista da linguagem, fazendo uma análise crítica sobre o trabalho de Wernicke e Meynert, resolveu aprofundar seus estudos na concepção da linguagem, que, para ele, muitas vezes, apresentava-se com transtornos sem que houvesse uma lesão ou uma localização precisa. Para Freud, a abordagem da concepção da linguagem deveria seguir um outro olhar, focado no sujeito que fala. Freud recusou a ideia de que existiriam áreas cerebrais onde certas funções se localizariam, defendendo a teoria de um cérebro dinâmico que se comunicaria com diferentes áreas, uma podendo influenciar a função da outra, ou uma mesma área cerebral podendo ter mais de uma função e ser interdependente. "Sobre a concepção das afasias: um estudo crítico" seria o primeiro passo para que Freud desenvolvesse sua teoria metapsicológica. Freud, então, afirmou: "Não apenas a afasia de condução de Wernicke não existe como nada difere das confusões e mutilações das palavras feitas por pessoas normais quando fatigadas, desatentas ou sob a influência de afetos perturbados". Por fim, ele rejeita a hipótese de um aparelho da linguagem com centros específicos, separados por regiões corticais sem funções. Para ele, a região cortical da linguagem seria uma área cortical contínua composta de diversas conexões e associações por onde se processariam as representações e as funções da linguagem.[39]

Com os avanços da ciência e dos métodos de imagem, a frenologia e a teoria localizacionista perderam parte da sua força.[33] Estudos mostraram que pacientes com danos extensos na área de Broca tendiam a recuperar com mais facilidade suas funções linguísticas, desde que não tivessem grandes danos na via subcortical.

Ao contrário, danos na via subcortical da linguagem, com preservação da área cortical de Broca, apresentavam sinais e sintomas similares a uma afasia de expressão.[33] A partir desses achados e com os estudos dos circuitos frontossubcorticais, comprovou-se que o circuito da linguagem era bem mais complexo e extenso. Foi identificada uma rica conectividade entre a área cortical da linguagem, tanto sensorial quanto motora, e outras áreas corticais e subcorticais. Constatou-se que o circuito córtico-estriado-cortical funcionaria como uma via de conexão das informações, atuando para selecionar, segregar e ajustar as informações provenientes de diferentes regiões corticais, promovendo uma comunicação entre a via sensorial, límbica e motora, facilitando, assim, uma interconexão entre diferentes funções cognitivas/comportamentais. Assim, a linguagem poderia ser influenciada pela emoção, pelos sinais sensoriais externamente guiados ou pelos estímulos internamente guiados.[40-48]

Sabe-se que certas patologias que acometem o circuito frontoestriatal, como Parkinson, Tourette, transtorno obsessivo-compulsivo, levam a disfunções linguísticas, *déficit* de produção da fala, sintaxe etc. Esses estudos mostram a importância de entender a evolução e a linguagem humana em um contexto mais dinâmico.[33-35]

Por outro lado, as pesquisas de neuroimagem e conectividade funcional nem sempre conseguem explicar certos aspectos mais complexos da linguagem humana. Por exemplo, qual seria a relação entre linguagem e pensamento? O nosso pensamento, enquanto linguagem, expressa-se verbalmente em sua totalidade? O que falamos verbalmente é replicado integralmente no pensamento? Quem melhor discutiu essas questões foram Vygotsky e Piaget. Diferentemente de Piaget, que não considerava a linguagem como primeiramente social, e para quem inicialmente se desenvolveria o conhecimento para depois ser adquirida a linguagem,[49] Vygotsky[50-55] acreditava que a criança, desde o começo, estaria interagindo socialmente e, ainda sem verbalizar, estaria produzindo ideias e pensamentos interiorizados, como se estive falando consigo[50-55]. À medida que as crianças amadurecessem, esta fala se transformaria em uma fala ou um pensamento interiorizado, sendo possível pensar por si mesmo, fazer suas reflexões silenciosas, tendo como principal função preservar e amadurecer os aspectos sociais da comunicação.[50]

Influenciado pelos estudos de Vygotsky, Alexander Romanovich Luria, um neurologista que focou suas pesquisas em uma teoria objetiva da mente, passou a desenvolver experimentos em crianças, buscando entender o pensamento humano.[56-58] Em suas inúmeras pesquisas, Luria observou que a ação reguladora da palavra surgia de forma progressiva na criança, quando esta tinha a capacidade de subordinar sua ação à instrução verbal do adulto (o ato voluntário da criança teria um caráter interpsíquico, ou seja, a linguagem da mãe e a ação da criança). Quando a linguagem da criança começa a regular sua própria conduta, surge uma linguagem intrapsíquica ou interiorizada.[56, 57] Para Luria, baseado na teoria vygotskyana, por meio da linguagem a criança começaria a planejar o que não poderia fazer pela ação imediata. Assim, a linguagem interiorizada seria a base da função intelectual, que irá aperfeiçoar a flexibilidade e o planejamento cognitivo, fazendo com que surgisse uma ação voluntária complexa, funcionando como um sistema autorregulatório da mente e do comportamento humano.[56-59] Para melhor entender a visão de Luria sobre a interiorização da linguagem, é fundamental lembrar que, para o autor, essa linguagem interior não era apenas uma duplicação da linguagem externa verbalizada, mas sem a sua ação motora. Ela seria mais abreviada e reduzida, bem como predicativa, e sua função estaria voltada para a solução de uma tarefa. Mesmo desprovida do seu caráter articulatório, jamais perderia sua ação reguladora.[56-60]

Assim, podemos pensar na linguagem humana como um construto, cuja evolução se deu por meio da interação social e da necessidade de execução de tarefas diante de certas contingências sociais, associada a uma predisposição genética para um desenvolvimento articulatório e fonológico apropriado da espécie *sapiens*, além do amadurecimento de conexões das redes neurais. Através dessas conexões neurais córtico-corticais e córtico-subcorticais foi possível associar a linguagem com as áreas motoras e pré-motoras, e com a percepção sensorial. Além disso, um conteúdo emocional via conexão com o sistema límbico seria acrescentado a esse circuito.

Outra rede de conectividade com a modulação da linguagem humana refere-se à capacidade de organizar, segregar e criar um rico conteúdo linguístico por meio do circuito córtico-estriatal. Associar essa rede funcional com o circuito da ToM e da DMN, conectando a rede da linguagem com o circuito da imaginação, da autorreferência, da empatia e da autoprojeção, tornou a linguagem humana o veículo para comunicar e partilhar com o outro a nossa existência, nossos sonhos, projetos, ideias e sentimentos. Assim, o *Homo sapiens* se tornou uma espécie visionária, empática, organizada e criativa. Por meio da linguagem, na sua compreensão e expressão, o *sapiens* passou a se comunicar e partilhar sentimentos e pensamentos, criando um construto ético e moral que foi a grande base para a formação das civilizações e de diferentes culturas.

A rede neural da linguagem

Por muitos anos, as bases neurais da linguagem humana ficaram restritas a um modelo simples e localizacionista composto das áreas de Broca, Wernicke e do Fascículo Arqueado (FA). No entanto, avanços recentes na neurociência têm sugerido que o cérebro humano é organizado em uma complexa rede com múltiplos e distintos circuitos neurais integrando e segregando informações, trabalhando com uma função mais dinâmica e plástica. Para Catani et al.,[61-63] o cérebro humano, incluindo a massa branca e cinzenta, estaria participando do mesmo processo interativo organizado de forma multimodal e integrada com redes distribuídas paralelamente. Dessa forma, os processos cognitivos seriam modulados por uma contínua e redundante rede de informações dinamicamente modulada por experiências pessoais e pelo ambiente.[61]

Do ponto de vista neurofuncional, foi possível mapear e entender mais profundamente o circuito neural da linguagem humana. Com o surgimento da Ressonância Nuclear Magnética funcional (RNMf), mapear a relação entre anatomia e função se tornou mais acessível. Assim, duas importantes vias foram identificadas:

1. A via dorsal, que possui dois grandes feixes de fibras de larga escala – i) o Fascículo Arqueado (FA), que conecta a área de Wernicke com a área de Broca; ii) o Fascículo Longitudinal Superior (FLS), que se projeta do córtex parietal posterior para o córtex frontal pré-motor dorsal, com conexões indiretas para o córtex temporal superior.[64-76] Essas vias dorsais teriam como função modular o processamento da linguagem, e a divisão que corresponde ao trato que conecta o giro temporal médio e temporal superior com o córtex pré-motor atuaria na função de repetição, enquanto o trato que ligaria o giro temporal superior com a área de Broca atuaria na função sintática mais complexa.[66, 77, 78]

2. A via ventral, por sua vez, através do fascículo uncinado (FU) e da cápsula externa, será formada pela rede de conexão do córtex frontal com o córtex temporal.[66, 77, 79, 80] Do ponto de vista neurofuncional, a via ventral conecta as áreas que serão ativadas durante o processamento sintático e semântico da linguagem[66-76] (Fig. 11).

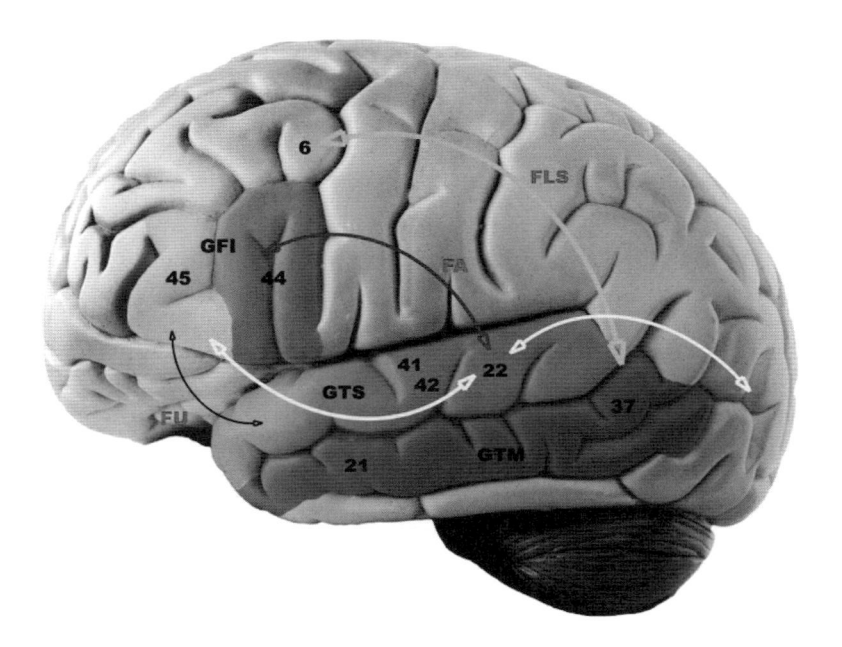

Figura 11 Circuito da linguagem adaptado:[66] GFI (Giro Frontal Inferior) (BA 44 – *pars opercularis*, BA 45 – *pars triangularis*); GTS (Giro Temporal Superior) (BA 41, 42 – córtex auditivo primário); GTM (Giro Temporal Médio) (BA 22 – área de Wernicke, BA 37 – área fusiforme, BA 6 – lateralmente, corresponde ao córtex pré-motor e medialmente corresponde à área motora suplementar); FA (Fascículo Arqueado); FLS (Fascículo Longitudinal Superior); FU (Fascículo Uncinado).

Outro circuito de fundamental importância na rede neural da linguagem é o córtico-estriatal. As informações oriundas do córtex frontal se projetam do núcleo caudado e putâmen para o globo pálido interno pela via direta e para o pálido externo pela via indireta. Ambas as projeções terminarão no tálamo e retornarão ao córtex frontal, fechando o *looping* córtico–estriato–tálamo–cortical.[33,45] Como esse circuito possui uma importante conexão com a Substância Negra, o núcleo subtalâmico e outras regiões límbicas e paralímbicas, a presença de *déficits* na produção da fala e na função sintática pode ser observada em certas patologias como Parkinson, síndrome de Tourette, entre outras.[33]

Do ponto de vista neurofisiológico, estudos têm demonstrado uma série de processamentos dentro do circuito da linguagem, que modulam a função do léxico, da gramática e da informação fonológica, de maneira sequencial dentro de uma janela de tempo de 450 ms. Deve-se considerar, no entanto, que essa sequência não obedece a uma cronologia ou a uma função estática, podendo apresentar interações dinâmicas com diferentes redes.[81, 82] Seguindo um processamento que se inicia com a conversão do som em fonema (léxico) com armazenamento temporário no giro temporal superior (córtex auditivo primário), a série de fonemas será transferida para o giro temporal médio, onde se iniciará o processamento semântico. A região anterior do giro temporal médio participará mais da função semântica das palavras e da seleção de palavras específicas. Por outro lado, a região posterior do giro temporal médio irá modular o acesso do léxico, associando não apenas a compreensão auditiva, mas, também, a expressão da palavra mediante a seleção das palavras e da codificação do processo fonêmico da voz.[81, 82]

Quanto ao processamento semântico mais complexo para sentenças e contextos, este envolverá uma maior rede neural, com conexões dinâmicas entre o lobo temporal, o lobo parietal inferior e o giro frontal inferior. Por fim, o processamento fonológico, que tem como circuito predominante a via dorsal, incluindo o lobo frontal, parietal e temporal, todos conectados pelo fascículo longitudinal superior e pelo fascículo arqueado, terá como função a conversão do som da voz em fonema, léxico, repetição e articulação. Para a função moduladora da fluidez da linguagem, destacam-se as regiões do córtex pré-motor e da porção medial do lobo frontal, a qual, mais recentemente, foi associada a uma nova rede, denominada Fascículo Frontal Oblíquo ou FAT (Frontal Aslant Tract).[72-74] Assim, podemos afirmar que, diante desse complexo circuito da linguagem humana, fica evidente que a teoria localizacionista, sem dúvida foi fundamental nos estudos neurocientíficos, realmente apresentava falhas na compreensão da conectividade funcional, como bem descreveu Freud em 1891.

Considerações finais

A linguagem humana é um dos mais complexos e intrigantes circuitos neurais existentes no cérebro humano. A rede neural da linguagem atua em uma constante transmissão de fluxo de informações, co-nectando a percepção sensorial com o aparelho motor fonológico, acrescentando uma modulação com o circuito frontoestriatal para segregar informações e modular as funções sintáticas e, por fim, integrando-se ao circuito límbico/afetivo e ao cérebro social. Em outras palavras, somos a única espécie que por meio da linguagem conseguiu expressar desejos, emoções, sentimentos, ideias, empatias, criações, sonhos etc. Sem a completa integração entre esses circuitos, haveria um *déficit* na integração entre o processo de criação do pensamento simbólico e a capacidade de compreensão e expressão, além de existir um importante *déficit* na integração do conteúdo emocional, empático e criativo. Esta dificuldade limitaria substan-cialmente a capacidade do homem de partilhar informações, ideias, pensamentos, questionamentos, entre outras funções abstratas mais sofisticadas, fundamentais para um maior crescimento intelectual e afetivo que nos tornou humanos e humanizados.

Neste percurso, torna-se imprescindível ir além da compreensão do aparelho da linguagem, avançando no entendimento sobre a im-portância desse circuito como veículo de expressão do inconsciente. Quando, em 1891, Freud, na sua monografia "Sobre a concepção das afasias: um estudo crítico", descreveu os fundamentos da linguagem, ele nos mostrou a complexidade desse aparelho e questionou, como já dito anteriormente, a teoria localizacionista de Wernicke/Meynert. Freud, ao falar da linguagem, fez uma releitura do conceito de representação, nos ajudando a compreender como estímulos externos seriam associados no córtex e reorganizados de acordo com a sua função. Por exemplo, a área da linguagem seria responsável pela representação da palavra, assim como as outras áreas corticais seriam responsáveis pela representação do objeto. Mas a concepção de representação que Freud defendia tinha um componente visionário que somente pôde ser retomado posteriormente, com os avanços tecnológicos do século XX. Assim, a teoria freudiana interpretada hoje aponta para um aparelho da linguagem funcionando por meio de inúmeras associações e conexões, em que os estímulos sensoriais auditivos, tácteis, visuais, olfativos etc. seriam finalmente reorganizados. Indo além, Freud descreveu a representação da palavra, dizendo que ela seria algo mais complexo e constituído de inúmeros elementos sensoriais percebidos e sobrepostos, e que existiria uma imagem acústica ou impressão acústica, seguida por outras representações.[83]

Interpretando a concepção do aparelho da linguagem de Freud e a representação da palavra e do objeto, poderíamos supor que a nossa linguagem seria formada a partir das associações de diferentes percepções, as quais alcançariam os circuitos neurais que, integrando e segregando informações, participariam do complexo sistema de representações. Em outras palavras, ao responder verbalmente a uma pergunta, ou expressar um desejo, ou uma ideia quando se visualiza um objeto e o nomeia; ou ao reagir emocionalmente diante de algo que seja perigoso, ou familiar, usando palavras que expressem medo, pedido de socorro etc; ou, ao contrário, percebendo algum estímulo que sinalize uma alegria, uma emoção etc., estaríamos usando não apenas o aparelho da linguagem, mas algo bem mais complexo que seria toda uma rede de informações integradas fluindo dinamicamente.

Dessa forma, ao falar, o homem passou a inserir na linguagem suas experiências e memórias, suas percepções e reações afetivas, seus aprendizados culturais por meio de expressões gestuais e verbais. Assim, para Freud, a representação seria uma construção mental de aprendizados associativos relacionados aos estágios de desenvolvimento do sujeito. Por um processo de memorização desses aprendizados, as associações das representações seriam reorganizadas de acordo com as novas informações agregadas a partir da transferência de representações mais antigas para as mais novas, criando uma grande rede. Por exemplo, para um mesmo objeto, as diferentes características adquiridas produziriam uma cadeia de representações da palavra que iria constituir o significado desse objeto. Em resumo, para buscar o verdadeiro sentido ou o significado real de uma palavra, seria necessário buscar o significado original da palavra, retornando ao início do processo. Nesse texto, Freud ainda não tinha uma ideia formada sobre a metapsicologia e sobre o inconsciente. Mas, acrescentando a teoria freudiana aos estudos neurocientíficos sobre o circuito da linguagem, podemos pensar que a linguagem, enquanto ferramenta para expressar aprendizados, ideias, afetos, bem como para modular respostas comportamentais para uma autopreservação e uma convivência social, teria uma função bem mais complexa do que simplesmente participar do processamento cognitivo. Sem dúvida, quando Freud expande sua visão do aparelho da linguagem para além da visão localizacionista, ele nos mostra a complexidade desse aparelho e como o nosso inconsciente se expressa por meio do sistema. Dessa forma, buscar a verdadeira significação das palavras seria um retorno ao estágio inicial da representação.

Referências

1. Gardner, R. A., Gardner, B. T. (1969). Teaching sign language to a chimpanzee. *Science*, 165(3894), 664-72.

2. Premack, D. (1970). A functional analysis of language. *J Exp Anal Behav*, 14(1), 107-25.

3. Premack, D. (1971). Language in chimpanzee? *Science*, 172(3985), 808-22.

4. Premack, D. (1985). "Gavagai!" or the future history of the animal language controversy. *Cognition*, 19(3), 207-96.

5. Premack, D. (2004). Psychology. Is language the key to human intelligence? *Science*, 303(5656), 318-20.

6. Pribram, K. H. (1970). Looking to see: some experiments on the brain mechanisms of attention in perception. *Res Publ Assoc Res Nerv Ment Dis*, 48, 150-62.

7. Pribram, K. H. (2006). What makes humanity humane. *J Biomed Discov Collab*, 1, 14.

8. Pribram, K. H. (1999). The self as me and I. *Conscious Cogn*, 8(3), 385-6.

9. Kuhl, P. K. (2007). Is speech learning 'gated' by the social brain? *Dev Sci*, 10(1), 110-20.

10. Kuhl, P. K. (2014). Early language learning and the social brain. *Cold Spring Harb Symp Quant Biol*, 79, 211-20.

11. Kuhl, P. K. (1979). Speech perception in early infancy: perceptual constancy for spectrally dissimilar vowel categories. *J Acoust Soc Am*, 66(6), 1668-79.

12. Kuhl, P. K. (1991). Human adults and human infants show a "perceptual magnet effect" for the prototypes of speech categories, monkeys do not. *Percept Psychophys*, 50(2), 93-107.

13. Kuhl, P. K. (1993). Developmental speech perception: implications for models of language impairment. *Ann N Y Acad Sci*, 682, 248-63.

14. Kuhl, P. K. (1994). Learning and representation in speech and language. *Curr Opin Neurobiol*, 4(6), 812-22.

15. Kuhl, P. K. (2000). A new view of language acquisition. *Proc Natl Acad Sci U S A*, 97(22), 11850-7.

16. Colage, I. (2016). The cultural evolution of language and brain: Comment on "Towards a computational comparative neuro-primatology: framing the language-ready brain" by Michael A. Arbib. *Phys Life Rev*, 16, 61-2.

17. Kuhl, P. K., Coffey-Corina, S., Padden, D., Munson, J., Estes, A., Dawson, G. (2013). Brain responses to words in 2-year-olds with autism predict developmental outcomes at age 6. *PLoS One*, 8(5), e64967.

18. Arbib, M. A. (2008). From grasp to language: embodied concepts and the challenge of abstraction. *J Physiol Paris*, 102(1-3), 4-20.

19. Arbib, M. A. (2017). Toward the language-ready brain: biological evolution and primate comparisons. *Psychon Bull Rev*, 24(1), 142-50.

20. Arbib, M. A., Liebal, K., Pika, S. (2008). Primate vocalization, gesture, and the evolution of human language. *Curr Anthropol*, 49(6), 1053-63; discussion 1063-76.

21. Rizzolatti, G., Arbib, M. A. (1998). Language within our grasp. *Trends Neurosci*, 21(5), 188-94.

22. Grafton, S. T., Fadiga, L., Arbib, M. A., Rizzolatti, G. (1997). Premotor cortex activation during observation and naming of familiar tools. *Neuroimage*, 6(4), 231-6.

23. Grafton, S. T., Fagg, A. H., Arbib, M. A. (1998). Dorsal premotor cortex and conditional movement selection: a PET functional mapping study. *J Neurophysiol*, 79(2), 1092-7.

24. Fitch, W. T., Huber, L., Bugnyar, T. (2010). Social cognition and the evolution of language: constructing cognitive phylogenies. *Neuron*, 65(6), 795-814.

25. Kuhl, P. K., Andruski, J. E., Chistovich, I. A., Chistovich, L. A., Kozhevnikova, E. V., Ryskina, V. L., Stolyarova, E. I., Sundberg, U., Lacerda, F. (1997). Cross-language analysis of phonetic units in language addressed to infants. *Science*, 277(5326), 684-6.

26. Kuhl, P. K., Meltzoff, A. N. (1982). The bimodal perception of speech in infancy. *Science*, 218(4577), 1138-41.

27. Kuhl, P. K., Meltzoff, A. N. (1996). Infant vocalizations in response to speech: vocal imitation and developmental change. *J Acoust Soc Am*, 100(4 Pt 1), 2425-38.

28. Kuhl, P. K., Miller, J. D. (1975). Speech perception by the chinchilla: voiced-voiceless distinction in alveolar plosive consonants. *Science*, 190(4209), 69-72.

29. Kuhl, P. K., Miller, J. D. (1982). Discrimination of auditory target dimensions in the presence or absence of variation in a second dimension by infants. *Percept Psychophys*, 31(3), 279-92.

30. Kuhl, P. K., Tsao, F. M., Liu, H. M., Zhang, Y., De Boer, B. (2001). Language/culture/mind/brain. Progress at the margins between disciplines. *Ann N Y Acad Sci*, 935, 136-74.

31. Bretas, R. V., Yamazaki, Y., Iriki, A. (2019). Phase transitions of brain evolution that produced human language and beyond. *Neurosci Res.*

32. Berwick, R. C., Friederici, A. D., Chomsky, N., Bolhuis, J. J. (2013). Evolution, brain, and the nature of language. *Trends Cogn Sci*, 17(2), 89-98.

33. Lieberman, P. (2002). On the nature and evolution of the neural bases of human language. *Am J Phys Anthropol*, Suppl 35, 36-62.

34. Lieberman, P. (2015). Language did not spring forth 100,000 years ago. *PLoS Biol*, 13(2), e1002064.

35. Lieberman, P. (2016). The evolution of language and thought. *J Anthropol Sci*, 94, 127-46.

36. Dunbar, R. (2003). Psychology. Evolution of the social brain. *Science*, 302(5648), 1160-1.

37. Dunbar, R. I. M., Mac Carron, P., Shultz, S. (2018). Primate social group sizes exhibit a regular scaling pattern with natural attractors. *Biol Lett*, 14(1).

38. Dunbar, R. I., Shultz, S. (2007). Evolution in the social brain. *Science*, 317(5843), 1344-7.

39. Freud, S., Stengel, E. (1953). On aphasia: a critical study. Authorized translation with an introd. London: Imago.

40. Haber, S. N. (2016). Corticostriatal circuitry. *Dialogues Clin Neurosci*, 18(1), 7-21.

41. Graybiel, A. M. (1990). The basal ganglia and the initiation of movement. *Rev Neurol* (Paris), 146(10), 570-4.

42. Heilbronner, S. R., Haber, S. N. (2014). Frontal cortical and subcortical projections provide a basis for segmenting the cingulum bundle: implications for neuroimaging and psychiatric disorders. *J Neurosci*, 34(30), 10041-54.

43. Mega, M. S., Cummings, J. L. (1994). Frontal-subcortical circuits and neuropsychiatric disorders. *J Neuropsychiatry Clin Neurosci*, 6(4), 358-70.

44. Morris, L. S., Kundu, P., Dowell, N., Mechelmans, D. J., Favre, P., Irvine, M. A., Robbins, T. W., Daw, N., Bullmore, E. T., Harrison, N. A., Voon, V. (2016). Fronto-striatal organization: Defining functional and microstructural substrates of behavioural flexibility. *Cortex*, 74, 118-33.

45. Cummings, J. L. (1993). Frontal-subcortical circuits and human behavior. *Arch Neurol*, 50(8), 873-80.

46. Arnold, M. B. (1969). Emotion, motivation, and the limbic system. *Ann N Y Acad Sci*, 159(3), 1041-58.

47. Bonelli, R. M., Cummings, J. L. (2007). Frontal-subcortical circuitry and behavior. *Dialogues Clin Neurosci*, 9(2), 141-51.

48. Nakao, T., Ohira, H., Northoff, G. (2012). Distinction between externally vs. internally guided decision-making: operational differences, meta-analytical comparisons and their theoretical implications. *Front Neurosci*, 6, 31.

49. Piaget, J. (1959). *The language and thought of the child*. 3. ed., revised and enlarged. London: Routledge, Kegan Paul.

50. Vygotsky, L. S. (1966). *Thought and language*. Cambridge, Mass.: MIT Press.

51. Vygotsky, L. S. (1986). *Thought and language*. 2. printing (new translation) ed. Cambridge, Mass.: MIT Press.

52. Vygotsky, L. S., Cole, M. (1978). *Mind in society: the development of higher psychological processes*. Cambridge, Mass.; London: Harvard University Press.

53. Vygotsky, L. S., Hanfmann, E., Vakar, G. (1962). *Thought and language*. Cambridge, Mass.: MIT Press.

54. Vygotsky, L. S., Hanfmann, E., Vakar, G. (1965). *Thought and language*. Cambridge, Mass.: MIT Press.

55. Vygotsky, L. S., Hanfmann, E., Vakar, G., Kozulin, A. (2012). *Thought and language*. Revised and expanded ed. Cambridge, Mass.; London: MIT Press.

56. Luria, A. R. (1957). [The regulatory role of speech in normal and abnormal development]. *Z Arztl Fortbild* (Jena), 51(21-22), 903-8.

57. Luria, A. R. (1967). 'Brain and consicious experience': a critical notice from the U. S. S. R. of the symposium edited by J. C. Eccles (1966). *Br J Psychol*, 58(3), 467-76.

58. Luria, A. R. (1969). [On the brain and human behavior]. *Hyg Ment*, 58(1), 1-19.

59. Luria, A. R. (1959). Experimental study of the higher nervous activity of the abnormal child. *J Ment Defic Res*, 3, 1-22.

60. Luria, A. R., Simernitskaya, E. G. (1977). Interhemispheric relations and the function of the minor hemisphere. *Neuropsychologia*, 15(1), 175-8.

61. Catani, M., Dell'acqua, F., Bizzi, A., Forkel, S. J., Williams, S. C., Simmons, A., Murphy, D. G., Thiebaut de Schotten, M. (2012). Beyond cortical localization in clinico-anatomical correlation. *Cortex*, 48(10), 1262-87.

62. Catani, M., Dell'acqua, F., Vergani, F., Malik, F., Hodge, H., Roy, P., Valabregue, R., Thiebut de Schotten, M. (2012). Short frontal lobe connections of the human brain. *Cortex*, 48(2), 273-91.

63. Catani, M. (2019). The anatomy of the human frontal lobe. *Handb Clin Neurol*, 163, 95-122.

64. Schmahmann, J. D., Pandya, D. N., Wang, R., Dai, G., D'Arceuil, H. E., de Crespigny, A. J., Wedeen, V. J. (2007). Association fibre pathways of the brain: parallel observations from diffusion spectrum imaging and autoradiography. *Brain*, 130(Pt 3), 630-53.

65. Schmahmann, J. D., Pandya, D. N. (2007). Cerebral white matter – historical evolution of facts and notions concerning the organization of the fiber pathways of the brain. *J Hist Neurosci*, 16(3), 237-67.

66. Friederici, A. D., Gierhan, S. M. (2013). The language network. *Curr Opin Neurobiol*, 23(2), 250-4.

67. Hickok, G. (2001). Functional anatomy of speech perception and speech production: psycholinguistic implications. *J Psycholinguist Res*, 30(3), 225-35.

68. Hickok, G. (2009). The functional neuroanatomy of language. *Phys Life Rev*, 6(3), 121-43.

69. Hickok, G., Avrutin, S. (1995). Representation, referentiality, and processing in agrammatic comprehension: two case studies. *Brain Lang*, 50(1), 10-26.

70. Hickok, G., Bellugi, U., Klima, E. S. (1996). The neurobiology of sign language and its implications for the neural basis of language. *Nature*, 381(6584), 699-702.

71. Hickok, G., Bellugi, U., Klima, E. S. (1997). The basis of the neural organization for language: evidence from sign language aphasia. *Rev Neurosci*, 8(3-4), 205-22.

72. Hickok, G., Bellugi, U., Klima, E. S. (2001). Sign language in the brain. *Sci Am*, 284(6), 58-65.

73. Hickok, G., Poeppel, D. (2004). Dorsal and ventral streams: a framework for understanding aspects of the functional anatomy of language. *Cognition*, 92(1-2), 67-99.

74. Hickok, G., Poeppel, D. (2007). The cortical organization of speech processing. *Nat Rev Neurosci*, 8(5), 393-402.

75. Hickok, G., Poeppel, D. (2015). Neural basis of speech perception. *Handb Clin Neurol*, 129, 149-60.

76. Hickok, G., Zurif, E., Canseco-Gonzalez, E. (1993). Structural description of agrammatic comprehension. *Brain Lang*, 45(3), 371-95.

77. Galantucci, S., Tartaglia, M. C., Wilson, S. M., Henry, M. L., Filippi, M., Agosta, F., Dronkers, N. F., Henry, R. G., Ogar, J. M., Miller, B. L., Gorno-Tempini, M. L. (2011). White matter

damage in primary progressive aphasias: a diffusion tensor tractography study. *Brain*, 134(Pt 10), 3011-29.

78. Gorno-Tempini, M. L., Brambati, S. M., Ginex, V., Ogar, J., Dronkers, N. F., Marcone, A., Perani, D., Garibotto, V., Cappa, S. F., Miller, B. L. (2008). The logopenic/phonological variant of primary progressive aphasia. *Neurology*, 71(16), 1227-34.

79. Flinker, A., Korzeniewska, A., Shestyuk, A. Y., Franaszczuk, P. J., Dronkers, N. F., Knight, R. T., Crone, N. E. (2015). Redefining the role of Broca's area in speech. *Proc Natl Acad Sci U S A*, 112(9), 2871-5.

80. Green, D. W., Grogan, A., Crinion, J., Ali, N., Sutton, C., Price, C. J. (2010). Language control and parallel recovery of language in individuals with aphasia. *Aphasiology*, 24(2), 188-209.

81. Sahin, N. T., Pinker, S., Cash, S. S., Schomer, D., Halgren, E. (2009). Sequential processing of lexical, grammatical, and phonological information within Broca's area. *Science*, 326(5951), 445-9.

82. Sahin, N. T., Pinker, S., Halgren, E. (2006). Abstract grammatical processing of nouns and verbs in Broca's area: evidence from fMRI. *Cortex*, 42(4), 540-62.

83. Freud, S., Ragg-Kirkby, H. (2003). *An outline of psychoanalysis*. London: Penguin.

4. O *Eu* material

Introdução

Desde o princípio deste livro, nos deparamos com uma questão que norteia todo o entendimento sobre o comportamento humano: a flexibilidade para coordenar ações adaptativas. Essa flexibilidade comportamental ocorre a partir das interconexões córtico-subcorticais e das diversas redes que integram diferentes informações. Entre as diversas redes que participam desses circuitos, devem-se incluir o circuito frontossubcortical e o córtex insular no que se denominou complexo insulo-orbito-temporopolar, caracterizado como uma região paralímbica que processa uma imensa variedade de informações para modular o comportamento humano.[1-14] Assim, dentre diversas estruturas que funcionam como "*hub*" ou "centro de integração multimodal", o córtex frontal e o insular requerem um olhar especial nos seus aspectos estruturais, funcionais e de conectividade.

A rede neural frontal e frontossubcortical

Sabe-se que o lobo frontal funciona como um grande "*hub*" de integração. Existem dois sistemas anatomofuncionais que apresentam uma função primordial para o equilíbrio dos processos cognitivos e emocionais que integram o comportamento humano: 1) o sistema dorsal, que irá mediar os processos sequenciais sensoriais, visioespaciais e motivacionais, cujas regiões que participam desse circuito compreendem o córtex dorsolateral e o córtex medial, os quais se conectam com o lobo parietal posterior e o giro do cíngulo; 2) o sistema de modulação emocional ventral, o qual envolve a superfície orbital do lobo frontal, modulando o comportamento emocional.[15]

A principal função do lobo frontal seria, dessa forma, integrar as diversas informações, para promover um comportamento social, cognitivo e emocional adequado.[15] Assim, pode-se afirmar que informações mais básicas, como aquelas integradas pelo córtex unimodal e aquelas mais complexas multimodais, irão gerar estímulos, interna ou externamente guiados, mediante uma modulação entre a rede de controle executivo, a rede de saliência e a rede em modo padrão.[16-19]

Dentro dessa ampla rede neural a importância das conexões frontais relacionadas com a substância branca que, por meio da formação dos fascículos por axônios mielinizados, irá conectar uma área cortical a outra, ou áreas corticais com áreas subcorticais, parece ser a grande via que nos permitiu integrar diferentes funções como a cognição, emoção, a sensoriomotricidade e o comportamento.

De uma forma mais didática, existe um princípio de organização cerebral que associa cada área do neocórtex a outras áreas corticais ou subcorticais por meio de grupamentos: 1) fibras de associação que se projetam para áreas corticais ipsilaterais; 2) fibras estriatais projetadas para os gânglios da base, onde existe uma confluência formando feixes, os quais se dividem em: a) fibras comissurais que passam para o hemisfério contralateral; b) fibras talâmicas; c) fibras pontinas, as quais se projetam para diencéfalo, ponte e outras estruturas do tronco encefálico/da medula espinhal.[20]

Conhecendo a importância dessas redes de feixes que se projetam da região cortical para as regiões subcorticais, podemos afirmar que se torna fundamental conhecer os circuitos frontossubcorticais e como eles modulam parte das principais funções envolvidas no comportamento humano.

Circuitos neurais frontossubcorticais

Como já dito anteriormente, o lobo frontal recebe e envia conexões de diferentes redes neurais relacionadas ao comportamento, à cognição e à emoção, tendo como função flexibilizar uma resposta adaptativa. Desde a execução de atos motores até os comportamentos mais complexos, como a cognição social e a consciência, o circuito do córtex frontal envolve uma extensa rede de fibras que se projetam para a substância branca. Através dessas fibras de projeção e associação, o lobo frontal conecta áreas próximas dentro do próprio lobo e recebe informações sensoriais dos núcleos subcorticais talâmicos e do córtex sensorial primário – por exemplo, os córtices visual, auditivo, somatossensorial, gustativo e olfativo, respondendo aos estímulos ambientais.[21-23] Assim, podemos considerar que o lobo frontal apresenta circuitos abertos de curta e de longa projeção que modulam as respostas sensoriais/perceptuais, as quais se interligam com circuitos fechados frontossubcorticais. Os circuitos frontossubcorticais, por sua vez, formam *loopings* partindo das áreas frontais para os gânglios da base, passando pelo tálamo e retornando para as diferentes áreas do córtex frontal e pré-frontal, temporal e parietal.[15, 18, 24, 25]

Estudos anteriores descreveram a importância de cinco circuitos frontossubcorticais responsáveis pelo comportamento humano nos aspectos motores, emocionais, executivos e motivacionais (**Fig. 12**), e como disfunções nesses circuitos estariam relacionadas às alterações comportamentais.[7, 22] De forma resumida, podemos descrever os circuitos frontossubcorticais correspondendo à área motora suplementar; campo ocular frontal; à região pré-frontal dorsolateral; à região orbitofrontal lateral; e porção cingulada anterior do córtex frontal.[7, 15-18, 22] Para melhor compreender a complexa rede, faz-se necessário descrever, primeiramente, a neuroanatomia funcional e parte dos circuitos neuroquímicos que modulam esse circuito.

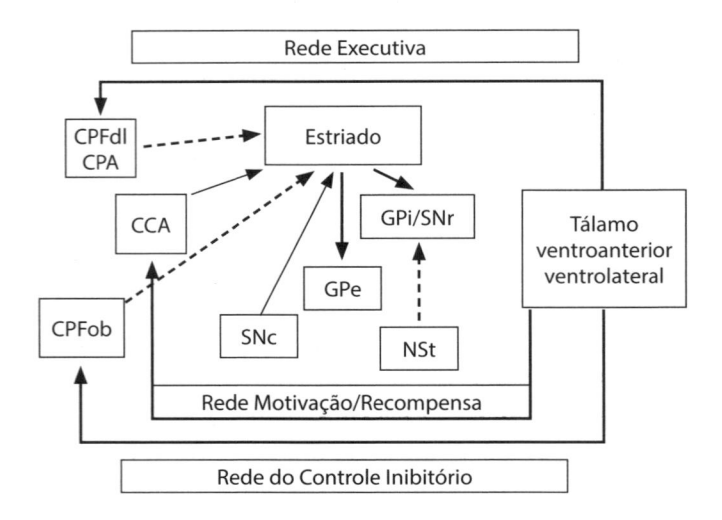

Figura 12 CPFdl (Córtex Pré-Frontal dorsolateral); CCA (Córtex Cingulado Anterior); CPFol (Córtex Pré-Frontal órbito-frontal lateral); estriado; GPi (Globo Pálido interno); SNr (Substância Negra reticulada); GPe (Globo Pálido externo); SNc (Substância Negra compacta); NSt (Núcleos Subtalâmicos); CPA (Córtex Parietal Associativo)[7, 15-18]

Anatomia funcional dos gânglios da base

O circuito frontossubcortical, que compreende os cinco *loopings* (fronto–estriado–pálido–talâmico–frontal), pode ser dividido na sua porção motora e executiva, onde as projeções serão feitas para o estriado dorsal, bem como na parte comportamental ou límbica, com projeções para o estriado ventral.[7, 15-18, 22, 25-28]

Os gânglios da base estão distribuídos em um grupo de núcleos subcorticais que se distribuem por telencéfalo, diencéfalo e mesencéfalo, atuando no controle motor, cognitivo e afetivo.[27, 29-31] Um dos núcleos mais importantes dos gânglios da base é, sem dúvida, o estriado. Este núcleo é composto pela parte dorsal – caudado e putâmen; e pela parte ventral – Núcleo Accumbens (NAc), Globo Pálido interno (GPi), Globo Pálido externo (GPe), Pálido Ventral (PV), Núcleo Subtalâmico (NSt) e Área Tegmental Ventral (ATV).[16, 17, 26, 27, 29, 32, 33]

O corpo estriado

O estriado é a principal estrutura de entrada dos gânglios da base, recebendo projeções do córtex cerebral, tálamo e tronco cerebral.[27-29, 34, 35] Como núcleo de entrada, irá receber, integrar ou segregar sinais e assim retransmitir para saídas apropriadas.[36] O corpo estriado apresenta algumas características interessantes, como a completa falta de neurônios glutamatérgicos, apesar de receber uma grande quantidade de projeções glutamatérgicas de diferentes partes do córtex e do tálamo.[37, 38] O estriado dorsal (caudado e putâmen) pode ainda ser subdividido nas regiões dorsomedial (DMS) e dorsolateral (DLS), recebendo projeções do córtex frontal e parietal de associação, e córtex sensório-motor, respectivamente. Já o estriado ventral/ Núcleo Accumbens (NAc) recebe projeções de estruturas límbicas, incluindo a amígdala, o hipocampo, o córtex pré-frontal medial e o córtex cingulado anterior.[27, 29, 30, 36, 38, 39] Assim, todas as projeções eferentes da área pré-motora (BA6) e da área sensorial primária (BA 3,2,1) atingem o estriado dorsal na porção putaminal, além do córtex dorsolateral (BA 9, 46) e da associação sensorial (BA 5,7), que projetam suas fibras para o caudado dorsolateral. Por outro lado, o córtex cingulado anterior e o córtex orbitofrontal enviam projeções para o estriado ventromedial.[7, 15, 18, 22, 29]

Outra estrutura dos gânglios da base que recebe entrada cortical direta refere-se ao Núcleo Subtalâmico (NSt). Este núcleo recebe aferências excitatórias do córtex motor e pré-motor, formando uma via hiperdireta.[29, 30, 33, 37] Além disso, o estriado também recebe entrada cortical indireta através dos núcleos talâmicos intralaminares, especialmente os núcleos centromediano-parafasciculares (CM-pf).[29]

Devido à sua grande complexidade, o estriado também contém vários tipos de células, que geralmente são divididas em dois grupos: neurônios de projeção ou Neurônios Espinhosos Médios (NEM) e interneurônios.[27, 37, 40] A maioria das células estriatais é composta de uma grande população de NEM GABAérgicos e uma pequena população de interneurônios colinérgicos e GABAérgicos.[17, 27]

As principais projeções aferentes que chegam para os NEM estriatais são derivadas do córtex, tálamo e tronco cerebral. Em relação às projeções corticais para o estriado, estas são do tipo glutamatérgica e se projetam para as espinhas dendríticas, formando terminais assimétricos.[27] Essas células neuronais glutamatérgicas tendem a atuar em uma modulação fásica e apresentam taxa de descarga espontânea muito baixa, com taxa de disparo relativamente alta (10–40 disparos/s).[27] Além disso, as projeções do tronco encefálico compostas de células dopaminérgicas da Substância Negra compacta (SNc) e da Área Tegmental Ventral (ATV) também terminam nos eixos dendríticos dos NEM estriatais. Demonstrando a sua complexidade de integração neural, os NEM também recebem informações de interneurônios colaterais locais oriundos de outros NEM.[22, 27, 30, 36, 37] Os NEM estriatais, ao se projetarem para outras regiões dos gânglios da base (GPi, GPe, NSt, SNr etc.), enviarão projeções para os núcleos talâmicos, os quais retornarão para o córtex cerebral via projeções excitatórias glutamatérgicas, fechando o circuito do *looping* frontossubcortical.[22, 27, 33, 36]

Plasticidade sináptica estriatal

A plasticidade sináptica estriatal tem como base a ação de diferentes neurônios e neurotransmissores que funcionam regulando as transmissões neuronais. Dentre inúmeras substâncias neuroquímicas que participam da modulação sináptica no corpo estriado, vale ressaltar a ação GABAérgica, colinérgica e dopaminérgica.

Com base nas propriedades neurofisiológicas, os interneurônios GABAérgicos estriatais podem ser divididos em duas classes: 1) neurônios de disparo rápido (células positivas para parvalbumina); e 2) neurônios de disparo lento (interneurônios potencialmente positivos para calretinina).[37, 41] Sabe-se que esses interneurônios representam uma população muito reduzida dentro do estriado dorsal em comparação com o NEM, apesar disso, essa pequena população exerce um importante efeito inibitório nos NEM. A ação desses interneurônios é fundamental na modulação sináptica estriatal e tem um importante papel na plasticidade neuronal.

Os interneurônios colinérgicos, por sua vez, têm uma importante ação pré-sináptica sobre os neurônios estriatais dopaminérgicos. A Acetilcolina (ACh) modula a liberação de dopamina no corpo estriado via receptores nicotínicos.[36] Dentro do estriado, do ponto de vista histoquímico, existem ilhas com diferentes ações colinérgicas e dopaminérgicas. Assim, a estrutura estriatal é composta de duas subdivisões denominadas "matriz" e "estriossoma", em que na porção estriossomal existe baixo nível de ACh, quando comparado com a porção da matriz. Esse achado pode ser a chave para explicar a modulação dopaminérgica da via direta e indireta.[29, 36] Observou-se, por exemplo, que os receptores nicotínicos colinérgicos presentes nos terminais dopaminérgicos pré-sinápticos provocavam despolarização e sinalização de cálcio, regulando a liberação dopaminérgica local.[26] Por sua vez, os pulsos de ACh que chegavam aos terminais dopaminérgicos degradados pela acetilcolinesterase reduziam o nível de dessensibilização desses receptores, permitindo que a atividade colinérgica regulasse os terminais dos axônios dopaminérgicos localmente para liberar a dopamina por meio do potencial de ação.[42] Também foi demonstrado que a ACh despolarizava diretamente os interneurônios de disparo rápido GABAérgicos por meio dos receptores nicotínicos e atenuava sua inibição nos terminais dos receptores GABAérgicos de disparo rápido por meio dos receptores colinérgicos muscarínicos pré-sinápticos.[43]

Considerando a via dopaminérgica, vale ressaltar que os neurônios dopaminérgicos que enviam suas densas projeções do mesencéfalo para o estriado irão modular no nível estriatal a excitabilidade dos NEM, dos interneurônios GABAérgicos e colinérgicos. Os receptores dopaminérgicos podem ser divididos em dois tipos: D1 (receptores D1 e D5) e D2 (receptores D2, D3 e D4). Observou-se também que todos os receptores dopaminérgicos são receptores acoplados à proteína G. Dessa forma, os receptores D1 ativam as proteínas Gs, enquanto os receptores D2 estimulam as proteínas inibitórias Gi. É importante destacar que o receptor dopaminérgico D1 estimula a adenilciclase e apresenta uma resposta fásica à dopamina, aumentando o nível de atividade dos neurônios por uma via de sinalização acoplada à proteína Gs, podendo induzir a potencialização de longo prazo das sinapses glutamatérgicas, facilitando a sinalização do receptor D1-NEM.[29] Por outro lado, o receptor dopaminérgico D2 responderá de forma tônica, inibindo a atividade dos neurônios pela via de sinalização acoplada à proteína Gi, promovendo uma depressão de longo prazo das sinapses glutamatérgicas, atenuando a sinalização do neurônio espinhoso médio D2.[29, 31, 44]

Vale ressaltar que a Substância Negra compacta (SNc) e a Área Tegmental Ventral (ATV) também projetam neurônios dopaminérgicos dentro dos aglomerados estriatais.[27] Esses aglomerados, como já descrito anteriomente, são definidos histoquimicamente em dois compartimentos: o estriossoma e a matriz.[36] O estriossoma ocupa 10–15% do volume estriatal e histoquimicamente expressa altos níveis da substância P (SP) e receptores dopaminérgicos do tipo D1, entre outras substâncias químicas. A matriz, ao contrário, é enriquecida com Encefalina (ENK) e receptores dopaminérgicos do tipo D2, além de marcadores colinérgicos, incluindo Acetilcolinesterase (AChE) e Colina-Acetiltransferase (ChAT).[36]

Quanto aos receptores dopaminérgicos, existem duas vias originadas no estriado dorsal que se relacionam com os receptores D1 e D2. A via direta, que expressa os receptores D1 e se projeta para o Globo Pálido interno (GPi); e a via indireta, que expressa os receptores D2 e se projeta para o Globo Pálido externo (GPe). [17, 25, 29, 36, 39] Por outro lado, o estriado ventral se projeta através dos neurônios espinhosos médios que expressam os receptores D1 para a Substância Negra reticulada (SNr) e o Pálido Ventral (PV), enquanto os neurônios espinhosos médios que expressam os receptores D2 projetam apenas para o Pálido Ventral.[29, 31] Vale ressaltar que a saída estriatal desses dois grupos de neurônios permite o controle dinâmico e adaptativo do fluxo de informações cognitivas e afetivas que irão modular a resposta motora.

Quando se fala da regulação das ações e programações motoras, deve-se considerar que essas funções são influenciadas prioritariamente pela via direta por meio dos receptores D1. Essa via se origina no córtex pré-motor e dorsolateral, onde as projeções glutamatérgicas oriundas das áreas de Brodmann (BA 6, 3, 2, 1) projetam-se para a região putaminal, enquanto as projeções das áreas BA 9, 46, que correspondem ao córtex pré-frontal dorsolateral, e das áreas BA 5, 7, que correspondem ao córtex sensorial associativo, projetam-se para o núcleo caudado dorsal.[25, 27, 30, 31, 45]

A via direta estriatal, por sua vez, terá suas eferências projetadas para o Globo Pálido interno (GPi), o qual enviará projeções GABAérgicas inibitórias para os núcleos talâmicos, reguladores do controle motor ventro-lateral e ventro-anterior. Considerando que o GPi e a SNr são amplamente homólogos, muitos autores costumam uni-los e chamá-los de complexos GPi/SNr. Os sinais córtico-estriatais também são enviados pela via direta para a Substância Negra compacta (SNc) e para a Substância Negra reticulada (SNr). A SNc está envolvida no controle motor por meio de suas conexões eferentes dopaminérgicas ao estriado, enquanto a SNr é o centro final de processamento de informações, antes que os sinais sejam enviados via neurônios de projeção GABAérgica para as áreas de saída do núcleo talâmico.[29, 30, 39]

Em resumo, pode-se entender que a via direta expressará os receptores dopaminérgicos D1 e utilizará a substância P para modular sua projeção GABAérgica em direção ao complexo GPi /SNr. Posteriormente, fibras inibitórias GABAérgicas serão projetadas para os alvos talâmicos específicos, fechando o circuito e enviando uma conexão excitatória final de volta ao córtex frontal, modulando a função motora.[28, 37, 41, 45, 46] Assim, a via direta promove uma desinibição talâmica e a saída excitatória para o córtex frontal.[33, 37, 46] Por outro lado, o circuito indireto originado de NEM estriatais formará sinapses inibitórias sobre os neurônios GABAérgicos do Globo Pálido externo (GPe), que, por sua vez, irá se projetar para os neurônios glutamatérgicos do núcleo subtalâmico. Os neurônios subtalâmicos retornarão seus axônios para os núcleos de saída do complexo GPi/SNr, onde formarão sinapses excitatórias sobre os neurônios inibitórios de saída.[37] Dessa forma, a via indireta irá promover uma inibição sobre os neurônios de projeção excitatória tálamo-cortical, reduzindo a estimulação do impulso pré-motor e, assim, inibindo a ação motora[27, 28, 37, 40, 47] **(Fig 13)**.

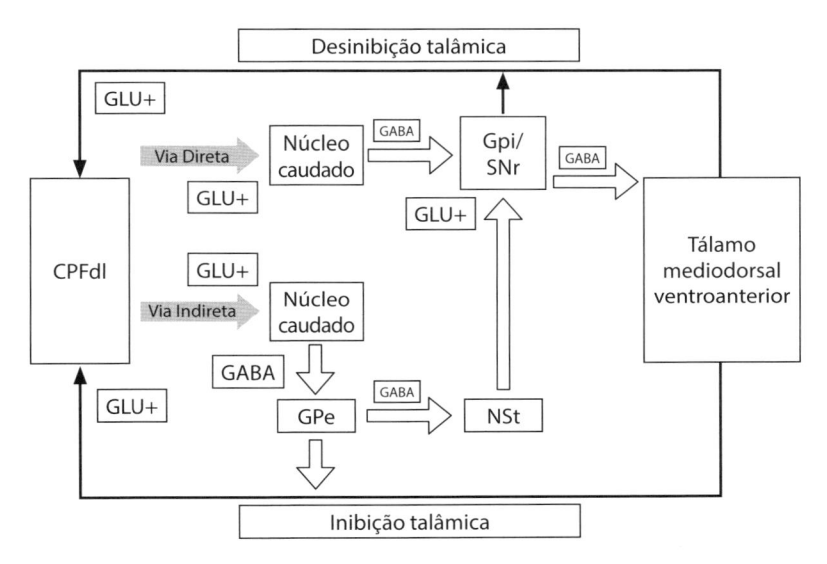

Figura 13 Via direta e indireta do circuito fronto–estriado–pálido–talâmico–cortical.[7, 14, 18]

O papel da dopamina, dessa forma, pode ser resumido explicando-se que os neurônios dopaminérgicos atuam regulando a atividade da via direta e indireta a partir dos disparos estriatais dos NEM. Os receptores de dopamina D1 acoplados à proteína Gs facilitarão a saída de NEM, enquanto os receptores de dopamina D2 acoplados à proteína Gi inibirão a ativação dos NEM.[37]

Outra área mesencefálica muito importante nos circuitos frontossubcorticais é a Área Tegmental Ventral (ATV). Essa área mesencefálica contém 80% dos neurônios produtores de dopamina e pode ser dividida em três núcleos: A8 (retrorubral), A9 (SNc) e A10 (ATV). Mesmo tendo funções e fisiologia semelhantes, a SNc e a ATV agem de forma totalmente independente.[48, 49] A ATV (A10) possui vários grupos de núcleos, como parabraquial, paranigral, rostral, caudal e interfascicular. Esses grupos mediais do mesencéfalo têm projeções bem definidas para a região cortical e límbica, razão pela qual os chamamos de projeções mesocorticolímbicas.[49]

As projeções mesolímbicas mais importantes partindo da ATV serão direcionadas para NAc, tubérculo olfatório, amígdala e área septal. As projeções mesocorticais, por sua vez, projetam-se para o córtex pré-frontal, cingulado e peririnal,[48, 49] além do lócus cerúleo e outras áreas corticais. A principal função das projeções meso-corticolímbicas é modular o comportamento de aprendizado pela recompensa e o comportamento direcionado a um alvo ou objetivo.

A via mesolímbica terá como função mediar o sistema de recom-pensa, enquanto a via mesocortical irá regular os processos cognitivos mais complexos, como atenção seletiva e memória de trabalho.[50]

Em resumo, todos os circuitos frontossubcorticais que se projetam para o corpo estriado são modulados por projeções excitatórias glutamatérgicas, as quais irão, através da via direta ou indireta, modular as respostas inibitórias ou excitatórias so-bre diferentes núcleos talâmicos. Os núcleos talâmicos, por sua vez, retornarão suas projeções para o córtex frontal e pré-frontal, fechando os *loopings* regulatórios. O córtex pré-frontal também está conectado reciprocamente com os córtices temporal, parietal e occipital, recebendo projeções aferentes com informações mais elaboradas e relacionadas com a visão, audição e a somatossenso-rialidade. Além disso, possui conexões com as estruturas límbicas e hipocampais, mediando os processos de memória, aprendizado, motivação, regulação emocional e autonômica. Essa complexa rede do córtex frontal possui conexões de curta e de longa escala com regiões corticais e subcorticais, permitindo uma integração de informações sobre o mundo externo (reações guiadas por estímulos externos) com estados internos (reações guiadas por estímulos internos), proporcionando uma modulação do comportamento motor, executivo, motivacional e social adequado ao ambiente e às contingências sociais.[11, 15, 18, 24, 25, 45, 51-59]

O comportamento humano envolve uma complexa rede de informações que o torna capaz de elaborar, planejar, sentir, decidir e criar. Enquanto seres complexos, somos moldados pela herança genética, por influências culturais e por reações instintivas ou plane-jadas de acordo com as contingências sociais. Sem dúvida, o grande maestro desse sistema é o córtex frontal, com suas ricas conexões estruturais, funcionais e causais.

A rede neural do córtex insular

A ínsula, ou ilha de Reil, foi descrita pela primeira vez em 1809 por Johann Christian Reil. Sendo uma região pouco explorada e conhecida, esta região cerebral continua misteriosa para a maioria dos estudiosos.[60] Pode-se dizer que a ínsula (e sua rede neural) é vista como uma ponte de conexão, na qual existe uma integração entre a percepção sensorial dos órgãos dos sentidos, a percepção interoceptiva e as reações emocionais, fazendo com que ocorra uma melhor adaptação ao ambiente e às demandas sociais.[8, 61 64] Sendo uma estrutura funcionalmente heterogênea, o córtex insular irá participar dos processos sensoriais e somáticos, da regula-ção autonômica do trato gastrointestinal e cardíaco, bem como funcionará como uma área motora de associação.[65] Sua função é servir como um córtex de integração para convergências mul-timodais de redes neurais, como as redes somestésica-límbicas, insulo-límbicas, insulo-orbito-temporal e pré-frontal-estriato--pálido-prosencéfalo basal.[66]

Considerando a sua importância para a compreensão do comportamento humano, avançar nos estudos da sua neuroanatomia funcional torna-se mandatório e desafiador.

Neuroanatomia funcional do córtex insular

Sabe-se que, do ponto de vista neuroanatômico, as áreas 13 a 16 de Brodmann representam o lobo insular humano.[66] A ínsula se encontra completamente escondida por trás do opérculum do lobo temporal, parietal e frontal, sendo necessário afastar a fissura silviana para que possamos identificá-la, além de ter a cápsula externa e o claustrum em sua porção mais medial [11, 13, 60, 67] (**Fig.14**). Em relação à sua porção mais lateral, a fissura central da ínsula corresponde à extensão mais inferior da fissura central de Rolando, a qual separa o lobo frontal do parietal.[8] Já do ponto de vista histológico, o córtex insular mostra uma transição gradual que vai de um córtex agranular e disgranular, nos dois terços rostrais, para um córtex completamente granular em sua parte caudal.[8, 66] Além disso, a fronteira entre as zonas agranular e disgranular da ínsula não é tão nítida quanto se imagina e parece existir uma correlação interessante entre a ínsula e a região cortical frontal, em que a zona agranular do córtex insular irá se conectar mais fortemente com a zona granular do córtex orbitofrontal.[11-14, 65] As subdivisões granular, disgranular e agranular correspondem à perda progressiva da IV camada cortical granular, ou seja, o córtex insular granular tem uma estrutura clássica de seis camadas, enquanto a ínsula disgranular tende a ter a IV camada cortical mais fina; e, por fim, a ínsula agranular passa a ser trilaminar, totalmente sem a IV camada cortical.[8, 12, 13, 60, 66]

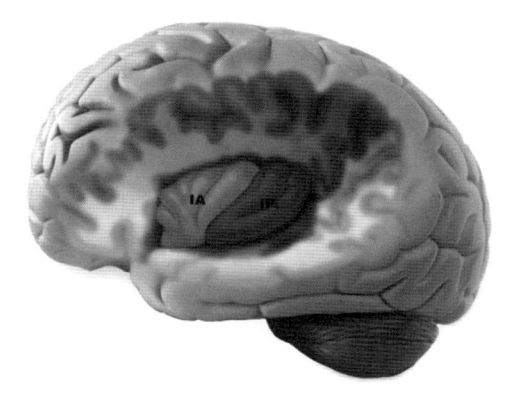

Figura 14 Figura da ínsula: IA (ínsula anterior); IP (ínsula posterior).

Em termos de arquitetura, a parte mais anterior da ínsula irá receber entrada direta do córtex gustatório e olfativo; já a parte posterior receberá entrada das áreas somatossensorial e auditiva. A ínsula, dessa forma, representa um local de convergência multimodal de estímulos e desempenha um papel central nas interações límbicas. Funcionalmente, a ínsula tem amplas conexões com todo o córtex, principalmente com o lobo frontal (áreas opercular, pré-motora e medial), temporal (córtex auditivo, sulco polar e superior) e parietal (áreas sensoriais primárias e secundárias), além de estar ligada aos gânglios da base (via claustro e estriado), tálamo, estruturas límbicas (amígdala, áreas periamigdaloides e córtex entorrinal) e córtex olfativo.[66]

Vários modelos neurofuncionais têm sido desenvolvidos nos últimos anos com o intuito de compreender a função do córtex insular e suas conexões. Segundo o modelo de Craig, os seres humanos percebem os sentimentos a partir das informações provenientes do corpo, as quais estão relacionadas ao seu estado de bem-estar, energia, nível de estresse e disposição.[61] Essa modulação da ínsula ocorre a partir da entrada de uma grande gama de informações interoceptivas que se projetam para a ínsula posterior de forma somatotopicamente organizada. Seguindo em direção à porção mediana do córtex insular, essas informações interoceptivas serão integradas às informações corticais sensoriais superiores e ao sistema límbico, onde serão adicionadas informações dos estados homeostáticos e das emoções salientes para uma representação interoceptiva.[61, 64] Na ínsula anterior, essas projeções relacionadas à representação interoceptiva serão posteriormente enriquecidas com a integração de projeções que chegam de diversas regiões corticais, formando uma representação unificada e coerente que, segundo Craig, irá formar a base do que ele chamou de *sense of self*, ou sentido do "eu".[61, 64]

Um segundo modelo da função insular também foi proposto, baseado no entendimento de que esta atuaria identificando eventos salientes externos, modulando a mudança da atenção básica para memória do trabalho, ativando o Sistema Nervoso Simpático (SNS) e o Córtex Cingulado Anterior (CCA) para rapidamente gerar uma resposta motora.[8, 65] Ou seja, a ínsula funcionaria como um identificador de sinais externos relevantes, promovendo uma estimulação do circuito frontossubcortical para modular uma resposta motora adequada à tarefa a ser executada.

Outras propostas afirmam que a ínsula anterior, junto com o córtex cingulado anterior, formaria o centro da rede de controle, guiando todas as atividades mentais e comportamentais em humanos.[62] A ínsula incluiria duas metafunções principais: uma rede de controle emocional/saliência; e uma rede de integração esquelético-motora,[68] demonstrando a complexidade funcional do córtex insular e a necessidade de entender melhor a sua importância na regulação do comportamento humano.

A função da ínsula no comportamento humano

A ínsula possui uma característica neurofuncional única nos humanos. Primeiro, a sua maturação ocorre até a adolescência e a sua função, situada na interface entre os processos cognitivos, homeostáticos, afetivos e sociais, coloca-a como uma estrutura fundamental na organização e no controle comportamental cognitivo, emocional e social.[8, 59, 61, 64, 65, 69-72] Por essa razão, torna-se relevante destacar algumas características da rede neural que compõem o córtex insular, considerando a complexa heterogeneidade da sua arquitetura cortical.

Os neurônios de Von Economo e o circuito frontoinsular

Optamos por começar a falar sobre conectividade funcional do córtex insulado descrevendo um pouco os neurônios de Von Economo (VEN), algumas das principais células neuronais que compõem o córtex frontoinsular e o cíngulo anterior. Vale ressaltar que o Córtex Cingulado Anterior (CCA) e a ínsula anteroinferior são as regiões onde se localiza a maior parte dos VEN **(Fig. 15)**.

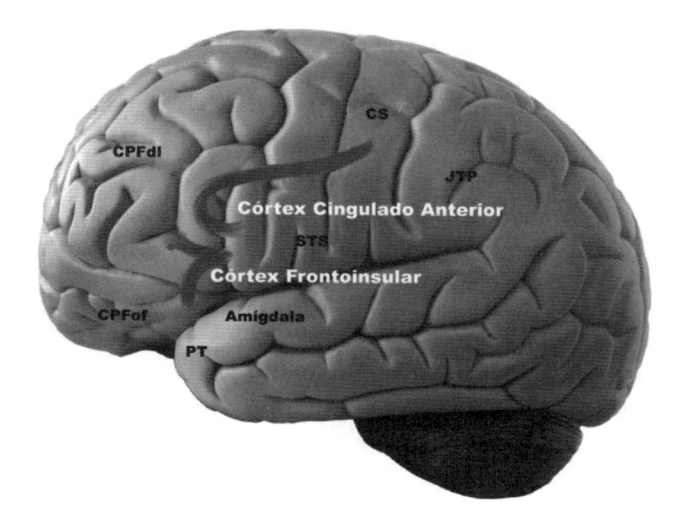

Figura 15 Córtex Frontoinsular.

Von Economo e Koskinas (1925), em seus estudos citoarquitetônicos corticais, descreveram a presença de grandes neurônios bipolares no córtex frontoinsular e na área límbica anterior do córtex cingulado anterior. Essas células incomuns haviam sido observadas anteriormente por muitos neuroanatomistas clássicos, incluindo Betz (1881), Hammarberg (1895) e Ramón e Cajal (1899), mas Von Economo (1926) fez uma descrição mais completa de sua morfologia e mapeou seus locais específicos no córtex humano.[60, 73, 74]

Os neurônios de Von Economo (VEN) são neurônios de projeção bem mais largos do que as células piramidais vizinhas. Possuem um largo dendrito basal resultante da transformação de neurônios piramidais durante a evolução de programas genéticos.[73, 74] Possuindo uma arborização dendrítica estreita que abrange diversas camadas corticais, os VEN atuam com disparos extremamente rápidos e têm a capacidade de retransmitir rapidamente as informações de uma coluna de neurônios para outra. Consequentemente, seus dendritos apicais são extremamente simétricos, sugerindo a entrada dos dois dendritos simetricamente. São considerados, dessa forma, neurônios de projeção com suas conexões axonais se estendendo para outras partes do cérebro através da substância branca. Funcionam como a principal saída de informações do córtex frontoinsular e da região límbica anterior.[73] Em estudos mais recentes usando a imuno-histoquímica, observou-se também a presença de VEN no córtex pré-frontal medial, a cerca de 5 mm da convexidade dorsomedial, região que corresponde à área 9 de Brodmann (BA9).[75]

Os VEN podem ser encontrados em humanos e primatas, porém nestes últimos existem em menor quantidade. Os estudos mostram que tais neurônios surgiram nos hominídeos nos últimos 15 milhões de anos, muito antes do desenvolvimento do circuito da linguagem, e, por essa razão, são considerados fundamentais no processo evolutivo e de sociabilização do gênero *Homo*.[51, 56, 76-83] Do ponto de vista da lateralização, existe uma significativa assimetria inter-hemisférica, observando-se uma maior quantidade de VEN no hemisfério direito, quando comparado ao hemisfério esquerdo.[74]

Estudos de conectividade mostram que o perfil de conexão desses neurônios forma uma rede frontoparietal com algumas subdivisões. O primeiro grupamento contém uma rede de saliência que é uma rede atencional, a qual inclui córtex frontal superior, córtex frontal medial, lobo parietal inferior, ínsula anterior e córtex cingulado anterior dorsal. O segundo grupamento apresenta a rede sensório-motora composta das áreas temporal superior, pré-central e pós-central. O terceiro grupamento consiste nas áreas frontal ventromedial e ventrodorsal, que fazem parte da região mais anterior do DMN. Como achado mais relevante do estudo, observou-se que a *network* que emerge a partir da análise funcional de conectividade entre áreas que contêm os VEN está primariamente envolvida nas funções de detecção de saliência e autorregulação. Significa dizer que esses neurônios atuam como uma espécie de interruptor, detectando o estímulo saliente, atenuando o circuito de DMN e ativando o circuito da atenção dorsal.[84] Para direcionar a atenção para um foco de interesse, tirando de um estado introspectivo para um estado de alerta, é necessário que haja uma percepção sensorial e um despertar emocional interoceptivo, conectados com a rede de programação motora, para que uma tarefa possa ser executada em toda a sua perfeição. Isso somente pode ser elaborado com a participação direta do córtex da ínsula anterior.

A função do córtex insular no controle cognitivo, atencional e na rede de saliência

Um estudo de análise de conectividade usando épocas de RNM funcional levantou uma importante questão a respeito da função da ínsula anterior na geração de sinais envolvidos no controle, a qual foi denominada "manutenção da estabilidade do modo de estratégia e tarefas".[85] Ao considerar que regiões do controle cerebral poderiam ser pensadas como fontes de sinais que configurariam processos de informações, momento a momento, identificaram-se regiões que carregavam sinais relacionados à iniciação do controle de tarefa, manutenção e ajuste.[85] Posteriormente novos estudos caracterizaram a interação dessas regiões aplicando os dados dos estudos de RNM funcional em estado de repouso, encontrando-se duas redes distintas relacionadas ao controle de tarefas: i) rede frontoparietal, que incluía o córtex pré-frontal dorsolateral e o sulco intraparietal. Essa rede é responsável por enfatizar os sinais salientes de início e as atividades relacionadas a erros e, assim, iniciar e adaptar o controle na base de tentativas;[85] ii) uma segunda rede que incluía o córtex cingulado anterior dorsal/córtex frontal medial superior, a ínsula anterior/opérculo frontal e o córtex pré-frontal anterior. Entre outros sinais, essa rede mostrou atividade mantida ao longo de todas as épocas das tarefas apresentadas, sugerindo que ela poderia controlar o comportamento direcionado para metas por meio da manutenção estável de conjuntos de tarefas. Chegou-se à conclusão de que o principal objetivo das redes seria segregar escalas temporais para equilibrar o fluxo de informações. Em outras palavras, considerou-se a hipótese de que várias regiões cerebrais que se sobrepunham às regiões do controle executivo central e da rede de saliência seriam importantes para o controle de múltiplas funções cognitivas, incluindo iniciação, manutenção e ajuste da atenção.[85]

Outros estudos de análises de conectividade funcional também descreveram outros três tipos de redes: i) Rede Executiva Central (REC), com nodos no córtex pré-frontal dorsolateral e no córtex parietal posterior; ii) rede em modo padrão, ou Default Mode Network (DMN), a qual inclui o córtex pré-frontal ventromedial e o córtex cingulado posterior; e, por fim, iii) rede de saliência, que inclui o

córtex pré-frontal ventrolateral e a ínsula anterior que corresponderia ao Córtex Frontoinsular (CFI). Sabe-se que, na execução de
uma tarefa cognitiva, a rede executiva central e a rede de saliência
mostram tipicamente um aumento na sua ativação, enquanto a
DMN atenua sua ativação.[8, 65, 86, 87] O que permanecia desconhecida,
no entanto, era a questão crucial de como a operação dessas redes,
identificadas no estado de repouso, se relacionaria com sua função
durante o processo de informação cognitiva.[86] Ao considerar que a
rede de controle executivo teria uma ação fundamental para modular
as informações no circuito da memória do trabalho e na tomada de
decisão direcionada a uma tarefa específica, foi hipotetizado que o
papel central da rede de saliência estaria voltado para a iniciação
hierárquica de controle cognitivo dos sinais, especificamente com
respeito à ativação e desativação da rede de controle executivo e de
modo padrão, e da dinâmica de alternância entre essas duas redes.[86]
Técnicas cronométricas e de análise de causalidade de Granger
confirmaram tal hipótese ao demonstrar que a rede frontoinsular e a
rede do cíngulo anterior estavam funcionalmente relacionadas com
o processo de ativação e atenuação da rede de controle executivo e
de modo padrão (DMN).[86] Além disso, constatou-se que a ínsula
anterior direita tinha o papel crítico de ativar e desativar a rede
executiva central (REC) e a DMN.

Complementando estudos anteriores, novas pesquisas propuseram que a função central da rede de saliência e da ínsula anterior,
em particular, seria identificar o estímulo saliente que estaria relacionado a uma meta demandada a partir de um vasto e contínuo fluxo
de informações sensoriais.[65] Uma vez que tal estímulo detectado
fosse selecionado, a ínsula anterior atuaria no processamento da
informação relacionada com a tarefa, engajando áreas cerebrais
relacionadas com o circuito atencional, a memória do trabalho e os
processos cognitivos de ordem superior, enquanto atenuaria a rede
de modo padrão a partir da ação dos neurônios de Von Economo.[65]

Vale ressaltar que uma supressão dinâmica da rede em modo padrão durante uma tarefa cognitiva está relacionada com a acurácia do desempenho comportamental.[65, 87, 88] Este modelo veio explicar, de forma mais clara, o papel da ínsula anterior e do córtex cingulado anterior. Com base nos resultados, foi possível considerar que a ínsula anterior estaria voltada para a detecção dos estímulos salientes, enquanto o córtex cingulado anterior modularia a resposta no córtex sensorial, motor e de associação.[65] Funcionalmente, pode-se entender que a associação da rede neural entre a ínsula anterior e o córtex cingulado anterior ajuda a integrar a atenção pelo mecanismo de *bottom-up*, alternando para um controle do tipo *top-down*, influenciando as entradas sensoriais. Como bem disseram os autores, "este processo dinâmico permite aos organismos 'peneirar' ou selecionar um estímulo relevante entre vários estímulos sensoriais incomuns, ajustando o ganho para a seleção do estímulo selecionado para a tarefa demandada, o qual seria o processo central da atenção".[65]

O córtex cingulado, por sua vez, deve ser discutido separadamente devido à sua importância na modulação do circuito frontoinsular. Sabe-se que esse córtex possui três grandes divisões: uma porção anterior, vinculada à emoção; uma porção média voltada para a seleção de respostas e a tomada de decisão guiada por *feedback*; e a porção posterior/retroesplenial, que é relacionada à orientação espacial e ao acesso de eventos e objetos de relevância pessoal ou memórias autobiográficas.[89] Considerando que cada uma dessas divisões tem uma citoarquitetura diferente e várias conexões, a observação do córtex cingulado nos leva a um novo olhar sobre a organização do sistema límbico. Dessa forma, pode-se dividir o sistema límbico em vários subsistemas, incluindo a amígdala, o córtex orbitofrontal, a ínsula, o hipocampo e, por fim, o córtex cingulado.[89] Em termos neurofuncionais, existe uma subdivisão do sistema límbico assim classificada: i) subsistema emocional anterior; ii) subsistema sensório-motor médio; iii) subsistema de mapeamento cognitivo espacial posterior.[89] O subsistema anterior receberia mais conexões da amígdala, enquanto o córtex cingulado médio e o hipocampo medial compartilhariam um papel importante na tomada de decisão do tipo interesse e aversão.

Em resumo, podemos considerar que a compreensão da conectividade da ínsula anterior e do córtex cingulado anterior promove novos *insights* quanto à função da ínsula e da rede de saliência.

A função do córtex insular na rede de saliência víscero-motora

Perceber nosso próprio corpo no contexto da subjetividade relacionada aos sentimentos de bem-estar, humor, disposição, ânimo, energia e estresse parece ser algo que foge à compreensão científica e não passível de comprovação, quase colocando tal estudo no campo dos modelos teóricos e empíricos. No entanto, com os avanços das pesquisas de neuroimagem funcional e neurofisiologia comportamental, muito se descobriu a respeito dos neurocircuitos envolvidos nesses tipos de expressões emocionais e sentimentos. Nesse aspecto, quando nos referimos à percepção de sentimentos originados do nosso corpo, os estudos têm detalhado a importância do sistema neural aferente, que representa todos os aspectos das condições fisiológicas do corpo físico.[61]

Para Craig (2002), esse sistema constitui a representação do *the material me* (eu material) e pode promover o fundamento dos sentimentos subjetivos da emoção e da autoconsciência.[61] Nesse aspecto, o córtex anterior da ínsula está implicado em uma grande variedade de condições e comportamentos que vão desde a distensão intestinal e o orgasmo até a tomada de decisão e o amor maternal.[64] Esta função da representação da interocepção oferece uma possível base para o envolvimento da ínsula em todas as percepções subjetivas de sentimentos. Esses estudos revelam um potencial papel do circuito da ínsula anterior, fundamental para o surgimento da consciência humana.[64]

Com base nessas pesquisas e em outros achados clínicos, Antônio Damasio (2003), ao afirmar que sentimentos e emoções surgiriam em vários níveis do Sistema Nervoso Central, propôs que a ínsula participaria junto com o córtex pré-frontal ventromedial no processamento da experiência dos sentimentos, agindo para promover a regulação emocional e um comportamento mais flexível.[90, 91]

Em resumo, podemos afirmar que a interocepção, ou seja, a percepção dos estados corporais viscerais, é uma das funções-chave do córtex insular. De forma topograficamente organizada, a ínsula irá receber aferências de diferentes núcleos talâmicos e integrar informações sobre pressão arterial, motilidade intestinal e oxigenação. Dessa forma, enviará eferências para regular o tempo e a força dos batimentos cardíacos, bem como dor, fome e náuseas, cócegas, pruridos e muitas outras sensações corporais. Ou seja, além de sentir a condição do corpo, a ínsula atua exercendo regulação sobre o sistema nervoso autônomo por meio de projeções diretas na área hipotalâmica lateral, no núcleo parabraquial e no núcleo do trato solitário.[61, 64]

A função do córtex insular na cognição social

Nos últimos anos, vários estudos têm focado seus objetivos nos mecanismos neuronais que modulam o comportamento e a cognição social.[52, 54, 92-109] Com os avanços tecnológicos, a neuroimagem funcional tem desempenhado um papel crucial na tentativa de isolar regiões cerebrais específicas desse circuito comportamental. A cognição social inclui amplamente os processos cognitivos usados para entender e armazenar informações sobre regras e aprendizados sociais, inferir sentimentos e pensamentos de terceiros, reconhecer que existe o seu próprio eu e um outro eu – e que por este faz-se necessário ter empatia.[109] Tudo para que se possa transitar em um ambiente social de forma adequada às contingências existentes. Quando se fala sobre o cérebro social, um dos principais focos de interesse tem relação com os neurônios de Von Economo, o circuito frontoinsular e o cíngulo anterior, os quais fazem parte do circuito da Teoria da Mente (ToM), da empatia, entre outros.[52, 56, 59, 110-114]

Pesquisas revelam que o circuito da ToM envolve especialmente o lobo temporal e o córtex pré-frontal, enquanto o circuito que modula o comportamento empático engloba as regiões límbicas e paralímbicas.[115, 116] Investigações com neuroimagem funcional no campo da neurociência social têm revelado um importante papel do córtex insulado anterior, envolvendo empatia, compaixão, cooperação e sentimento de justiça.[59] Para Lamm e Singer (2010), a ínsula anterior deve estar relacionada às emoções sociais por meio do despertar interoceptivo/visceral e a representação dos estados emocionais deve ser relacionada ao próprio indivíduo e aos outros.[59]

Um outro estudo sobre o papel da ínsula na percepção dos estados corporais analisou e integrou vários achados de pesquisas, em que foi possível descrever a presença de uma rede neural central envolvendo a empatia para a dor. Essa rede neural incluía principalmente a ínsula anterior bilateral e o Córtex Cingulado Anterior dorsal (CCAd). Nesse estudo, o mais importante foi identificar que a ativação dessas regiões se sobrepunha à ativação evocada pela experiência direta da dor. Ou seja, compartilhar as emoções dos outros dependeria de estruturas neurais que também estariam envolvidas na experiência direta dessas sensações. Além disso, a ínsula posterior e o córtex sensitivo primário foram ativados apenas quando os participantes sentiram a dor, mas não na condição de empatia. Significa dizer que se compartilha a experiência afetiva e subjetiva da dor do outro, mas não a experiência nociceptiva completa.[59, 115, 117-119]

Outro importante estudo realizado analisou as bases neuroanatômicas da assimetria inter-hemisférica vinculadas às respostas emocionais. A hipótese desse estudo foi considerar que a assimetria emocional do prosencéfalo seria anatomicamente baseada em uma representação assimétrica da atividade homeostática, a qual se originaria de assimetrias no sistema nervoso autônomo periférico. Essa proposta baseou-se em evidências recentes, indicando que representações lateralizadas e de ordem superior da atividade sensorial homeostática fornecem uma base para sentimentos humanos subjetivos.[120] Ou seja, o córtex insular esquerdo se encontra envolvido na modulação de emoções com valências positivas e respostas homeostáticas reguladas pelo sistema parassimpático, enquanto a ínsula direita se encontra engajada, predominantemente, nas emoções com valências negativas, em que predomina um processamento afetivo regulado pelo sistema simpático.[120]

Outro importante papel da ínsula anterior tem relação com o comportamento de cooperação entre indivíduos e a experiência de sentimentos de justiça que são observados nas emoções sociais.[121] Uma importante pesquisa testou um jogo para avaliar comportamentos de cooperação e tomadas de decisão, e evidenciou que propostas justas tinham elevada chance de serem aceitas, enquanto propostas injustas tendiam a ser rejeitadas.[121] Além disso, os resultados demonstraram que propostas injustas ativavam regiões relacionadas com a modulação emocional como a ínsula anterior e o circuito mais cognitivo que envolve o córtex pré-frontal dorsolateral. Os autores sugeriram que uma ativação intensa na ínsula anterior para ofertas não justas, que foram rejeitadas, revelava o importante papel das emoções nas tomadas de decisões envolvendo valores econômicos, cooperação e justiça.[121]

Considerando a importância da ínsula e da sua conectividade funcional com regiões corticais relacionadas aos circuitos que integram a rede de saliência, do cérebro social e das emoções, pensamos que esse circuito tão complexo e pouco compreendido pode ser a ponte de conexão que integra a encruzilhada de estímulos que surgem das diversas reações fisiológicas interoceptivas corporais, das percepções sensoriais oriundas dos órgãos dos sentidos e, por fim, dos nossos processos mais criativos e da imaginação que se originam do circuito de DMN. Talvez seja essa ponte que conecte o que percebemos do mundo real com o que criamos ou imaginamos do nosso mundo interior e, por fim, o que sentimos visceralmente, que nos torna seres conscientes da nossa própria existência e da existência do outro.

Considerações finais

Quando analisamos estudos e teorias sobre o papel dos córtices frontal e insular e seus circuitos na criação de uma percepção subjetiva de um "eu" material, bem como da sua participação no equilíbrio das funções motoras, cognitivas, emocionais e visceroceptivas, algo nos leva a olhar a primeira teoria das pulsões descrita por Freud. Nela, fica claro o papel de um limite inferior entre o psíquico e o somático, aquela linha tênue entre um acúmulo de energia e o adoecimento físico.

Podemos pensar que o circuito que une o "eu visceral" com o "eu social" e o "eu interior" somente pode ser compreendido em toda a sua complexidade se olharmos para aquilo que integra o ser humano e nos fornece um sentido de um único "eu". Quando nos imaginamos seres, não conseguimos separar o nosso corpo da nossa alma e nem da nossa vida, que é partilhada e vivida por meio de um outro. Assim, quando nos integramos, somos sujeitos pertencentes a uma experiência unificada de ser, existir, desejar e partilhar. Mas, para existirmos, será necessária uma pulsão, uma energia que nos mova, que nos impulsione para algo que é o desejo. Entendendo a real dimensão da nossa existência, devemos, enquanto estudiosos do comportamento e do psiquismo humano, considerar que somos mais do que imaginamos ser e que a nossa vida física e psíquica merece ser estudada, considerando-se a vastidão dos nossos "eus".

Referências

1. Zuo, N., Song, M., Fan, L., Eickhoff, S. B., Jiang, T. (2016). Different interaction modes for the default mode network revealed by resting state functional magnetic resonance imaging. *Eur J Neurosci*, 43(1), 78-88.

2. Zaki, J., Weber, J., Bolger, N., Ochsner, K. (2009). The neural bases of empathic accuracy. *Proc Natl Acad Sci U S A*, 106(27), 11382-7.

3. Yeo, B. T., Krienen, F. M., Eickhoff, S. B., Yaakub, S. N., Fox, P. T., Buckner, R. L., Asplund, C. L., Chee, M. W. (2016). Functional Specialization and Flexibility in Human Association Cortex. *Cereb Cortex*, 26(1), 465.

4. Yin, H. H., Mulcare, S. P., Hilario, M. R., Clouse, E., Holloway, T., Davis, M. I., Hansson, A. C., Lovinger, D. M., Costa, R. M. (2009). Dynamic reorganization of striatal circuits during the acquisition and consolidation of a skill. *Nat Neurosci*, 12(3), 333-41.

5. Vogt, B. A., Nimchinsky, E. A., Vogt, L. J., Hof, P. R. (1995). Human cingulate cortex: surface features, flat maps, and cytoarchitecture. *J Comp Neurol*, 359(3), 490-506.

6. Venniro, M., Caprioli, D., Zhang, M., Whitaker, L. R., Zhang, S., Warren, B. L., Cifani, C., Marchant, N. J., Yizhar, O., Bossert, J. M., Chiamulera, C., Morales, M., Shaham, Y. (2017). The Anterior Insular Cortex → Central Amygdala Glutamatergic Pathway Is Critical to Relapse after Contingency Management. *Neuron*, 96(2), 414-27 e8.

7.   Tekin, S., Cummings, J. L. (2002). Frontal-subcortical neuronal circuits and clinical neuropsychiatry: an update. *J Psychosom Res*, 53(2), 647-54.

8.   Shura, R. D., Hurley, R. A., Taber, K. H. (2014). Insular cortex: structural and functional neuroanatomy. *J Neuropsychiatry Clin Neurosci*, 26(4), 276-82.

9.   Raichle, M. E., MacLeod, A. M., Snyder, A. Z., Powers, W. J., Gusnard, D. A., Shulman, G. L. (2001). A default mode of brain function. *Proc Natl Acad Sci U S A*, 98(2), 676-82.

10.   Raichle, M. E. (2015). The restless brain: how intrinsic activity organizes brain function. *Philos Trans R Soc Lond B Biol Sci*, 370(1668).

11.   Gogolla, N. (2017). The insular cortex. *Curr Biol*, 27(12), R580-6.

12.   Mesulam, M. M., Mufson, E. J. (1982). Insula of the old-world monkey. III: Efferent cortical output and comments on function. *J Comp Neurol*, 212(1), 38-52.

13.   Mesulam, M. M., Mufson, E. J. (1982). Insula of the old-world monkey. I. Architectonics in the insulo-orbito-temporal component of the paralimbic brain. *J Comp Neurol*, 212(1), 1-22.

14.   Evrard, H. C. (2019). The Organization of the Primate Insular Cortex. *Front Neuroanat*, 13, 43.

15.   Bonelli, R. M., Cummings, J. L. (2007). Frontal-subcortical circuitry and behavior. *Dialogues Clin Neurosci*, 9(2), 141-51.

16.   Alexander, G. E., Crutcher, M. D., DeLong, M. R. (1990). Basal ganglia-thalamocortical circuits: parallel substrates for motor, oculomotor, "prefrontal" and "limbic" functions. *Prog Brain Res*, 85, 119-46.

17. Alexander, G. E., Crutcher, M. D. (1990). Functional architecture of basal ganglia circuits: neural substrates of parallel processing. *Trends Neurosci* 1990, 13(7), 266-71.

18. Cummings, J. L. (1993). Frontal-subcortical circuits and human behavior. *Arch Neurol*, 50(8), 873-80.

19. Mesulam, M. M. (1998). From sensation to cognition. *Brain*, 121(Pt 6), 1013-52.

20. Schmahmann, J. D., Smith, E. E., Eichler, F. S., Filley, C. M. (2008). Cerebral white matter: neuroanatomy, clinical neurology, and neurobehavioral correlates. *Ann N Y Acad Sci*, 1142, 266-309.

21. Catani, M., Dell'acqua, F., Vergani, F., Malik, F., Hodge, H., Roy, P., Valabregue, R., Thiebaut de Schotten, M. (2012). Short frontal lobe connections of the human brain. *Cortex*, 48(2), 273-91.

22. Alexander, G. E., DeLong, M. R., Strick, P. L. (1986). Parallel organization of functionally segregated circuits linking basal ganglia and cortex. *Annu Rev Neurosci*, 9, 357-81.

23. Filley, C. M. (2010). White matter: organization and functional relevance. *Neuropsychol Rev*, 20(2), 158-73.

24. DeLong, M. R., Alexander, G. E., Mitchell, S. J., Richardson, R. T. (1986). The contribution of basal ganglia to limb control. *Prog Brain Res*, 64, 161-74.

25. Mega, M. S., Cummings, J. L. (1994). Frontal-subcortical circuits and neuropsychiatric disorders. *J Neuropsychiatry Clin Neurosci*, 6(4), 358-70.

26. Do, J., Kim, J. I., Bakes, J., Lee, K., Kaang, B. K. (2012). Functional roles of neurotransmitters and neuromodulators in the dorsal striatum. *Learn Mem*, 20(1), 21-8.

27. Haber, S. N. (2016). Corticostriatal circuitry. *Dialogues Clin Neurosci*, 18(1), 7-21.

28. Heilbronner, S. R., Haber, S. N. (2014). Frontal cortical and subcortical projections provide a basis for segmenting the cingulum bundle: implications for neuroimaging and psychiatric disorders. *J Neurosci*, 34(30), 10041-54.

29. Macpherson, T., Hikida, T. (2019). Role of basal ganglia neurocircuitry in the pathology of psychiatric disorders. *Psychiatry Clin Neurosci*, 73(6), 289-301.

30. Sesack, S. R., Grace, A. A. (2010). Cortico-Basal Ganglia reward network: microcircuitry. *Neuropsychopharmacology*, 35(1), 27-47.

31. Morris, L. S., Kundu, P., Dowell, N., Mechelmans, D. J., Favre, P., Irvine, M. A., Robbins, T. W., Daw, N., Bullmore, E. T., Harrison, N. A., Voon, V. (2016). Fronto-striatal organization: Defining functional and microstructural substrates of behavioural flexibility. *Cortex*, 74, 118-33.

32. Haber, S. N., Rauch, S. L. (2010). Neurocircuitry: a window into the networks underlying neuropsychiatric disease. *Neuropsychopharmacology*, 35(1), 1-3.

33. Albin, R. L., Young, A. B., Penney, J. B. (1989). The functional anatomy of basal ganglia disorders. *Trends Neurosci*, 12(10), 366-75.

34. DeLong, M. R., Alexander, G. E., Georgopoulos, A. P., Crutcher, M. D., Mitchell, S. J., Richardson, R. T. (1984). Role of basal ganglia in limb movements. *Hum Neurobiol*, 2(4), 235-44.

35. Haber, S. N. (2011). Neuroanatomy of reward: a view from the ventral striatum. In Gottfried, J. A., ed. *Neurobiology of Sensation and Reward*. Boca Raton (FL).

36. Brimblecombe, K. R., Cragg, S. J. (2017). The striosome and matrix compartments of the striatum: a path through the labyrinth from neurochemistry toward function. *ACS Chem Neurosci*, 8(2), 235-42.

37. Kreitzer, A. C., Malenka, R. C. (2008). Striatal plasticity and basal ganglia circuit function. *Neuron*, 60(4), 543-54.

38. Huot, P., Parent, A. (2007). Dopaminergic neurons intrinsic to the striatum. *J Neurochem*, 101(6), 1441-7.

39. Monchi, O., Ko, J. H., Strafella, A. P. (2006). Striatal dopamine release during performance of executive functions: A [(11)C] raclopride PET study. *Neuroimage*, 33(3), 907-12.

40. Haber, S. N. (2014). The place of dopamine in the cortico-basal ganglia circuit. *Neuroscience*, 282, 248-57.

41. Kawaguchi, Y., Wilson, C. J., Augood, S. J., Emson, P. C. (1995). Striatal interneurones: chemical, physiological and morphological characterization. *Trends Neurosci*, 18(12), 527-35.

42. Zhou, F. M., Wilson, C. J., Dani, J. A. (2002). Cholinergic interneuron characteristics and nicotinic properties in the striatum. *J Neurobiol*, 53(4), 590-605.

43. Koos, T., Tepper, J. M. (2002). Dual cholinergic control of fast-spiking interneurons in the neostriatum. *J Neurosci*, 22(2), 529-35.

44. Surmeier, D. J., Song, W. J., Yan, Z. (1996). Coordinated expression of dopamine receptors in neostriatal medium spiny neurons. *J Neurosci*, 16(20), 6579-91.

45. Ikemoto, S., Yang, C., Tan, A. (2015). Basal ganglia circuit loops, dopamine and motivation: A review and enquiry. *Behav Brain Res*, 290, 17-31.

46. DeLong, M. R., Wichmann, T. (2007). Circuits and circuit disorders of the basal ganglia. *Arch Neurol*, 64(1), 20-4.

47. Heilbronner, S. R., Meyer, M. A. A., Choi, E. Y., Haber, S. N. (2018). How do cortico-striatal projections impact on downstream pallidal circuitry? *Brain Struct Funct*, 223(6), 2809-21.

48. Bourdy, R., Sanchez-Catalan, M. J., Kaufling, J., Balcita-Pedicino, J. J., Freund-Mercier, M. J., Veinante, P., Sesack, S. R., Georges, F., Barrot, M. (2014). Control of the nigrostriatal dopamine neuron activity and motor function by the tail of the ventral tegmental area. *Neuropsychopharmacology*, 39(12), 2788-98.

49. Beier, K. T., Steinberg, E. E., DeLoach, K. E., Xie, S., Miyamichi, K., Schwarz, L., Gao, X. J., Kremer, E. J., Malenka, R. C., Luo, L. (2015). Circuit Architecture of VTA Dopamine Neurons Revealed by Systematic Input-Output Mapping. *Cell*, 162(3), 622-34.

50. Alex, K. D., Pehek, E. A. (2007). Pharmacologic mechanisms of serotonergic regulation of dopamine neurotransmission. *Pharmacol Ther*, 113(2), 296-320.

51. Hoffmann, M. (2013). The human frontal lobes and frontal network systems: an evolutionary, clinical, and treatment perspective. ISRN *Neurol*, 2013, 892459.

52. Adolphs, R. (2009). The social brain: neural basis of social knowledge. *Annu Rev Psychol*, 60, 693-716.

53. Gao, W., Gilmore, J. H., Alcauter, S., Lin, W. (2013). The dynamic reorganization of the default-mode network during a visual classification task. *Front Syst Neurosci*, 7, 34.

54. Gefen, T., Papastefan, S. T., Rezvanian, A., Bigio, E. H., Weintraub, S., Rogalski, E., Mesulam, M. M., Geula, C. (2018). Von Economo neurons of the anterior cingulate across the lifespan and in Alzheimer's disease. *Cortex*, 99, 69-77.

55. Gilboa, A., Shalev, A. Y., Laor, L., Lester, H., Louzoun, Y., Chisin, R., Bonne, O. (2004). Functional connectivity of the prefrontal cortex and the amygdala in posttraumatic stress disorder. *Biol Psychiatry*, 55(3), 263-72.

56. Gusnard, D. A., Akbudak, E., Shulman, G. L., Raichle, M. E. (2001). Medial prefrontal cortex and self-referential mental

activity: relation to a default mode of brain function. *Proc Natl Acad Sci U S A*, 98(7), 4259-64.

57. Hassabis, D., Maguire, E. A. (2009). The construction system of the brain. *Philos Trans R Soc Lond B Biol Sci*, 364(1521), 1263-71.

58. Greicius, M. D., Krasnow, B., Reiss, A. L., Menon, V. (2003). Functional connectivity in the resting brain: a network analysis of the default mode hypothesis. *Proc Natl Acad Sci U S A*, 100(1), 253-8.

59. Lamm, C., Singer, T. (2010). The role of anterior insular cortex in social emotions. *Brain Struct Funct*, 214(5-6), 579-91.

60. Stephani, C., Fernandez-Baca Vaca, G., Maciunas, R., Koubeissi, M., Luders, H. O. (2011). Functional neuroanatomy of the insular lobe. *Brain Struct Funct*, 216(2), 137-49.

61. Craig, A. D. (2002). How do you feel? Interoception: the sense of the physiological condition of the body. *Nat Rev Neurosci*, 3(8), 655-66.

62. Nieuwenhuys, R. (2012). The insular cortex: a review. *Prog Brain Res*, 195, 123-63.

63. Morel, A., Gallay, M. N., Baechler, A., Wyss, M., Gallay, D. S. (2013). The human insula: architectonic organization and postmortem MRI registration. *Neuroscience*, 236, 117-35.

64. Craig, A. D. (2009). How do you feel – now? The anterior insula and human awareness. *Nat Rev Neurosci*, 10(1), 59-70.

65. Menon, V., Uddin, L. Q. (2010). Saliency, switching, attention and control: a network model of insula function. *Brain Struct Funct*, 214(5-6), 655-67.

66. Shelley, B. P., Trimble, M. R. (2004). The insular lobe of Reil – its anatamico-functional, behavioural and neuropsychiatric attributes in humans – a review. *World J Biol Psychiatry*, 5(4), 176-200.

67. Penfield, W., Faulk, M. E., Jr. (1955). The insula; further obser-
     vations on its function. *Brain*, 78(4), 445-70.

68. Cauda, F., D'Agata, F., Sacco, K., Duca, S., Geminiani, G., Vercelli,
     A. (2011). Functional connectivity of the insula in the resting
     brain. *Neuroimage*, 55(1), 8-23.

69. Craig, A. D. (2009). Emotional moments across time: a possible
     neural basis for time perception in the anterior insula. *Philos
     Trans R Soc Lond B Biol Sci*, 364(1525), 1933-42.

70. Craig, A. D. (2011). Interoceptive cortex in the posterior insula:
     comment on Garcia-Larrea et al. (2010). *Brain*, 133, 2528. *Brain*,
     134(Pt 4), e166; author reply e165.

71. Seeley, W. W., Merkle, F. T., Gaus, S. E., Craig, A. D., Allman,
     J. M., Hof, P. R. (2012). Distinctive neurons of the anterior
     cingulate and frontoinsular cortex: a historical perspective.
     Cereb Cortex, 22(2), 245-50.

72. Kurth, F., Eickhoff, S. B., Schleicher, A., Hoemke, L., Zilles, K.,
     Amunts, K. (2010). Cytoarchitecture and probabilistic maps
     of the human posterior insular cortex. *Cereb Cortex*, 20(6),
     1448-61.

73. Allman, J. M., Tetreault, N. A., Hakeem, A. Y., Manaye, K. F.,
     Semendeferi, K., Erwin, J. M., Park, S., Goubert, V., Hof, P. R.
     (2010). The von Economo neurons in frontoinsular and anterior
     cingulate cortex in great apes and humans. *Brain Struct Funct*,
     214(5-6), 495-517.

74. Allman, J. M., Tetreault, N. A., Hakeem, A. Y., Manaye, K. F.,
     Semendeferi, K., Erwin, J. M., Park, S., Goubert, V., Hof, P. R.
     (2011). The von Economo neurons in the frontoinsular and
     anterior cingulate cortex. *Ann N Y Acad Sci*, 1225, 59-71.

75. Fajardo, C., Escobar, M. I., Buritica, E., Arteaga, G., Umbarila,
     J., Casanova, M. F., Pimienta, H. (2008). Von Economo neurons

are present in the dorsolateral (dysgranular) prefrontal cortex of humans. *Neurosci Lett*, 435(3), 215-8.

76. Barger, N., Hanson, K. L., Teffer, K., Schenker-Ahmed, N. M., Semendeferi, K. (2014). Evidence for evolutionary specialization in human limbic structures. *Front Hum Neurosci*, 8, 277.

77. Semendeferi, K., Teffer, K., Buxhoeveden, D. P., Park, M. S., Bludau, S., Amunts, K., Travis, K., Buckwalter, J. (2011). Spatial organization of neurons in the frontal pole sets humans apart from great apes. *Cereb Cortex*, 21(7), 1485-97.

78. Higgins, E. T., Bargh, J. A. (1987). Social cognition and social perception. *Annu Rev Psychol*, 38, 369-425.

79. Wagner, D. D., Kelley, W. M., Haxby, J. V., Heatherton, T. F. (2016). The dorsal medial prefrontal cortex responds preferentially to social interactions during natural viewing. *J Neurosci*, 36(26), 6917-25.

80. Zaki, J., Ochsner, K. (2009). The need for a cognitive neuroscience of naturalistic social cognition. *Ann N Y Acad Sci*, 1167, 16-30.

81. Andrews-Hanna, J. R., Reidler, J. S., Sepulcre, J., Poulin, R., Buckner, R. L. (2010). Functional-anatomic fractionation of the brain's default network. *Neuron*, 65(4), 550-62.

82. Allman, J. M., Hakeem, A., Erwin, J. M., Nimchinsky, E., Hof, P. (2001). The anterior cingulate cortex. The evolution of an interface between emotion and cognition. *Ann N Y Acad Sci*, 935, 107-17.

83. Watson, K. K., Jones, T. K., Allman, J. M. (2006). Dendritic architecture of the von Economo neurons. *Neuroscience*, 141(3), 1107-12.

84. Cauda, F., Torta, D. M., Sacco, K., D'Agata, F., Geda, E., Duca, S., Geminiani, G., Vercelli, A. (2013). Functional anatomy of

cortical areas characterized by Von Economo neurons. *Brain Struct Funct*, 218(1), 1-20.

85. Dosenbach, N. U., Fair, D. A., Miezin, F. M., Cohen, A. L., Wenger, K. K., Dosenbach, R. A., Fox, M. D., Snyder, A. Z., Vincent, J. L., Raichle, M. E., Schlaggar, B. L., Petersen, S. E. (2007). Distinct brain networks for adaptive and stable task control in humans. *Proc Natl Acad Sci U S A*, 104(26), 11073-8.

86. Sridharan, D., Levitin, D. J., Menon, V. (2008). A critical role for the right fronto-insular cortex in switching between central-executive and default-mode networks. *Proc Natl Acad Sci U S A*, 105(34), 12569-74.

87. Uddin, L. Q., Menon, V. (2010). Introduction to special topic – resting-state brain activity: implications for systems neuroscience. *Front Syst Neurosci*, 4.

88. Uddin, L. Q., Supekar, K., Amin, H., Rykhlevskaia, E., Nguyen, D. A., Greicius, M. D., Menon, V. (2010). Dissociable connectivity within human angular gyrus and intraparietal sulcus: evidence from functional and structural connectivity. *Cereb Cortex*, 20(11), 2636-46.

89. Vogt, B. A. (2019). Cingulate cortex in the three limbic subsystems. *Handb Clin Neurol*, 166, 39-51.

90. Damásio, A. R., Grabowski, T. J., Bechara, A., Damásio, H., Ponto, L. L., Parvizi, J., Hichwa, R. D. (2000). Subcortical and cortical brain activity during the feeling of self-generated emotions. *Nat Neurosci*, 3(10), 1049-56.

91. Damasio, A. (2003). Feelings of emotion and the self. *Ann N Y Acad Sci*, 1001, 253-61.

92. Addington, J., Girard, T. A., Christensen, B. K., Addington, D. (2010). Social cognition mediates illness-related and cognitive influences on social function in patients with

schizophrenia-spectrum disorders. *J Psychiatry Neurosci*, 35(1), 49-54.

93. Addington, J., Saeedi, H., Addington, D. (2006). Influence of social perception and social knowledge on cognitive and social functioning in early psychosis. *Br J Psychiatry*, 189, 373-8.

94. Adolphs, R. (1999). Social cognition and the human brain. *Trends Cogn Sci*, 3(12), 469-479.

95. Adolphs, R. (2001). The neurobiology of social cognition. *Curr Opin Neurobiol*, 11(2), 231-9.

96. Allman, J. M., Watson, K. K., Tetreault, N. A., Hakeem, A. Y. (2005). Intuition and autism: a possible role for Von Economo neurons. *Trends Cogn Sci*, 9(8), 367-73.

97. Baribeau, D. A., Dupuis, A., Paton, T. A., Hammill, C., Scherer, S. W., Schachar, R. J., Arnold, P. D., Szatmari, P., Nicolson, R., Georgiades, S., Crosbie, J., Brian, J., Iaboni, A., Kushki, A., Lerch, J. P., Anagnostou, E. (2019). Structural neuroimaging correlates of social deficits are similar in autism spectrum disorder and attention-deficit/hyperactivity disorder: analysis from the POND Network. *Transl Psychiatry*, 9(1), 72.

98. Cotter, J., Granger, K., Backx, R., Hobbs, M., Looi, C. Y., Barnett, J. H. (2018). Social cognitive dysfunction as a clinical marker: A systematic review of meta-analyses across 30 clinical conditions. *Neurosci Biobehav Rev*, 84, 92-99.

99. Cusi, A. M., Nazarov, A., Holshausen, K., Macqueen, G. M., McKinnon, M. C. (2012). Systematic review of the neural basis of social cognition in patients with mood disorders. *J Psychiatry Neurosci*, 37(3), 154-69.

100. Desmarais, P., Lanctot, K. L., Masellis, M., Black, S. E., Herrmann, N. (2018). Social inappropriateness in neurodegenerative disorders. *Int Psychogeriatr*, 30(2), 197-207.

101. Dubois, J., Adolphs, R. (2016). How the brain represents other minds. *Proc Natl Acad Sci U S A*, 113(1), 19-21.

102. Dunbar, R. I., Shultz, S. (2007). Evolution in the social brain. *Science*, 317(5843), 1344-7.

103. Gariepy, J. F., Watson, K. K., Du, E., Xie, D. L., Erb, J., Amasino, D., Platt, M. L. (2014). Social learning in humans and other animals. *Front Neurosci*, 8, 58.

104. Green, M. F., Leitman, D. I. (2008). Social cognition in schizophrenia. *Schizophr Bull*, 34(4), 670-2.

105. Hezel, D. M., McNally, R. J. (2014). Theory of mind impairments in social anxiety disorder. *Behav Ther*, 45(4), 530-40.

106. Kennedy, D. P., Adolphs, R. (2012). The social brain in psychiatric and neurological disorders. *Trends Cogn Sci*, 16(11), 559-72.

107. Porcelli, S., Van Der Wee, N., van der Werff, S., Aghajani, M., Glennon, J. C., van Heukelum, S., Mogavero, F., Lobo, A., Olivera, F. J., Lobo, E., Posadas, M., Dukart, J., Kozak, R., Arce, E., Ikram, A., Vorstman, J., Bilderbeck, A., Saris, I., Kas, M. J., Serretti, A. (2019). Social brain, social dysfunction and social withdrawal. *Neurosci Biobehav Rev*, 97, 10-33.

108. Uddin, L. Q. (2011). Brain connectivity and the self: the case of cerebral disconnection. *Conscious Cogn*, 20(1), 94-8.

109. Van Overwalle, F. (2009). Social cognition and the brain: a meta-analysis. *Hum Brain Mapp*, 30(3), 829-58.

110. Butti, C., Hof, P. R. (2010). The insular cortex: a comparative perspective. *Brain Struct Funct*, 214(5-6), 477-93.

111. Butti, C., Santos, M., Uppal, N., Hof, P. R. (2013). Von Economo neurons: clinical and evolutionary perspectives. *Cortex*, 49(1), 312-26.

112. Couto, B., Sedeno, L., Sposato, L. A., Sigman, M., Riccio, P. M., Salles, A., Lopez, V., Schroeder, J., Manes, F., Ibanez, A. (2013). Insular networks for emotional processing and social cognition: comparison of two case reports with either cortical or subcortical involvement. *Cortex*, 49(5), 1420-34.

113. Engen, H. G., Singer, T. (2013). Empathy circuits. *Curr Opin Neurobiol*, 23(2), 275-82.

114. Keysers, C., Gazzola, V. (2007). Integrating simulation and theory of mind: from self to social cognition. *Trends Cogn Sci*, 11(5), 194-6.

115. Singer, T. (2006). The neuronal basis and ontogeny of empathy and mind reading: review of literature and implications for future research. *Neurosci Biobehav Rev*, 30(6), 855-63.

116. Singer, T. (2007). The neuronal basis of empathy and fairness. *Novartis Found Symp*, 278, 20-30; discussion 30-40, 89-96, 216-21.

117. Singer, T., Lamm, C. (2009). The social neuroscience of empathy. *Ann N Y Acad Sci*, 1156, 81-96.

118. Lamm, C., Decety, J., Singer, T. (2011). Meta-analytic evidence for common and distinct neural networks associated with directly experienced pain and empathy for pain. *Neuroimage*, 54(3), 2492-502.

119. Lamm, C., Batson, C. D., Decety, J. (2007). The neural substrate of human empathy: effects of perspective-taking and cognitive appraisal. *J Cogn Neurosci*, 19(1), 42-58.

120. Craig, A. D. (2005). Forebrain emotional asymmetry: a neuroanatomical basis? *Trends Cogn Sci*, 9(12), 566-71.

121. Sanfey, A. G., Rilling, J. K., Aronson, J. A., Nystrom, L. E., Cohen, J. D. (2003). The neural basis of economic decision-making in the Ultimatum Game. *Science*, 300(5626), 1755-8.

5. O *Eu* social e o adoecimento

Introdução

Os transtornos psiquiátricos e neurológicos têm, ao longo da história, oferecido dados clínicos para a compreensão da relação estrutural, funcional e psíquica que subserve para o entendimento do aparato mental, do comportamento e da cognição humana. Tais transtornos impactam a vida social dos indivíduos e requerem um olhar que deve ir além das estruturas neurais específicas, ampliando a visão para a interação de redes de curta e larga escalas, as quais participam da rede da cognição social e suas conexões com diferentes áreas cerebrais. Além disso, deve-se considerar que fatores emocionais, ambientais e psíquicos podem funcionar como gatilhos para o aparecimento de certas psicopatologias.

A maioria das doenças neurológicas e psiquiátricas afeta, em maior ou menor proporção, as relações socioambientais. Vários transtornos podem comprometer a cognição social – por exemplo, o *déficit* no processamento de reconhecimento facial no autismo, o comportamento de interesse e aproximação com estranhos visto na síndrome de Williams, os quadros de ansiedade extrema vistos no transtorno generalizado de ansiedade, entre outros.[1] As dificuldades nas relações sociais, como isolamento, perda do afeto, desinteresse, perda da censura, desinibição, agressividade, pensamentos delirantes e confabulatórios, são outras alterações comportamentais que afetam substancialmente a vida social desses pacientes.[1]

Muitas vezes, o *déficit* no domínio da sociabilização representa os primeiros sinais de um grande número de transtornos, os quais levam a um progressivo comprometimento no convívio social, pessoal e familiar. Interessante assinalar que, na esquizofrenia, nas demências, na depressão e no autismo, entre outros transtornos, o cérebro social é afetado da mesma forma.[2] Assim, o *déficit* nesse circuito pode ser definido como uma incapacidade do indivíduo de integrar habilidades cognitivas e afetivas para flexibilizar uma adaptação aos diversos contextos e demandas sociais.[2-12]

Diferentes pesquisas sobre *Déficits* na cognição social também têm associado essa disfunção com outros transtornos neuropsiquiátricos. Como exemplo, podemos citar o *Déficit* de comunicação social nos transtornos do espectro autista; a reclusão social e o *Déficit* na tomada de decisão observados na depressão;[13-15] a desregulação do comportamento empático nas psicopatias; o fenômeno de Hikikomori ou de isolamento social voluntário e grave de adolescentes e adultos jovens, descrito no Japão na década de 1980 por Tomita Fujiya, que foi observado posteriormente em outros países.[16-19] *Déficits* sociais ocorrem também em outras doenças neurológicas como Alzheimer, nas demências frontotemporais (DFT),[20-24] na doença de Huntington,[24] no Parkinson[25] e nas lesões estruturais do lobo frontal.[20, 26-28]

Considerando o amplo espectro de transtornos neuropsiquiátricos que ocasionam disfunções no cérebro social, torna-se fundamental ressaltar que esse tipo de alteração sempre é subestimado como fator preditivo ou como sinais prodrômicos.

Disfunção da cognição social na esquizofrenia

Uma das principais características da esquizofrenia é, sem dúvida, a dificuldade funcional e social.[10, 29-34] Como já ressaltamos, pacientes com esquizofrenia apresentam um *Déficit* na cognição social referente ao comportamento pelo qual ele concebe, percebe e infere estados emocionais e mentais de outros indivíduos.[10, 29-34]

As pesquisas sobre cognição social na esquizofrenia têm abordado vários objetivos diferentes, focando, principalmente, em quatro áreas específicas: processamento emocional; percepção social; viés de atribuições; e teoria da mente.[32] O processamento da emoção está voltado para perceber as emoções e usá-las de forma adaptativa.[35] Para estudar as respostas emocionais em pacientes com esquizofrenia, existem medidas de processamento de emoções que variam amplamente. Incluem classificações de emoções que são exibidas em rostos ou vozes, ou classificações de como os indivíduos gerenciam, regulam ou facilitam a emoção, com base em suas respostas para breves filmes gravados em vídeo de interação social entre pessoas.[32] Por sua vez, os testes de percepção social avaliam a capacidade de um indivíduo de identificar papéis, regras e contextos sociais.[36] Nas tarefas de percepção social, os participantes são solicitados a processar a não verbalização, a entonação da voz e/ou dicas verbais para fazer inferências sobre situações sociais complexas ou ambíguas.[32] O terceiro ponto são as atribuições que refletem como as pessoas geralmente inferem as causas de eventos positivos e negativos específicos. Nessa situação, o que se avalia é um viés cognitivo que pode afetar a forma como se determina o responsável pela ação ou pelo evento apresentado. As atribuições podem ser medidas por questionários ou classificadas a partir de transcrições de interações. Quanto à teoria da mente, as tarefas usadas nessa área implicam responder às perguntas sobre breves vínculos sociais ou organizar painéis de desenhos animados em uma ordem sensata para demonstrar o entendimento de uma perspectiva e a linguagem não verbal como sarcasmo ou engano.[32]

Um importante estudo em indivíduos com esquizofrenia utilizou, para avaliar a resposta cognitiva social, dois tipos de experimentos, ambos com cinco tarefas: crenças falsas de primeiro e segundo nível para a Teoria da Mente (ToM), inferências emocionais, compreensão de ironias e matriz de raciocínio subtestes WAIS-R. A tarefa de matriz de raciocínio foi administrada com avaliação e controle para associação das outras tarefas com habilidades de raciocínio analítico.[12] As cinco tarefas, claramente, foram divididas em dois fatores, correspondendo às duas áreas da cognição social: ToM e processamento e reconhecimento emocional. Observou-se, então, que o desempenho dos pacientes com esquizofrenia se encontrava comprometido em todas as tarefas, mais especificamente naquelas que tinham um componente analítico (matriz-raciocínio e ToM – segunda ordem). Os resultados revelaram que o comprometimento da cognição social na esquizofrenia derivava de deficiências em diversos mecanismos, incluindo a habilidade para pensar analiticamente e processar informações sociais e pistas. Esse estudo teve como foco analisar na esquizofrenia como a disfunção executiva poderia afetar a cognição social, ampliando a compreensão sobre a importância das disfunções de outros circuitos cognitivos, os quais afetariam precocemente o comportamento social nos pacientes com esse transtorno.

Outra pesquisa recrutou 70 jovens com parentes portadores de esquizofrenia e 63 jovens sem histórico familiar de esquizofrenia, para servir como controle. Nos dois grupos, foi aplicado um teste de reconhecimento emocional (Penn Emotion Recognition Test-40) para avaliar a presença de *déficit* cognitivo em indivíduos de risco. Os resultados mostraram que esses indivíduos, quando comparados com o grupo controle, atribuíam para as faces neutras um conteúdo emocional negativo, fato considerado fora da normalidade, visto que no grupo controle não existiam atribuições emocionais para faces neutras. O mesmo grupo também apresentou um tempo de reação maior quando foi relacionado à valência afetiva. Os resultados sugeriram que o comprometimento na cognição social poderia funcionar como um forte endofenótipo para esquizofrenia.[37]

Interessante ressaltar que anteriormente já tinha sido considerada a presença de *déficits* significativos no funcionamento social entre indivíduos jovens na fase pré-psicótica da doença, demonstrando que o *déficit* social aparecia muito antes dos sintomas psicóticos.[6] Outro importante estudo considerou não apenas a importância da identificação de *déficits* sociais, mas as estratégias para prevenção da psicose. Considerando que essas estratégias seriam limitadas por focar mais nos sintomas positivos tardios, quando a incapacidade já estaria relativamente estabelecida, esse estudo esclareceu a importância de se aperfeiçoar as ferramentas de investigação para uma prevenção que envolvesse a avaliação de *déficits* funcionais precoces.[38] Por esta razão, Cornblatt, em 2012, teve como foco da sua pesquisa avaliar a extensão pela qual os déficits sociais (escola/trabalho) poderiam funcionar como fator de risco para o desenvolvimento de quadros psicóticos e, assim, oferecer um alvo apropriado para intervenções precoces. Os resultados evidenciaram a importância do tratamento precoce, possivelmente antes da emergência dos sintomas positivos, e identificaram que os sintomas psicóticos atenuados; a desorganização na comunicação social; as alterações na memória verbal; e o declínio no funcionamento social poderiam ser considerados como os principais fatores de predição para uma conversão psicótica tardia, chamada por ela de The RAP Model.

Mais recentemente, outro estudo avaliou fatores clínicos de risco para o desenvolvimento de quadros psicóticos e constatou que os fatores preditivos mais comuns seriam o pobre funcionamento social e certas tarefas cognitivas. O principal objetivo foi testar o modelo de predição de Cornblatt com uma nova amostragem de indivíduos com sintomas psicóticos atenuados ou leves, a partir de um estudo prévio denominado Predict. Apesar do RAP Model de Cornblatt não ser o melhor modelo para os dados do Predict, usando-se outras variáveis foi demonstrado que conteúdos não usuais de pensamentos, desorganização na comunicação, funcionamento social, fluência verbal, memória, velocidade de processamento e idade formaram fatores de predição para a conversão tardia da psicose nas amostras do Predict. Assim, confirmou-se que, além dos *déficits* cognitivos, sem dúvida, o funcionamento social deveria ser considerado fator de predição para uma conversão psicótica tardia.[4]

Pesquisas com indivíduos portadores de esquizofrenia também relataram alterações funcionais e anatômicas no circuito dos neurônios de Von Economo.[39] Apesar de sabermos pouco sobre a função dos VEN na esquizofrenia, tem sido fortemente sugerido que no grupo esses tipos de neurônios apresentam maior vulnerabilidade ao dano neuronal.[39] Sabendo-se da importância dos neurônios de Von Economo e suas conexões com o circuito do cérebro social, pode-se supor que parte das alterações comportamentais sociais observadas nesses pacientes tem relação com o dano no circuito dos VEN.

Na esquizofrenia, existem modelos estatísticos e inúmeras pesquisas demonstrando que os processos da cognição social têm um papel-chave como mediadores entre a neurocognição e o resultado funcional. Dessa forma, deve-se considerar que melhorar a intervenção precoce sobre as alterações no comportamento social pode funcionar como uma abordagem preventiva e proteger esse indivíduo para que ele não desenvolva ou sofra uma conversão tardia.

Disfunção da cognição social nos transtornos do humor

O transtorno depressivo maior e o transtorno bipolar estão associados com alterações em múltiplos domínios, incluindo as funções sociais e interpessoais.[40] Estudos sobre cognição social usando métodos de neuroimagem têm examinado a natureza dos *déficits* sociais nos pacientes com esse transtorno. Focando nas análises relacionadas às habilidades para compreender os pensamentos e sentimentos pertencentes ao outro, bem como o pensamento central para o sucesso na interação social, os estudos sobre a influência do humor nas funções interpessoais e sociais têm passado por grandes avanços.[40] Um dos motivos para essa preocupação tem sido relatado por estudos epidemiológicos realizados em diversos países, mostrando que os transtornos do humor afetam a vida social, profissional e pessoal dos indivíduos, além de serem um dos principais problemas de afastamento das atividades profissionais.[41] O humor, seja ele negativo ou positivo, desempenha um papel crítico no comportamento social e interpessoal.[42] Sabe-se que os fatos positivos levam a interpretar situações externas de forma mais otimista e com maior confiança, promovendo maior altruísmo e melhor comportamento social. Por outro lado, a depressão leva a afetos negativos que promovem um comportamento social mais pessimista e cético.[43] Isso explica estudos que associam frequentemente depressão com incapacidade nas funções sociais.[13, 44, 45]

Em indivíduos saudáveis, a base funcional da cognição social consiste em uma complexa rede neural envolvida no processamento cognitivo e afetivo.[46] As áreas que contribuem de forma mais ativa para a rede neural envolvida na cognição social incluem as regiões do córtex pré-frontal, como ventromedial (CPFvm), envolvido na regulação da emoção e avaliação de recompensa; dorsolateral (CPFdl), implicado nos processos de ordem superior, entre eles o controle cognitivo e as funções executivas.[46-50] Vale ressaltar, também, a importância do córtex cingulado anterior, que monitora conflitos e integra as informações para motivar o comportamento, assim como a amígdala, fundamental para o processamento e a avaliação dos estímulos emocionais.[40, 47-51]

Considerando os estudos de neuroimagem, neurofisiologia e neuropatologia, a rede neural que modula os aspectos do comportamento emocional, de uma forma geral, também está envolvida na fisiopatologia dos transtornos do humor.[47-51] Entre os principais circuitos, podemos destacar o chamado Circuito Límbico-Cortical-Estriatal--Pálido-Talâmico (CLCEPT), formado pelas conexões com córtex orbitofrontal, amígdala, hipocampo, subículo, estriado ventromedial, núcleos talâmicos mediodorsal e medial, e pálido ventral.[47-52] Uma das mais importantes conexões que existem com o circuito CLCEPT refere-se à sua conectividade com áreas cerebrais responsáveis pelo controle visceral, especialmente o hipotálamo, e a Substância Cinzenta Periaquedutal (SCP). Esse sistema víscero-motor está envolvido diretamente nas funções introspectivas como humor e emoção, além de todas as reações viscerais desencadeadas pelo estímulo emocional. O conhecimento do envolvimento desse circuito na fisiopatologia da depressão ocorreu devido às observações feitas relatando que doenças degenerativas dos núcleos da base, lesões do estriado e córtex orbital aumentavam o risco de depressão.[47] Um segundo circuito víscero-motor também foi identificado na fisiopatologia da depressão, composto pela via do Córtex Cingulado Anterior subgenual (CCAsg), amígdala e estriado ventral.[51, 53] Tal circuito parece ter sua atividade patológica suprimida quando exposto a tratamentos farmacológicos, cirúrgicos ou de estimulação profunda para o tratamento de depressão maior.[47, 48, 50, 51] Nota-se, assim, que as manifestações clínicas da depressão maior têm um amplo espectro de sinais e sintomas que envolvem diferentes disfunções estruturais relacionadas com a integração entre córtex pré-frontal, sistema límbico e visceral, os quais atuam diretamente na modulação da cognição social.

Nos indivíduos com depressão, os estudos sobre cognição social permanecem controversos, no entanto, em uma metanálise, identificaram-se alguns dados que merecem ser descritos. Concentrando as pesquisas nos domínios do reconhecimento das expressões faciais afetivas na ToM, os resultados revelaram os seguintes achados: para o reconhecimento facial, a forma como os pacientes responderam às expressões faciais foi avaliada de acordo com a valência da emoção. Para as faces com expressões neutras, os pacientes deprimidos realizaram mais interpretações negativas do que o grupo controle, apesar de não ser um resultado tão consistente. Em outros estudos, os deprimidos tendiam a interpretar faces neutras como tristes. Por outro lado, em estudos para interpretação de emoções com valências positivas como alegria, a população de indivíduos deprimidos mostrou uma discrepância mais acentuada nos resultados. As evidências mostraram que, nos indivíduos com depressão maior, existia uma probabilidade menor para identificar emoções positivas do que no grupo controle.

O que os estudos sugerem, de uma forma geral, é que os pacientes deprimidos tendem a intensificar e identificar mais fortemente expressões emocionais negativas. Esse tipo de *déficit* afeta suas relações sociais, visto que eles tendem a interpretar respostas afetivas sociais de forma equivocada e com viés para negatividade.

Quanto às questões cognitivas, especialmente a tomada de decisão, vários estudos revelam a dificuldade que pacientes deprimidos têm de se adaptar às tomadas de decisões diante das demandas sociais. Van Randenborgh (2010) investigou as diferenças no surgimento de conflitos decisórios em participantes saudáveis e deprimidos. Os dois grupos foram questionados sobre a experiência de conflito decisional e pensamentos e impressões em andamento durante a tomada de decisões. Conforme os resultados, os participantes deprimidos experimentaram mais conflitos de decisão do que os participantes saudáveis. Além disso, observou-se que, nos participantes saudáveis, a preocupação com a tarefa foi o único preditor de conflitos decisórios; já nos participantes deprimidos, o conflito decisional foi previsto por uma combinação de processos relacionados com a depressão (por exemplo, falta de concentração, ruminação etc.).[13]

Considerando-se os resultados das pesquisas realizadas para estudar a influência do quadro depressivo na cognição social, observou-se que algumas regiões e estruturas que modulam a cognição social também participam do circuito da emoção que, quando disfuncional por um quadro de depressão maior, poderá levar a um desequilíbrio no funcionamento social, tanto emocional quanto cognitivo, dificultando uma vida social produtiva, integrada e saudável.[14, 43, 54, 55]

Outra patologia que compromete intensamente a cognição social é o transtorno bipolar (TB). A literatura tem revelado que o desempenho social desses indivíduos apresenta diferentes padrões. Pacientes com transtorno bipolar, quando comparados com um grupo controle durante duas tarefas cognitivas sociais – decodificar o estado mental com o Reading the Mind in the Eyes Test – RMET (teste de leitura mental nos olhos) e tarefa com vídeo que requeria dos participantes discriminar dicas sociais para fazer julgamentos interpessoais ("Interpersonal Perception Task 15 – IPT-15" – tarefa de percepção interpessoal), avaliando a associação entre a severidade dos sintomas, o funcionamento social e a habilidade cognitiva social, revelaram evidências de um *déficit* no desempenho dos testes de cognição social. Além disso, o *déficit* na cognição social estava associado a um declínio bem documentado na frequência de interação social e desenvolvimento das relações interpessoais no grupo estudado.[56]

O estudo da cognição social nos transtornos do humor deve ser aprofundado, do ponto de vista social, clínico e mental, para elaborarmos estratégias terapêuticas que reduzam os problemas de ordem comportamental na esfera social. Sabe-se que tais disfunções prejudicam a vida interpessoal, econômica e familiar desses indivíduos, levando a sérios problemas e sofrimento psíquico.

Disfunção da cognição social nos transtornos de ansiedade

Um dos maiores exemplos psicopatológicos relacionados ao funcionamento social é conhecido como Transtorno de Ansiedade Social.

Esse transtorno é marcado por um medo persistente da avaliação social e é considerado crônico e incapacitante. Geralmente os indivíduos portadores de Transtorno de Ansiedade Social apresentam comportamentos interpessoais negativos, dependência interpessoal, e tendem a ter aversão a conflitos ou emoções, resultando em isolamento social e relações interpessoais fracas e frágeis.[57]

Falar sobre Transtorno de Ansiedade Social implica, mais uma vez, discutir sobre o circuito da ToM e do cérebro social. O funcionamento cognitivo relacionado com a ToM revela a importância de preservar um equilíbrio entre o que pensamos e sentimos e como pensamos e sentimos sobre os outros. É fazer previsões sobre o comportamento de terceiros – por exemplo, identificar sutis expressões faciais que podem nos dar dicas sobre se uma conversa está interessando ao outro e se deve ser continuada. Como já descrito anteriormente, um *déficit* na decodificação e no raciocínio da ToM tem sido relatado em várias condições clínicas que se caracterizam por disfunção social e interpessoal grave, como visto no Transtorno do Espectro Autista (TEA), na esquizofrenia e no transtorno depressivo maior.[57] o Transtorno de Ansiedade Social pode ser caracterizado por um persistente e excessivo medo, bem como uma tendência de esquivar-se de situações sociais que envolvam avaliação de desempenho, além de existir um bloqueio na acurácia para monitorar suas próprias ações e ameaças externas.[58] A partir desse pressuposto, um estudo foi desenvolvido para avaliar se indivíduos ansiosos teriam uma disfunção no sistema da ToM.[58] Usando duas tarefas – Reading the Mind in the Eyes Test (RMET); e "Movie for the Assessment of Social Cognition" (vídeo para avaliação da cognição social) –, observou-se que o viés detectado nos indivíduos com Transtorno de Ansiedade Social apresentava uma disfunção na ToM oposta ao observado nos pacientes com autismo. Ou seja, os pacientes com esse transtorno tinham maior tendência de atribuir emoções intensas e grande significado sobre o que os outros pensavam e sentiam, enquanto no TEA a inferência de estados mentais sobre outros indivíduos se encontrava ausente ou limitada.[58]

Alguns modelos do Transtorno de Ansiedade Social têm destacado o papel da hiperatividade emocional, o qual é pensado se originar de avaliações distorcidas das situações sociais. Essas avaliações mal-adaptativas transformam pistas ou sinais sociais inócuos em ameaças interpessoais, levando a interpretações imprecisas de si mesmo (ser socialmente incompetente) e dos outros (como se fossem juízes críticos). Isso induz uma cascata de comportamentos autoprotetores, de preocupações somáticas e reatividade emocional negativa.[59]

Outra característica do Transtorno de Ansiedade Social é a falha na regulação emocional. A regulação emocional eficaz pode reduzir as reações emocionais frente a situações estressantes e provocadoras de ansiedade. Além disso, as dificuldades com a regulação emocional têm sido postuladas como um mecanismo central subjacente aos transtornos de humor e ansiedade.

Nos indivíduos com esse tipo de transtorno ansioso, a desregulação emocional: 1) pode ocorrer como uma reatividade emocional exagerada a todos os tipos de estímulos potencialmente ameaçadores; 2) pode apresentar um *déficit* geral na regulação da reatividade negativa; ou 3) acontece quando anormalidades de reatividade e regulação são específicas apenas para estímulos de ameaças sociais. Uma maneira de examinar a regulação emocional no transtorno de ansiedade é investigar habilidades de regulação no contexto de reatividade a diferentes tipos de estímulos de ameaça.[59] Numerosos estudos com neuroimagem funcional, comparando controles saudáveis com indivíduos portadores de Transtorno de Ansiedade Social, têm desenvolvido um modelo neuroanatômico para entender a reatividade e a regulação emocional. Um dos modelos para explicar essas alterações é o chamado límbico-cortical, em que o sistema da emoção ventral (exemplo: áreas límbicas e paralímbicas) detectaria estímulos salientes pessoais e afetivos relevantes, e posteriormente enviaria um sinal neural para codificar potenciais ameaças, comunicando esse sinal para o córtex cingulado anterior rostral, o qual funcionaria para monitorar os estímulos emocionais salientes e, dependendo do sinal, poderia desencadear vários processos cognitivos regulatórios no córtex pré-frontal dorsal, medial e lateral. Esse circuito funcionaria para implementar e monitorar estratégias para um controle cognitivo apropriado.[59] Estudos usando essa teoria revelaram que os pacientes com Transtorno de Ansiedade Social, quando comparados com o grupo controle, demonstraram uma reatividade emocional negativa exagerada e reduzida regulação cognitiva relacionada com a ativação neural, especificamente para estímulos sociais ameaçadores. Esses achados, se confirmados com outros estudos, podem servir como possíveis biomarcadores para intervenções terapêuticas futuras.[59]

Parece existir também uma comunicação efetiva entre o sistema emocional regulatório dorsal e ventral, o qual irá constituir o equilíbrio funcional final da rede neural que usará mecanismos de *feedback* do córtex pré-frontal para as regiões límbicas, modulando a trajetória da resposta emocional.[59-61] Quando o funcionamento ocorrer com sucesso, essa rede neural irá conferir resiliência psicológica, flexibilidade e sensação de bem-estar. Quando não ocorrer otimização no funcionamento dessa rede neural, o circuito límbico-cortical ativará uma resposta aguda que poderá ocasionar uma influência direta sobre a experiência emocional vivida, além de influenciar a resposta autonômica, as funções cognitivas e subsequentes reações emocionais.[59-61] O desafio no controle emocional dos pacientes com transtorno de ansiedade social requer um amplo conhecimento sobre os aspectos neurofuncionais e neuroquímicos do circuito da emoção, bem como das questões clínicas e psíquicas que estão presentes nesses pacientes.

Disfunção da cognição social no Transtorno do Espectro do Autismo (TEA)

Segundo a Sociedade Americana de Psiquiatria (APA, 2000), o autismo é uma síndrome relacionada ao neurodesenvolvimento, caracterizada por um *déficit* social de reciprocidade e comunicação, além de um comportamento repetitivo e restritivo que geralmente se inicia nos primeiros três anos de vida.[62] É comum que os pais notem nas crianças uma dificuldade na comunicação verbal. Apesar disso, o *déficit* social não é observado precocemente e, com o passar dos anos, essas crianças começam a apresentar um comportamento social mais deficiente e limitado, quando comparadas às crianças com desenvolvimento normal. Crianças jovens com autismo evitam dividir suas experiências emotivas com outras pessoas quando estão felizes e não demonstram pontos de interesse. Na pré-escola, apresentam comportamentos motores repetitivos e severa dificuldade na comunicação social.[62]

Apesar de o autismo se caracterizar por um importante *déficit* no funcionamento social, a especificidade e os mecanismos desse *déficit* estão sendo estudados e ainda precisam de mais avaliações. Uma pesquisa estudou a ativação neural com 12 indivíduos para cada grupo separadamente, sendo eles: 1) com esquizofrenia não paranoide; 2) com esquizofrenia paranoide; 3) com TEA; e 4) controles normais. O resultado revelou no grupo com TEA a ocorrência de uma marcada redução na ativação neural durante as tarefas de cognição social complexa (julgamentos de confiabilidade). O estudo também demonstrou que todos os grupos apresentavam ativação significativa de uma rede social cognitiva, incluindo amígdala, Área Facial Fusiforme (AFF), Sulco Temporal Superior (STS) e Córtex Pré-Frontal ventrolateral (CPFvl), ao completarem a tarefa cognitiva. No entanto, nos indivíduos com TEA, foi identificada redução significativa da ativação neural na amígdala direita, área fusiforme facial e córtex pré-frontal esquerdo. Essas descobertas dão suporte a modelos que hipotetizam substratos neurais bem definidos da cognição social e sugerem um mecanismo neural específico que pode estar subjacente às deficiências cognitivas, sociais e psíquicas observadas no autismo.[63]

Investigações neurobiológicas mais recentes, usando técnicas de neuroimagem, também têm sugerido potenciais marcadores neurais para os Transtornos do Espectro Autista.[64] Baron-Cohen et al. (2000) descreveram uma teoria sobre o autismo baseada na função amigdaliana.[65] Para os autores, dado o fato de as crianças com autismo apresentarem um *déficit* na inteligência social, e sendo a amígdala uma estrutura que compõe o cérebro social, seria plausível que o autismo fosse causado por uma anormalidade na amígdala.[65] Assim, foi proposto que a amígdala seria uma das várias regiões disfuncionais no autismo e que a teoria amigdaliana seria um promissor campo de pesquisa. Outro estudo de RNMf para variações biológicas nas crianças com TEA, realizado com irmãos não afetados de crianças com TEA e em crianças com desenvolvimento típico, revelou três tipos de assinaturas neurais: 1) estado de atividade que caracterizava a natureza da interrupção no circuito cerebral; 2) traço de atividade refletido para áreas que seriam disfuncionais, compartilhadas em irmãos não afetados e crianças com TEA, proporcionando um promissor neuroendofenótipo para facilitar a conexão da complexidade genômica e da heterogeneidade desse transtorno; e 3) atividade compensatória, única para irmãos não afetados, sugerindo um mecanismo neural ao nível do sistema pelo qual essas crianças poderiam compensar o risco genético aumentado para TEA. Tais descobertas ofereceram implicações importantes para a compreensão dos sistemas neurais subjacentes ao autismo.[66] Outra pesquisa também identificou uma ativação funcional atípica na área de reconhecimento facial do giro fusiforme. Estudando um possível biomarcador de risco familiar para TEA, estudos de RNMf mostraram, pela primeira vez, que a resposta neural à expressão facial da emoção diferia entre irmãos normotípicos de crianças autistas, dos controles saudáveis sem história familiar de autismo.[67] Identificou-se, por esse estudo, que a resposta de RNMf do encéfalo para faces felizes *versus* neutras foi significativamente reduzida em irmãos não afetados, em comparação com controles dentro de várias áreas cerebrais que implicam empatia e processamento facial. Considerando os resultados desse estudo, os autores sugeriram que uma resposta implícita atípica relacionada com expressões emocionais faciais poderia justificar, entre membros familiares de portadores de TEA, uma disfunção na reatividade emocional e em seus diferentes fenótipos. Assim, eles consideraram que a RNMf do encéfalo para análise da resposta da emoção para expressão facial seria candidata a um endofenótipo de neuroimagem para o espectro.[67]

Muitas das áreas descritas nesses estudos com neuroimagem funcional englobam estruturas que pertencem ao cérebro social, especialmente o córtex pré-frontal medial, o córtex orbitofrontal, o córtex cingulado anterior, a amígdala, a junção têmporo-parietal, o giro frontal inferior, o sulco temporal superior, o corpo estriado e a área fusiforme.[64] Um importante estudo de metanálise com 50 exames de neuroimagem, usando o método de estimativa de probabilidade de ativação e estudo de morfometria cortical, com o objetivo de analisar as áreas da cognição social em crianças e adultos com TEA, apontou várias regiões do cérebro social que apresentavam alterações anatômicas e funcionais. Entre as regiões corticais, destacaram-se córtex cingulado direito, giro frontal médio esquerdo, giro pós-central esquerdo. Já bilateralmente, identificaram-se ínsula, amígdala, giro temporal médio e pré-cúneo. Em resumo, os achados confirmaram as disfunções nas áreas relacionadas ao cérebro social em indivíduos com TEA, destacando-se a ínsula, a área fusiforme e o giro frontal inferior.[64]

Muitas questões ainda precisam de respostas, visto que o estudo de neuroimagem funcional possui limitações e não consegue explicar as variações comportamentais presentes nos indivíduos com esse espectro. No entanto, torna-se fundamental aprofundar as pesquisas sobre as alterações do funcionamento social que acometem os indivíduos com TEA, além de ser imprescindível entender as conexões entre esses circuitos e identificar fatores de risco precoces. Considerando que a plasticidade neuronal, nos primeiros anos de vida, pode ajudar a modificar padrões neurais, uma abordagem terapêutica precoce voltada para melhorar o desempenho social e outras funções cognitivas, presentes no autismo, poderia ser um divisor de águas na vida dessas crianças.

Disfunção da cognição social nas síndromes demenciais

As pesquisas da cognição social nas doenças neurodegenerativas que evoluem com progressivo e irreversível *déficit* nas funções cognitivas têm sido pouco investigadas devido, principalmente, ao fato de que alterações no comportamento social tendem a aparecer anos antes de os *déficits* cognitivos se manifestarem.[68, 69]

Alguns pesquisadores consideram que dentro da rede neural da cognição social a amígdala e suas conexões com múltiplas regiões cerebrais exercem um papel de destaque. Essas regiões possuem papel fundamental no processamento emocional, ativando respostas emocionais para detectar estímulos sociais salientes e, assim, promover um comportamento social adaptativo e adequado.[70] Disfunções dentro dessa rede neural, a qual compreende também regiões envolvidas na cognição social como a ínsula, o córtex pré-frontal medial; o córtex cingulado anterior; a junção têmporo-parietal; o giro frontal inferior e o sulco temporal superior, têm sido identificadas nas síndromes demenciais, especialmente nas demências frontotemporais.[35, 70-73]

Disfunção da cognição social na demência frontotemporal

A Demência Frontotemporal (DFT) tem como característica anátomo-patológica apresentar uma atrofia seletiva e progressiva dos córtex frontal, insular e temporal. Algumas variantes clínicas da DFT podem ser assim classificadas: a variante comportamental (DFT-vc), que se caracteriza, principalmente, por distúrbios nas funções executivas e no comportamento; e a afasia primária progressiva (APP), que se apresenta com três variantes – i) semântica (APP-S); ii) não fluente/agramática (APP-G); iii) logopênica (APP-L).[70, 74-78] Apesar de todas as variantes clínicas provocarem alterações no comportamento social a mais expressiva em termos de severo comprometimento social é a DFT-vc.

A DFT-vc é uma síndrome caracterizada por um progressivo *déficit* na cognição social e no comportamento, incluindo mudanças nas habilidades sociais, emocionais, na conduta pessoal e na autoconsciência.[70, 79-82] O quadro pode se iniciar com diferentes manifestações do comportamento social, destacando-se seis grandes domínios da disfunção na cognição que tendem a aparecer de forma independente: i) sintomas precoces que se caracterizam por comportamento de desinibição social – por exemplo, comportamento inapropriado, perda da censura e regras de etiquetas, ou impulsividade; ii) apatia ou inércia; iii) perda precoce da empatia e simpatia – por exemplo, redução do interesse por eventos sociais, falta de sentimentos ou preocupações pelos problemas ou necessidades de pessoas próximas ou da sociedade; iv) comportamento precoce de perseveração em certos comportamentos, atos estereotipados ou compulsivos/ritualísticos – por exemplo, movimentos ou falas estereotipadas; v) mudanças no hábito alimentar ou hiperoralidade, como mudanças nas preferências por certos alimentos, exploração oral de objetos; vi) disfunção nas funções executivas. Pelo menos três dessas características são necessárias para o diagnóstico da

DFT-vc.[70, 76, 77, 80, 83, 84] Todas essas mudanças no comportamento socioemocional estão associadas a um hipometabolismo no córtex orbitofrontal, pré-frontal ventromedial e cingulado anterior, e ínsula e regiões temporais anterior e lateral.[85, 86]

Pacientes com DFT-vc apresentam ao longo da vida diferentes tipos de alterações nos processos cognitivos sociais, levando a uma grande variedade de disfunções comportamentais, desde processos afetivos mais básicos até processos reflexivos e de funções corticais mais elaboradas.[2, 77, 80, 87, 88] Um estudo mais recente propôs a DFT-vc como modelo para estudar a interação entre os processos emocionais, a cognição social e a interocepção.[79] Estudando essa interação, pesquisas ressaltaram a importância da disfunção da ínsula, cuja porção mais anterior está intensamente conectada com a parte mais lateral do córtex orbitofrontal, enquanto a porção posterior se conectaria com o córtex temporal superior.[79, 88-91] Considerando que a literatura aponta para a importância do papel da ínsula anterior como um "*hub*" que integra os circuitos da cognição social, emoção e interocepção, e sabendo que, na DFT-vc, a porção ventral (via frontoinsular) e a porção dorsal são afetadas pelo processo neurodegenerativo,[79, 88] seria correto considerar a variante comportamental da DFT como modelo de estudo para análise da interação entre esses processos.[79]

Quanto ao comportamento emocional, estudos observaram um *déficit* na categorização verbal das expressões faciais, além de tarefas com outras modalidades de estímulos emocionais, incluindo musicais, vocais e corporais.[70, 79, 88, 91, 92] Dessa forma, o *déficit* no reconhecimento emocional observado na DFT-vc é de natureza supramodal.[93] Estudos experimentais também têm demonstrado que os pacientes apresentam supressão anormal da emoção e da experiência de autoconsciência da emoção.[79] Além disso, os pacientes com DFT-vc também apresentam redução na reatividade fisiológica e redução na autodescrição da experiência de repugnância diante de estímulos que provocavam aversão.[94]

Quanto à cognição social, destacando-se que ela apresenta subdomínios, entre eles o reconhecimento emocional, importante no comportamento social,[95] um estudo de metanálise com RNM do encéfalo identificou circuitos que estariam relacionados aos processos convergentes da cognição social com a emoção e a interocepção.[95] Os resultados do estudo deram suporte a um modelo em que a região insular-frontotemporal integraria o circuito da interocepção, emoção e cognição social.[95]

Além disso, considerando os processos básicos de cognição social, pacientes com DFT-vc tendem a exibir anormalidades da percepção emocional relacionadas com dicas sociais, alteração no comportamento empático e alterações nas expressões afetivas que incluem a presença de apatia ou, ao contrário, estado de humor eufórico, jocosidade etc.[70] Os pacientes também podem apresentar distúrbios nos processos cognitivos sociais mais reflexivos, observando-se redução nas habilidades vinculadas à ToM, *déficits* de mentalização, diminuição de sentimentos pró-sociais e redução de comportamento cooperativo de longo prazo.[70, 96-98]

Outra importante alteração encontrada na DFT-vc, descrita nos estudos anatômicos e neuropatológicos, mostra que regiões subcorticais também são afetadas.[99-103] Entre essas estruturas subcorticais, há evidências crescentes de que o corpo estriado é afetado[99, 100, 103, 104] e mostra perda celular significativa em toda a sua região – por exemplo, núcleo accumbens, núcleo caudado e putâmen.[99, 105]

Dessa forma, ao apresentar uma disfunção no processo que integra a cognição social, a emoção e a interocepção, os pacientes com DFT-vc tendem a apresentar, clinicamente, alterações comportamentais catastróficas para o ambiente social. Variando de comportamentos extremamente apáticos até uma desinibição e impulsividade exageradas, esses pacientes desenvolvem dificuldades na interação social e no processamento dos sinais sociais, sugerindo uma estreita interação entre a cognição social e as doenças neurop-siquiátricas.[69, 70, 106] Os pacientes também podem apresentar comportamentos criminosos, *déficits* nas tomadas de decisão envolvendo julgamento moral e distúrbios sexuais graves (hipersexualidade, exibicionismo).[70, 79, 107, 108]

Quanto à variante da DFT que afeta a linguagem, denominada Afasia Primária Progressiva (APP), incluindo APPvs, APPvnf e APPvl, evidências apontam para várias alterações no comportamento social e nos processos cognitivos sociais. Déficits no reconhecimento facial e emocional e nos processos da ToM são descritos na APPvs e na APPvnf.[70, 109]

Estudos de análise comparativa regional da substância cinzenta relacionada ao *déficit* da cognição social revelaram um conjunto de áreas dissociadas na região temporoinsular para APPvs e APPvnf.[110] A presença de atrofia bilateral do giro fusiforme posterior, córtex insular bilateral e lobo temporal anterior na APPvnf parece ocasionar uma disfunção no reconhecimento facial e da emoção.[70, 110] Na APPvs, tem sido descrita com maior ênfase a relação entre o *déficit* de reconhecimento emocional e a atrofia nas estruturas do córtex temporal esquerdo e da amígdala.[111] Por fim, na APPvs, o *déficit* na ToM tem sido relacionado com uma atrofia no lobo temporal esquerdo e no córtex frontal medial, enquanto na APPnf ocorre uma atrofia de predomínio no córtex insular e no polo temporal.[112]

Quando falamos sobre as alterações no comportamento social em pacientes com DFT, devemos considerar que diferentes circuitos que participam da modulação dos processos sociais podem ser afetados em maior ou menor proporção, e, dependendo da rede neural afetada, diferentes *déficits* na cognição social podem surgir.[22, 70, 109, 113-115] Para melhor entender as disfunções que ocorrem na DFT, faz-se necessária a compreensão das três principais redes que estão comprometidas: rede de saliência, rede de atenção dorsal e rede em modo padrão ou DMN.[70] A rede de saliência, composta de córtex cingulado anterior, ínsula, estriado e amígdala, geralmente se encontra ativada em indivíduos normais durante tarefas que exigem seleção atencional, mudança de foco atencional e autorregulação do comportamento. Em indivíduos com DFT, como consequência da atrofia que ocorre na rede de saliência e suas conexões, a disfunção tende a ocorrer, particularmente, no córtex da ínsula, especialmente na região ventral frontoinsular e dorsal-anterior, estrutura-chave da rede de saliência, altamente conectada com a porção anterior do córtex orbitofrontal lateral, enquanto sua porção posterior se conecta com o córtex temporal superior.[70, 116] Além disso, a degeneração das áreas conectadas que formam um "*hub*" com a região insular também está relacionada com uma disfunção do reconhecimento emocional e processamento da cognição social da interocepção.[70, 79, 95]

Considerando-se as disfunções das funções executivas que também são descritas na DFT, vale salientar a importância da rede em modo padrão (DMN) e da rede dorsal da atenção (RDA). Um aumento anormal na conectividade dessas redes parece ser o ponto-chave do declínio nas funções executivas e atencionais, bem como no comportamento apático dos pacientes com DFT.[117, 118] Estudos também revelam que existe uma alteração funcional por desconexão frontolímbica que leva a uma hiperconectividade compensatória nas áreas frontais, em resposta à ausência de *feedback* afetivo durante o planejamento e a execução de uma resposta comportamental.[118]

Fazem-se necessários mais estudos para entender os circuitos disfuncionais que afetam a cognição social na DFT. No entanto, os avanços nas pesquisas com neuroimagem funcional têm permitido aprofundar e elaborar teorias e propor biomarcadores para esse tipo de patologia.

Disfunção da cognição social na doença de Alzheimer

A doença de Alzheimer é a mais frequente síndrome demencial, caracterizada tipicamente por uma perda precoce e progressiva da memória episódica. Do ponto de vista do *déficit* na cognição social, deve-se considerar que a degeneração neuronal segue uma progressão que se inicia pela região hipocampal, pelo córtex entorrinal, pelo cíngulo posterior e, subsequentemente, córtex temporal, parietal e frontal.[70, 119] Diferentemente da DFT-vc, na qual o *déficit* da cognição social tende a ocorrer precocemente, na doença de Alzheimer, quando se segue o curso da evolução da degeneração neuronal observada por Braak e Braak (1995),[119, 120] a disfunção da cognição social ocorrerá mais evidentemente nos estágios moderados e avançados. No entanto, o comprometimento das funções sociais também pode ocorrer precocemente na doença de Alzheimer, porém, nesse caso, elas serão secundárias ao declínio na cognição geral, como memória, linguagem e funções executivas.[70, 121, 122] Outra disfunção observada na doença de Alzheimer, apesar de ser menos frequente do que na DFT-vc, refere-se ao comprometimento no circuito da Teoria da Mente (ToM), com perda da empatia e *déficit* de reconhecimento facial, além de alterações no comportamento social, apresentando desinibição, apatia etc.[123]

Ressaltamos que a apatia parece ser uma das alterações comportamentais que mais afetam a vida social e um dos sintomas neuropsiquiátricos mais prevalentes na doença de Alzheimer.[124]

Vale salientar também que, na doença de Alzheimer, a perda da empatia cognitiva (por exemplo, a habilidade para compreender), ocorre no contexto de uma relativa preservação da empatia afetiva (por exemplo, a habilidade de compartilhar). Esse padrão de disfunção e preservação de tipos de empatia tem sido relacionado com a vulnerabilidade das redes neurais centradas na região frontoinsular, região esta fundamental na integridade das funções sociais.[125] No entanto, os achados revelam que *déficits* cognitivos sociais observados na DA originam-se largamente como consequência de uma disfunção cognitiva global, mais do que uma perda da empatia por si. O que seria totalmente diferente da DFT-vc, na qual a perda da empatia reflete uma deterioração da rede frontoinsular e das estruturas temporais.[70, 125]

Finalmente observou-se que pacientes com DA podem apresentar uma pobre autoconsciência das suas limitações funcionais, as quais podem exacerbar suas anormalidades comportamentais e a confiabilidade do paciente.[70]

Há alguns anos, apresentei um trabalho no Congresso Internacional da Sociedade de Neuropsicanálise intitulado "Agressividade, ternura e erotismo na doença de Alzheimer". Esse estudo foi realizado quando nos deparamos com pacientes que, tendo o mesmo diagnóstico, com estudos e testes preenchendo os critérios para uma provável doença de Alzheimer, apresentavam diferentes manifestações comportamentais que afetavam sua vida social e familiar. Obviamente, poderíamos considerar que um paciente com um quadro de hipersexualidade estaria com comprometimento do sistema de controle inibitório do circuito orbitofrontal etc. De fato, inicialmente, nossos olhares se voltaram para as questões neurofuncionais e neuroquímicas, como se a doença que provocava essas alterações comportamentais e sociais fosse algo puramente da esfera orgânica. Mas havia algo além que causava uma curiosidade sem precedentes: a história de vida de cada um. A paciente com o quadro de extrema agressividade e agitação direcionava toda a sua ira para sua única filha e a chamava pelo nome da sua mãe. De fato, a filha tinha as feições parecidas com as da avó materna. O mais interessante foi descobrir que essa paciente passou a vida sofrendo graves e intensos abusos físicos dessa mãe perversa. O segundo paciente apresentava um comportamento social extremamente perturbador para os filhos. Com total falta de controle inibitório, hipersexualidade e exibicionismo, passava o dia manipulando os órgãos genitais, bem como abordando as empregadas e as pessoas na rua. A história de vida desse paciente era muito peculiar, pois, sendo filho caçula de uma família com dois irmãos homens, o pai escolheu um para ser médico, outro para ser advogado e ele para ser padre. Assim, foi colocado em um mosteiro aos 8 anos de idade, saindo de lá somente aos 28 anos, quando o pai faleceu e o paciente resolveu abandonar a batina e se casar. Mas os seus filhos diziam que, mesmo casado, o pai tinha um comportamento extremamente reprimido, rígido com todos, e se comportava como se fosse padre. Era um santo! Os filhos não entendiam e se chocavam com aquele pai irreconhecível. Por fim, o terceiro caso trazia um fato curioso. Era uma paciente que chegou ao consultório com fala infantil, uma boneca com chupeta e querendo sentar no colo do filho, recusan-do-se a ficar na cadeira da avaliação. O filho, por sua vez, trazia uma história dessa mãe misturada com muito afeto e compaixão. Primeiro, essa mãe nunca havia lhe dado um beijo ou um abraço, era uma provedora implacável, nada faltava, mas não tinha ali afeto, ternura. A sua história de vida traumática começou aos 7 anos de idade, quando perdeu seu pai e, como filha mais velha, teve que trabalhar para cuidar da mãe e de três irmãs. Por sorte, foi trabalhar na casa de um dono de engenho, e a senhora da casa, por compaixão, estimulou que a paciente estudasse. Assim, ela se tornou advogada, juíza e desembargadora. Sua vida foi escrita na ausência da ternura e da criança que não pôde existir por toda uma vida. Por outro lado, teve que sobreviver a uma inscrição traumática de "autoescravidão", imposta pelas contingências sociais.

Olhando pelo viés neurocientífico, podemos apenas interpretar essas alterações do comportamento social como uma disfunção nos circuitos que integram a rede da emoção, motivação, recompensa, do cérebro social e do circuito frontossubcortical. No entanto, por mais que dominemos todos esses conhecimentos, não conseguiremos explicar a relação tão visível e intensa entre a história de vida e as manifestações apresentadas. Só nos resta, então, convidar a teoria psicanalítica para sentar à nossa mesa e nos ajudar a entender e conduzir esses pacientes e seus familiares. Caso contrário, estaríamos condenando os pacientes com demência a ter, depois de tantas perdas na vida, negado o seu direito de possuir uma alma!

Considerações finais

Concluindo, podemos afirmar que estudar as disfunções sociais relacionadas às doenças neuropsiquiátricas amplia o nosso olhar para o entendimento de que certos transtornos influenciam diretamente as nossas relações com o outro. Essa relação com o outro também é uma fonte de adoecimento e sofrimento. Quando falamos do ser humano, estamos sempre nos deparando com transtornos neuropsiquiátricos. Como seres possuidores de um sistema nervoso mais desenvolvido, estamos em constante relação com o meio ambiente e com os vínculos sociais e afetivos. Além disso, possuímos algo que nos diferencia de todas as outras espécies: nós, supostamente, desdobramos o nosso psiquismo em uma consciência e em um inconsciente. E somente temos um inconsciente porque existe esse consciente. Sabemos que o inconsciente não é um indivíduo dentro de um indivíduo, o inconsciente é uma potência de energia que a transforma algo. Esse algo é o que existe no nosso corpo e no nosso psiquismo. Em outras palavras, estamos sempre no limite inferior entre o psíquico e o somático. Adoecemos porque somos afetados por nossas relações sociais, ambientais e afetivas, bem como por fatores epigenéticos e, sem dúvida, por algo mais poderoso que tudo transforma: nosso sujeito inconsciente. Estamos em constante luta na busca de um equilíbrio entre as pressões do mundo e as demandas fisiológicas e psíquicas das nossas pulsões. Eis o motivo de tanto adoecimento: a ruptura do aparelho que amortece os choques violentos que recebemos constantemente dos dois sistemas.

Referências

1. Kennedy, D. P., Adolphs, R. (2012). The social brain in psychiatric and neurological disorders. *Trends Cogn Sci*, 16(11), 559-72.

2. Porcelli, S., Van Der Wee, N., van der Werff, S., Aghajani, M., Glennon, J. C., van Heukelum, S., Mogavero, F., Lobo, A., Olivera, F. J., Lobo, E., Posadas, M., Dukart, J., Kozak, R., Arce, E., Ikram, A., Vorstman, J., Bilderbeck, A., Saris, I., Kas, M. J., Serretti, A. (2019). Social brain, social dysfunction and social withdrawal. *Neurosci Biobehav Rev*, 97, 10-33.

3. Addington, J., Girard, T. A., Christensen, B. K., Addington, D. (2010). Social cognition mediates illness-related and cognitive influences on social function in patients with schizophrenia-spectrum disorders. *J Psychiatry Neurosci*, 35(1), 49-54.

4. Addington, J., Liu, L., Perkins, D. O., Carrion, R. E., Keefe, R. S., Woods, S. W. (2017). The role of cognition and social functioning as predictors in the transition to psychosis for youth with attenuated psychotic symptoms. *Schizophr Bull*, 43(1), 57-63.

5. Addington, J., McCleary, L., Munroe-Blum, H. (1998). Relationship between cognitive and social dysfunction in schizophrenia. *Schizophr Res*, 34(1-2), 59-66.

6. Addington, J., Penn, D., Woods, S. W., Addington, D., Perkins, D. O. (2008). Social functioning in individuals at clinical high risk for psychosis. *Schizophr Res*, 99(1-3), 119-24.

7. Addington, J., Piskulic, D. (2011). Social cognition and functional outcome are separate domains in schizophrenia. *Schizophr Res*, 127(1-3), 262-3.

8. Addington, J., Saeedi, H., Addington, D. (2006). Influence of social perception and social knowledge on cognitive and social functioning in early psychosis. *Br J Psychiatry*, 189, 373-8.

9.   Addington, J., van der Gaag, M. (2015). Psychosocial treatments for clinical high-risk individuals. *Schizophr Bull*, 41(1), 22.

10. Harvey, P. D., Penn, D. (2010). Social cognition: the key factor predicting social outcome in people with schizophrenia? *Psychiatry* (Edgmont), 7(2), 41-4.

11. Wynn, J. K., Sugar, C., Horan, W. P., Kern, R., Green, M. F. (2010). Mismatch negativity, social cognition, and functioning in schizophrenia patients. *Biol Psychiatry*, 67(10), 940-7.

12. Ziv, I., Leiser, D., Levine, J. (2011). Social cognition in schizophrenia: cognitive and affective factors. *Cogn Neuropsychiatry*, 16(1), 71-91.

13. Van Randenborgh, A., de Jong-Meyer, R., Huffmeier, J. (2010). Decision making in depression: differences in decisional conflict between healthy and depressed individuals. *Clin Psychol Psychother*, 17(4), 285-98.

14. Freer, J. P. (1993). Depression and decision making. *J Am Geriatr Soc*, 41(3), 345-6.

15. Denninger, J. W., van Nieuwenhuizen, A. O., Wisniewski, S. R., Luther, J. F., Trivedi, M. H., Rush, A. J., Gollan, J. K., Pizzagalli, D. A., Fava, M. (2011). Changes in depressive symptoms and social functioning in the sequenced treatment alternatives to relieve depression study. *J Nerv Ment Dis*, 199(10), 807-10.

16. Malagon-Amor, A., Corcoles-Martinez, D., Martin-Lopez, L. M., Perez-Sola, V. (2015). Hikikomori in Spain: a descriptive study. *Int J Soc Psychiatry*, 61(5), 475-83.

17. Kato, T. A., Kanba, S., Teo, A. R. (2019). Hikikomori: Multidimensional understanding, assessment and future international perspectives. *Psychiatry Clin Neurosci*.

18. Teo, A. R., Fetters, M. D., Stufflebam, K., Tateno, M., Balhara, Y., Choi, T. Y., Kanba, S., Mathews, C. A., Kato, T. A. (2015).

Identification of the hikikomori syndrome of social withdrawal: Psychosocial features and treatment preferences in four countries. *Int J Soc Psychiatry*, 61(1), 64-72.

19. Li, T. M., Wong, P. W. (2015). Youth social withdrawal behavior (hikikomori): A systematic review of qualitative and quantitative studies. *Aust N Z J Psychiatry*, 49(7), 595-609.

20. Rolls, E. T., Hornak, J., Wade, D., McGrath, J. (1994). Emotion--related learning in patients with social and emotional changes associated with frontal lobe damage. *J Neurol Neurosurg Psychiatry*, 57(12), 1518-24.

21. Teffer, K., Semendeferi, K. (2012). Human prefrontal cortex: evolution, development, and pathology. *Prog Brain Res*, 195, 191-218.

22. Tekin, S., Cummings, J. L. (2002). Frontal-subcortical neuronal circuits and clinical neuropsychiatry: an update. *J Psychosom Res*, 53(2), 647-54.

23. Gregory, C., Lough, S., Stone, V., Erzinclioglu, S., Martin, L., Baron-Cohen, S., Hodges, J. R. (2002). Theory of mind in patients with frontal variant frontotemporal dementia and Alzheimer's disease: theoretical and practical implications. *Brain*, 125(Pt 4), 752-64.

24. Snowden, J. S., Gibbons, Z. C., Blackshaw, A., Doubleday, E., Thompson, J., Craufurd, D., Foster, J., Happe, F., Neary, D. (2003). Social cognition in frontotemporal dementia and Huntington's disease. *Neuropsychologia*, 41(6), 688-701.

25. Roca, M., Torralva, T., Gleichgerrcht, E., Chade, A., Arevalo, G. G., Gershanik, O., Manes, F. (2010). Impairments in social cognition in early medicated and unmedicated Parkinson disease. *Cogn Behav Neurol*, 23(3), 152-8.

26. Supekar, K., Menon, V., Rubin, D., Musen, M., Greicius, M. D. (2008). Network analysis of intrinsic functional brain connectivity in Alzheimer's disease. *PLoS Comput Biol*, 4(6), e1000100.

27. Bonelli, R. M., Cummings, J. L. (2008). Frontal-subcortical dementias. *Neurologist*, 14(2), 100-7.

28. Cummings, J. L. (1993). The neuroanatomy of depression. *J Clin Psychiatry*, 54 Suppl, 14-20.

29. Sparks, A., McDonald, S., Lino, B., O'Donnell, M., Green, M. J. (2010). Social cognition, empathy and functional outcome in schizophrenia. *Schizophr Res*, 122(1-3), 172-8.

30. Brunet-Gouet, E., Achim, A. M., Vistoli, D., Passerieux, C., Hardy-Bayle, M. C., Jackson, P. L. (2011). The study of social cognition with neuroimaging methods as a means to explore future directions of deficit evaluation in schizophrenia? *Psychiatry Res*, 190(1), 23-31.

31. Brune, M., Juckel, G. (2010). [Social cognition in schizophrenia. Mentalising and psychosocial functioning]. *Nervenarzt*, 81(3), 339-46.

32. Green, M. F., Leitman, D. I. (2008). Social cognition in schizophrenia. *Schizophr Bull*, 34(4), 670-2.

33. Fett, A. K., Viechtbauer, W., Dominguez, M. D., Penn, D. L., van Os, J., Krabbendam, L. (2011). The relationship between neurocognition and social cognition with functional outcomes in schizophrenia: a meta-analysis. *Neurosci Biobehav Rev*, 35(3), 573-88.

34. Couture, S. M., Penn, D. L., Roberts, D. L. (2006). The functional significance of social cognition in schizophrenia: a review. *Schizophr Bull*, 32(Suppl 1), S44-63.

35. Adolphs, R. (2002). Neural systems for recognizing emotion. *Curr Opin Neurobiol*, 12(2), 169-77.

36. Hamann, S. B., Stefanacci, L., Squire, L. R., Adolphs, R., Tranel, D., Damásio, H., Damásio, A. (1996). Recognizing facial emotion. *Nature*, 379(6565), 497.

37. Eack, S. M., Mermon, D. E., Montrose, D. M., Miewald, J., Gur, R. E., Gur, R. C., Sweeney, J. A., Keshavan, M. S. (2010). Social cognition deficits among individuals at familial high risk for schizophrenia. *Schizophr Bull*, 36(6), 1081-8.

38. Cornblatt, B. A., Carrion, R. E., Addington, J., Seidman, L., Walker, E. F., Cannon, T. D., Cadenhead, K. S., McGlashan, T. H., Perkins, D. O., Tsuang, M. T., Woods, S. W., Heinssen, R., Lencz, T. (2012). Risk factors for psychosis: impaired social and role functioning. *Schizophr Bull*, 38(6), 1247-57.

39. Krause, M., Theiss, C., Brune, M. (2017). Ultrastructural alterations of von economo neurons in the anterior cingulate cortex in schizophrenia. *Anat Rec* (Hoboken), 300(11), 2017-24.

40. Cusi, A. M., Nazarov, A., Holshausen, K., Macqueen, G. M., McKinnon, M. C. (2012). Systematic review of the neural basis of social cognition in patients with mood disorders. *J Psychiatry Neurosci*, 37(3), 154-69.

41. Kessler, R. C., Berglund, P., Demler, O., Jin, R., Koretz, D., Merikangas, K. R., Rush, A. J., Walters, E. E., Wang, P. S. (2003). The epidemiology of major depressive disorder: results from the National Comorbidity Survey Replication (NCS-R). *JAMA*, 289(23), 3095-105.

42. Zhang, H. J., Sun, D., Lee, T. M. (2012). Impaired social decision making in patients with major depressive disorder. *Brain Behav*, 2(4), 415-23.

43. Harle, K. M., Allen, J. J., Sanfey, A. G. (2010). The impact of depression on social economic decision making. *J Abnorm Psychol*, 119(2), 440-6.

44. McCullough, J. P., Jr. (2003). Treatment for chronic depression using Cognitive Behavioral Analysis System of Psychotherapy (CBASP). *J Clin Psychol*, 59(8), 833-46.

45. Radford, M. H., Nakane, Y., Ohta, Y., Mann, L., Kalucy, R. S. (1991). Decision making in clinically depressed patients. A transcultural social psychological study. *J Nerv Ment Dis*, 179(12), 711-9.

46. Adolphs, R. (2009). The social brain: neural basis of social knowledge. *Annu Rev Psychol*, 60, 693-716.

47. Drevets, W. C., Price, J. L., Furey, M. L. (2008). Brain structural and functional abnormalities in mood disorders: implications for neurocircuitry models of depression. *Brain Struct Funct*, 213(1-2), 93-118.

48. Drevets, W. C. (2007). Orbitofrontal cortex function and structure in depression. *Ann N Y Acad Sci*, 1121, 499-527.

49. Drevets, W. C. (2003). Neuroimaging abnormalities in the amygdala in mood disorders. *Ann N Y Acad Sci*, 985, 420-44.

50. Drevets, W. C. (2001). Neuroimaging and neuropathological studies of depression: implications for the cognitive-emotional features of mood disorders. *Curr Opin Neurobiol*, 11(2), 240-9.

51. Drevets, W. C., Savitz, J., Trimble, M. (2008). The subgenual anterior cingulate cortex in mood disorders. *CNS Spectr*, 13(8), 663-81.

52. Ongur, D., Lundy, M., Greenhouse, I., Shinn, A. K., Menon, V., Cohen, B. M., Renshaw, P. F. (2010). Default mode network abnormalities in bipolar disorder and schizophrenia. *Psychiatry Res*, 183(1), 59-68.

53. Pizzagalli, D. A. (2011). Frontocingulate dysfunction in depression: toward biomarkers of treatment response. *Neuropsychopharmacology*, 36(1), 183-206.

54. Lane, R. D., Reiman, E. M., Bradley, M. M., Lang, P. J., Ahern, G. L., Davidson, R. J., Schwartz, G. E. (1997). Neuroanatomical correlates of pleasant and unpleasant emotion. *Neuropsychologia*, 35(11), 1437-44.

55. Reiman, E. M., Lane, R. D., Ahern, G. L., Schwartz, G. E., Davidson, R. J., Friston, K. J., Yun, L. S., Chen, K. (1997). Neuroanatomical correlates of externally and internally generated human emotion. *Am J Psychiatry*, 154(7), 918-25.

56. Cusi, A. M., Macqueen, G. M., McKinnon, M. C. (2012). Patients with bipolar disorder show impaired performance on complex tests of social cognition. *Psychiatry Res*, 200(2-3), 258-64.

57. Washburn, D., Wilson, G., Roes, M., Rnic, K., Harkness, K. L. (2016). Theory of mind in social anxiety disorder, depression, and comorbid conditions. *J Anxiety Disord*, 37, 71-7.

58. Hezel, D. M., McNally, R. J. (2014). Theory of mind impairments in social anxiety disorder. *Behav Ther*, 45(4), 530-40.

59. Goldin, P. R., Manber, T., Hakimi, S., Canli, T., Gross, J. J. (2009). Neural bases of social anxiety disorder: emotional reactivity and cognitive regulation during social and physical threat. *Arch Gen Psychiatry*, 66(2), 170-80.

60. Taylor, S. F., Phan, K. L., Decker, L. R., Liberzon, I. (2003). Subjective rating of emotionally salient stimuli modulates neural activity. *Neuroimage*, 18(3), 650-9.

61. Grimm, S., Schmidt, C. F., Bermpohl, F., Heinzel, A., Dahlem, Y., Wyss, M., Hell, D., Boesiger, P., Boeker, H., Northoff, G. (2006). Segregated neural representation of distinct emotion dimensions in the prefrontal cortex-an fMRI study. *Neuroimage*, 30(1), 325-40.

62. Lord, C., Elsabbagh, M., Baird, G., Veenstra-Vanderweele, J. (2018). Autism spectrum disorder. *Lancet*, 392(10146), 508-520.

63. Pinkham, A. E., Hopfinger, J. B., Pelphrey, K. A., Piven, J., Penn, D. L. (2008). Neural bases for impaired social cognition in schizophrenia and autism spectrum disorders. *Schizophr Res*, 99(1-3), 164-75.

64. Patriquin, M. A., DeRamus, T., Libero, L. E., Laird, A., Kana, R. K. (2016). Neuroanatomical and neurofunctional markers of social cognition in autism spectrum disorder. *Hum Brain Mapp*, 37(11), 3957-78.

65. Baron-Cohen, S., Ring, H. A., Bullmore, E. T., Wheelwright, S., Ashwin, C., Williams, S. C. (2000). The amygdala theory of autism. *Neurosci Biobehav Rev*, 24(3), 355-64.

66. Kaiser, M. D., Hudac, C. M., Shultz, S., Lee, S. M., Cheung, C., Berken, A. M., Deen, B., Pitskel, N. B., Sugrue, D. R., Voos, A. C., Saulnier, C. A., Ventola, P., Wolf, J. M., Klin, A., Vander Wyk, B. C., Pelphrey, K. A. (2010). Neural signatures of autism. *Proc Natl Acad Sci U S A*, 107(49), 21223-8.

67. Spencer, M. D., Holt, R. J., Chura, L. R., Suckling, J., Calder, A. J., Bullmore, E. T., Baron-Cohen, S. (2011). A novel functional brain imaging endophenotype of autism: the neural response to facial expression of emotion. *Transl Psychiatry*, 1, e19.

68. Ibanez, A., Kuljis, R. O., Matallana, D., Manes, F. (2014). Bridging psychiatry and neurology through social neuroscience. *World Psychiatry*, 13(2), 148-9.

69. Ibanez, A., Manes, F. (2012). Contextual social cognition and the behavioral variant of frontotemporal dementia. *Neurology*, 78(17), 1354-62.

70. Christidi, F., Migliaccio, R., Santamaria-Garcia, H., Santangelo, G., Trojsi, F. (2018). Social cognition dysfunctions in neurodegenerative diseases: neuroanatomical correlates and clinical implications. *Behav Neurol*, 1849794.

71. Kober, H., Barrett, L. F., Joseph, J., Bliss-Moreau, E., Lindquist, K., Wager, T. D. (2008). Functional grouping and cortical--subcortical interactions in emotion: a meta-analysis of neuroimaging studies. *Neuroimage*, 42(2), 998-1031.

72. Kohler, C. G., Turner, T. H., Gur, R. E., Gur, R. C. (2004). Recognition of facial emotions in neuropsychiatric disorders. *CNS Spectr*, 9(4), 267-74.

73. Adolphs, R. (2008). Fear, faces, and the human amygdala. *Curr Opin Neurobiol*, 18(2), 166-72.

74. Gorno-Tempini, M. L., Hillis, A. E., Weintraub, S., Kertesz, A., Mendez, M., Cappa, S. F., Ogar, J. M., Rohrer, J. D., Black, S., Boeve, B. F., Manes, F., Dronkers, N. F., Vandenberghe, R., Rascovsky, K., Patterson, K., Miller, B. L., Knopman, D. S., Hodges, J. R., Mesulam, M. M., Grossman, M. (2011). Classification of primary progressive aphasia and its variants. *Neurology*, 76(11), 1006-14.

75. Wilson, S. M., Ogar, J. M., Laluz, V., Growdon, M., Jang, J., Glenn, S., Miller, B. L., Weiner, M. W., Gorno-Tempini, M. L. (2009). Automated MRI-based classification of primary progressive aphasia variants. *Neuroimage*, 47(4), 1558-67.

76. Cummings, J. L. (1993). Frontal-subcortical circuits and human behavior. *Arch Neurol*, 50(8), 873-80.

77. Piguet, O., Hornberger, M., Mioshi, E., Hodges, J. R. (2011). Behavioural-variant frontotemporal dementia: diagnosis, clinical staging, and management. *Lancet Neurol*, 10(2), 162-72.

78. Bonner, M. F., Ash, S., Grossman, M. (2010). The new classification of primary progressive aphasia into semantic, logopenic, or nonfluent/agrammatic variants. *Curr Neurol Neurosci Rep*, 10(6), 484-90.

79. Van den Stock, J., Kumfor, F. (2019). Behavioural variant fronto-temporal dementia: at the interface of interoception, emotion and social cognition? *Cortex*, 115, 335-340.

80. Rascovsky, K., Hodges, J. R., Knopman, D., Mendez, M. F., Kramer, J. H., Neuhaus, J., van Swieten, J. C., Seelaar, H., Dopper, E. G., Onyike, C. U., Hillis, A. E., Josephs, K. A., Boeve, B. F., Kertesz, A., Seeley, W. W., Rankin, K. P., Johnson, J. K., Gorno-Tempini, M. L., Rosen, H., Prioleau-Latham, C. E., Lee, A., Kipps, C. M., Lillo, P., Piguet, O., Rohrer, J. D., Rossor, M. N., Warren, J. D., Fox, N. C., Galasko, D., Salmon, D. P., Black, S. E., Mesulam, M., Weintraub, S., Dickerson, B. C., Diehl-Schmid, J., Pasquier, F., Deramecourt, V., Lebert, F., Pijnenburg, Y., Chow, T. W., Manes, F., Grafman, J., Cappa, S. F., Freedman, M., Grossman, M., Miller, B. L. (2011). Sensitivity of revised diagnostic criteria for the behavioural variant of frontotemporal dementia. *Brain*, 134(Pt 9), 2456-77.

81. Zahn, R., Green, S., Beaumont, H., Burns, A., Moll, J., Caine, D., Gerhard, A., Hoffman, P., Shaw, B., Grafman, J., Lambon Ralph, M. A. (2017). Frontotemporal lobar degeneration and social behaviour: dissociation between the knowledge of its consequences and its conceptual meaning. *Cortex*, 93, 107-118.

82. Waldo, M. L. (2015). The frontotemporal dementias. *Psychiatr Clin North Am*, 38(2), 193-209.

83. Moheb, N., Charuworn, K., Ashla, M. M., Desarzant, R., Chavez, D., Mendez, M. F. (2019). Repetitive behaviors in frontotemporal dementia: compulsions or impulsions? *J Neuropsychiatry Clin Neurosci*, 31(2), 132-6.

84. Mendez, M. F., Fong, S. S., Shapira, J. S., Jimenez, E. E., Kaiser, N. C., Kremen, S. A., Tsai, P. H. (2014). Observation of social behavior in frontotemporal dementia. *Am J Alzheimers Dis Other Demen*, 29(3), 215-21.

85. Barsuglia, J. P., Kaiser, N. C., Wilkins, S. S., Joshi, A., Barrows, R. J., Paholpak, P., Panchal, H. V., Jimenez, E. E., Mather, M. J., Mendez, M. F. (2014). A scale of socioemotional dysfunction in frontotemporal dementia. *Arch Clin Neuropsychol*, 29(8), 793-805.

86. Olney, N. T., Spina, S., Miller, B. L. (2017). Frontotemporal Dementia. *Neurol Clin*, 35(2), 339-374.

87. Poletti, M., Enrici, I., Adenzato, M. (2012). Cognitive and affective Theory of Mind in neurodegenerative diseases: neuropsychological, neuroanatomical and neurochemical levels. *Neurosci Biobehav Rev*, 36(9), 2147-64.

88. Seeley, W. W., Zhou, J., Kim, E. J. (2012). Frontotemporal dementia: what can the behavioral variant teach us about human brain organization? *Neuroscientist*, 18(4), 373-85.

89. Gogolla, N. (2017). The insular cortex. *Curr Biol*, 27(12), R580-R586.

90. Lamm, C., Singer, T. (2010). The role of anterior insular cortex in social emotions. *Brain Struct Funct*, 214(5-6), 579-91.

91. Seeley, W. W., Merkle, F. T., Gaus, S. E., Craig, A. D., Allman, J. M., Hof, P. R. (2012). Distinctive neurons of the anterior cingulate and frontoinsular cortex: a historical perspective. *Cereb Cortex*, 22(2), 245-50.

92. Kumfor, F., Honan, C., McDonald, S., Hazelton, J. L., Hodges, J. R., Piguet, O. (2017). Assessing the "social brain" in dementia: Applying TASIT-S. *Cortex*, 93, 166-77.

93. Van den Stock, J., De Winter, F. L., de Gelder, B., Rangarajan, J. R., Cypers, G., Maes, F., Sunaert, S., Goffin, K., Vandenberghe, R., Vandenbulcke, M. (2015). Impaired recognition of body expressions in the behavioral variant of frontotemporal dementia. *Neuropsychologia*, 75, 496-504.

94. Eckart, J. A., Sturm, V. E., Miller, B. L., Levenson, R. W. (2012). Diminished disgust reactivity in behavioral variant frontotemporal dementia. *Neuropsychologia*, 50(5), 786-90.

95. Adolfi, F., Couto, B., Richter, F., Decety, J., Lopez, J., Sigman, M., Manes, F., Ibanez, A. (2017). Convergence of interoception, emotion, and social cognition: a twofold fMRI meta-analysis and lesion approach. *Cortex*, 88, 124-42.

96. Baez, S., Garcia, A. M., Ibanez, A. (2017). The social context network model in psychiatric and neurological diseases. *Curr Top Behav Neurosci*, 30, 379-96.

97. Baez, S., Morales, J. P., Slachevsky, A., Torralva, T., Matus, C., Manes, F., Ibanez, A. (2016). Orbitofrontal and limbic signatures of empathic concern and intentional harm in the behavioral variant frontotemporal dementia. *Cortex*, 75, 20-32.

98. Sturm, V. E., Perry, D. C., Wood, K., Hua, A. Y., Alcantar, O., Datta, S., Rankin, K. P., Rosen, H. J., Miller, B. L., Kramer, J. H. (2017). Prosocial deficits in behavioral variant frontotemporal dementia relate to reward network atrophy. *Brain Behav*, 7(10), e00807.

99. Looi, J. C., Svensson, L., Lindberg, O., Zandbelt, B. B., Ostberg, P., Orndahl, E., Wahlund, L. O. (2009). Putaminal volume in frontotemporal lobar degeneration and Alzheimer disease: differential volumes in dementia subtypes and controls. *AJNR Am J Neuroradiol*, 30(8), 1552-60.

100. Looi, J. C., Walterfang, M. (2013). Striatal morphology as a biomarker in neurodegenerative disease. *Mol Psychiatry*, 18(4), 417-24.

101. Looi, J. C., Walterfang, M., Styner, M., Niethammer, M., Svensson, L. A., Lindberg, O., Ostberg, P., Botes, L., Orndahl, E., Chua, P., Velakoulis, D., Wahlund, L. O. (2011). Shape analysis of the

neostriatum in subtypes of frontotemporal lobar degeneration: neuroanatomically significant regional morphologic change. *Psychiatry Res*, 191(2), 98-111.

102. Looi, J. C., Walterfang, M., Velakoulis, D., Macfarlane, M. D., Svensson, L. A., Wahlund, L. O. (2012). Frontotemporal dementia as a frontostriatal disorder: neostriatal morphology as a biomarker and structural basis for an endophenotype. *Aust N Z J Psychiatry*, 46(5), 422-34.

103. Macfarlane, M. D., Jakabek, D., Walterfang, M., Vestberg, S., Velakoulis, D., Wilkes, F. A., Nilsson, C., van Westen, D., Looi, J. C., Santillo, A. F. (2015). Striatal atrophy in the behavioural variant of frontotemporal dementia: correlation with diagnosis, negative symptoms and disease severity. *PLoS One*, 10(6), e0129692.

104. O'Callaghan, C., Bertoux, M., Hornberger, M. (2014). Beyond and below the cortex: the contribution of striatal dysfunction to cognition and behaviour in neurodegeneration. *J Neurol Neurosurg Psychiatry*, 85(4), 371-8.

105. Bertoux, M., O'Callaghan, C., Flanagan, E., Hodges, J. R., Hornberger, M. (2015). Fronto-striatal atrophy in behavioral variant frontotemporal dementia and Alzheimer's disease. *Front Neurol*, 6, 147.

106. Lansdall, C. J., Coyle-Gilchrist, I. T. S., Jones, P. S., Vazquez Rodriguez, P., Wilcox, A., Wehmann, E., Dick, K. M., Robbins, T. W., Rowe, J. B. (2017). Apathy and impulsivity in frontotemporal lobar degeneration syndromes. *Brain*, 140(6), 1792-807.

107. Desmarais, P., Lanctot, K. L., Masellis, M., Black, S. E., Herrmann, N. (2018). Social inappropriateness in neurodegenerative disorders. *Int Psychogeriatr*, 30(2), 197-207.

108. Van den Stock, J., Stam, D., De Winter, F. L., Mantini, D., Szmrecsanyi, B., Van Laere, K., Vandenberghe, R., Vandenbulcke, M.

(2017). Moral processing deficit in behavioral variant fronto-temporal dementia is associated with facial emotion recognition and brain changes in default mode and salience network areas. *Brain Behav*, 7(12), e00843.

109. Reyes, P., Ortega-Merchan, M. P., Rueda, A., Uriza, F., Santamaria-Garcia, H., Rojas-Serrano, N., Rodriguez-Santos, J., Velasco-Leon, M. C., Rodriguez-Parra, J. D., Mora-Diaz, D. E., Matallana, D. (2018). Functional connectivity changes in behavioral, semantic, and nonfluent variants of frontotemporal dementia. *Behav Neurol*, 9684129.

110. Couto, B., Manes, F., Montanes, P., Matallana, D., Reyes, P., Velasquez, M., Yoris, A., Baez, S., Ibanez, A. (2013). Structural neuroimaging of social cognition in progressive non-fluent aphasia and behavioral variant of frontotemporal dementia. *Front Hum Neurosci*, 7, 467.

111. Whitwell, J. L., Sampson, E. L., Watt, H. C., Harvey, R. J., Rossor, M. N., Fox, N. C. (2005). A volumetric magnetic resonance imaging study of the amygdala in frontotemporal lobar degeneration and Alzheimer's disease. *Dement Geriatr Cogn Disord*, 20(4), 238-44.

112. Duval, C., Bejanin, A., Piolino, P., Laisney, M., de La Sayette, V., Belliard, S., Eustache, F., Desgranges, B. (2012). Theory of mind impairments in patients with semantic dementia. *Brain*, 135(Pt 1), 228-41.

113. Carr, A. R., Jimenez, E. E., Thompson, P. M., Mendez, M. F. (2019). Frontotemporal asymmetry in socioemotional behavior: a pilot study in frontotemporal dementia. *Soc Neurosci*, 1-10.

114. Masterman, D. L., Cummings, J. L. (1997). Frontal-subcortical circuits: the anatomic basis of executive, social and motivated behaviors. *J Psychopharmacol*, 11(2), 107-14.

115. Bonelli, R. M., Cummings, J. L. (2007). Frontal-subcortical circuitry and behavior. *Dialogues Clin Neurosci*, 9(2), 141-51.

116. Seeley, W. W. (2010). Anterior insula degeneration in fronto-temporal dementia. *Brain Struct Funct*, 214(5-6), 465-75.

117. Rytty, R., Nikkinen, J., Paavola, L., Abou Elseoud, A., Moilanen, V., Visuri, A., Tervonen, O., Renton, A. E., Traynor, B. J., Kiviniemi, V., Remes, A. M. (2013). GroupICA dual regression analysis of resting state networks in a behavioral variant of frontotemporal dementia. *Front Hum Neurosci*, 7, 461.

118. Farb, N. A., Grady, C. L., Strother, S., Tang-Wai, D. F., Masellis, M., Black, S., Freedman, M., Pollock, B. G., Campbell, K. L., Hasher, L., Chow, T. W. (2013). Abnormal network connectivity in frontotemporal dementia: evidence for prefrontal isolation. *Cortex*, 49(7), 1856-73.

119. Braak, H., Braak, E. (1995). Staging of Alzheimer's disease-related neurofibrillary changes. *Neurobiol Aging*, 16(3), 271-8; discussion 278-84.

120. Braak, H., Alafuzoff, I., Arzberger, T., Kretzschmar, H., Del Tredici, K. (2006). Staging of Alzheimer disease-associated neurofibrillary pathology using paraffin sections and immunocytochemistry. *Acta Neuropathol*, 112(4), 389-404.

121. Kumfor, F., Irish, M., Leyton, C., Miller, L., Lah, S., Devenney, E., Hodges, J. R., Piguet, O. (2014). Tracking the progression of social cognition in neurodegenerative disorders. *J Neurol Neurosurg Psychiatry*, 85(10), 1076-83.

122. Kumfor, F., Irish, M., Hodges, J. R., Piguet, O. (2014). Frontal and temporal lobe contributions to emotional enhancement of memory in behavioral-variant frontotemporal dementia and Alzheimer's disease. *Front Behav Neurosci*, 8, 225.

123. Lindau, M., Almkvist, O., Kushi, J., Boone, K., Johansson, S. E., Wahlund, L. O. (2000). Cummings, J. L., Miller, B. L., First symptoms – frontotemporal dementia versus Alzheimer's disease. *Dement Geriatr Cogn Disord*, 11(5), 286-93.

124. Chau, S. A., Chung, J., Herrmann, N., Eizenman, M., Lanctot, K. L. (2016). Apathy and attentional biases in Alzheimer's disease. *J Alzheimers Dis*, 51(3), 837-46.

125. Dermody, N., Wong, S., Ahmed, R., Piguet, O., Hodges, J. R., Irish, M. (2016). Uncovering the neural bases of cognitive and affective empathy deficits in Alzheimer's disease and the behavioral-variant of frontotemporal dementia. *J Alzheimers Dis*, 53(3), 801-16.

6. Considerações teóricas sobre o aparato mental

Introdução

Nascemos geneticamente preparados para nos conectar com o mundo externo e, assim, construirmos nosso próprio mundo interno. Teoricamente, a função de conexão com esse mundo externo é receber informações e processá-las, de forma integrada e segregada, dentro das redes neurais que modulam nossas respostas comportamentais para uma adaptação ambiental e para as contingências sociais. Por outro lado, a função do nosso mundo interior pode ser pensada como um processo, em que a energia psíquica inconsciente parece atuar sobre a mente consciente, reforçando um comportamento de autopreservação.

Falar sobre o aparato mental humano exige um interesse pela transdisciplinaridade. Com os avanços neurocientíficos, entender os processos cognitivos e comportamentais se tornou o maior foco de vários pesquisadores. Mas, além deste interesse, vários pensadores também ousaram encontrar associações entre os mecanismos inconscientes psicodinâmicos e suas representações sobre a mente consciente e sobre o aparato físico cerebral.

Apesar de existirem muitos estudos neuropsicanalíticos tentando associar os circuitos neurais do comportamento e a teoria psicodinâmica de Freud, falar sobre a estrutura metapsíquica com um viés científico não nos parece possível. No entanto, se focarmos na questão da energia psíquica que "alimenta" o aparato mental, então podemos pensar teoricamente em um diálogo entre a psicanálise, as neurociências e a neurofísica. Em outras palavras, não será objetivo deste capítulo encontrar fundamentos neurocientíficos ou localizações neuroanatômicas cerebrais para o inconsciente, ou para certas estruturas psíquicas como ego, id ou superego. Mais importante para os estudos da neurociência comportamental é entender sobre a teoria freudiana da energia psíquica e como esta, dependendo da intensidade com que é descarregada, poderá se projetar sobre a consciência e os neurocircuitos córtico-subcorticais, modulando diferentes respostas afetivas e cognitivas etc.

Do ponto de vista neurocognitivo, a mente humana é organizada em um sistema hierárquico com uso de representações do mundo e seus estados para um controle comportamental adequado. Esta teoria neurocognitiva bayesiana nos fala que todos os níveis mentais têm como objetivo – e princípio – a correção de erros para a manutenção de um aprendizado e uma preparação para eventos futuros.[1, 2] Uma vez que essas previsões são assertivas, o modelo é reforçado; quando não são assertivas, o modelo é revisado ou atualizado, e novas previsões são geradas para governar o processo de correção.[1, 2] No entanto, as ciências neurocognitivas não conseguem responder a todas as perguntas que envolvem a compreensão dos processos mentais e dos comportamentos mais complexos existentes no aparato mental humano. Geralmente, as pesquisas fornecem dados, mas não respostas, para a questão crítica de causalidade entre os aspectos observados nos estudos psicológicos e os dados mensuráveis dos estudos neurofisiológicos. Ou seja, em certos experimentos comportamentais que usam ferramentas neurofisiológicas, pode-se assumir que determinada tarefa – por exemplo, análise de uma resposta emocional diante de estímulos com expressões faciais diversas – pode provocar a ativação de certos circuitos neurais, porém, não se pode responder como e por que ocorreu essa resposta emocional. É possível responder que o estímulo provocou ativação dos circuitos neurais límbicos, do córtex parietal e da área fusiforme de reconhecimento facial, assumindo-se que esses circuitos estão relacionados com a modulação da resposta emocional para expressões faciais.[3,4] No entanto, não é possível responder quais fatores psíquicos influenciaram o tipo de resposta.

Atualmente, a neurociência cognitiva, que tem como pressuposto confirmar que mecanismos cerebrais fisicamente descritíveis podem ser testados, é um dos métodos utilizados para a pesquisa neuro-comportamental. No entanto, com os avanços tecnológicos, cada dia fica mais evidente que existem processamentos e manipulações de informações que não podem ser resumidos, simplesmente, ao funcionamento do sistema nervoso central e das respostas biológicas. Por exemplo, estudos com treinamentos cognitivo-comportamentais têm mostrado que muitas vezes o ato consciente em um experimento pode alterar intencionalmente o modo como a informação experiencial é processada no nível cerebral.[5] Ou seja, quando se pede para um indivíduo, intencionalmente, imaginar que está movimentando a mão direita, mesmo sem existir o ato motor do movimento, e isto ocasionar uma ativação captada por um exame de imagem funcional na área motora, podemos apenas afirmar que o ato de pensar ativou o circuito motor, mas não podemos explicar como o pensamento influenciou o ato motor e muito menos responder como surgiu a energia psíquica para influenciar a ativação de células nervosas que provocaram uma cascata de respostas comportamentais e cognitivas. Por essa razão, cresce a cada dia o reconhecimento da importân-cia teórica da aplicação de paradigmas experimentais que usam o esforço mental para produzir mudanças sistemáticas e previsíveis nas funções cerebrais.[5, 6] Além disso, estudos recentes mostram que treinamentos mentais repetidos podem, sistematicamente, alterar padrões de circuitos neurais associados com uma variedade de transtornos neuropsiquiátricos, os quais têm sido descritos como neuroplasticidade autodirecionada.[5, 6]

Se pesquisas publicadas mostram que treinamentos cognitivos mentais podem modificar padrões de circuitos neurais, por que não podemos dizer o mesmo dos métodos psicanalíticos? Vários estudos publicados demonstram que a abordagem terapêutica psicanalítica promove modificações de padrões neurais.[7-14] Assim, pode-se sugerir que existe um inconsciente que produz uma quantidade de energia oriunda de fontes exógenas e endógenas. E, dependendo da sua intensidade e do efeito de recalcamento, poderá se projetar como um representante pulsional sobre o pré-consciente e o consciente, influenciando certas manifestações comportamentais. Assim, a psicanálise não poderia ser reconhecida e estudada como outras ciências?

Sabe-se que, do ponto de vista da evolução da espécie, em algum momento do aparecimento do gênero *Homo* um aparato cognitivo primitivo evoluiu de um funcionamento pouco integrado e mais básico em suas funções, voltado principalmente para ações mais instintivas/primitivas e formado por uma linguagem primordialmente social, para o aparecimento de um funcionamento cognitivo mais sofisticado, associado a uma linguagem e a um pensamento simbólico refinado e rico.[15-20] Essa evolução fez com que os humanos pudessem desenvolver uma capacidade única de possuir uma estrutura cerebral e psíquica, criando consciência de si e do mundo, ou seja, da percepção do seu eu, dos seus desejos e da existência de um outro. Deixamos de ser primitivos e autômatos e alcançamos níveis mais altos de controle cognitivo. Assim, desenvolvemos sistemas metacognitivos que nos permitiram, enquanto humanos, refletir e deliberar sobre nossos comportamentos. Talvez esses mecanismos metacognitivos tenham nos libertado de automatismos mais rígidos, como os controles por rotinas direcionadas ao ambiente envolvido, tornando nossos processos mentais mais criativos, interativos e elaborados.[18, 21-27]

Apesar de tamanha evolução e sofisticação do aparato mental consciente e das redes de conectividade neurais, não conseguimos dar conta de termos total controle sobre nossos afetos e reações emocionais. Ou seja, não aprendemos a controlar as pulsões mais inconscientes, que seriam as fontes das nossas angústias e dos nossos investimentos, tornando-nos, dessa forma, uma espécie capaz de simbolizar, abstrair, imaginar etc., formando relações afetivas e sociais que culminaram no aparecimento de civilizações, culturas e diferentes expressões artísticas, científicas e filosóficas.[28-33] Ao mesmo tempo, porém, tornamo-nos uma espécie com enorme sofrimento psíquico, portadora de uma vasta quantidade de transtornos neuropsiquiátricos.

Mas como o *Homo sapiens* evoluiu com tamanha sofisticação? Por alguma razão que foge à compreensão humana, assim como foge à compreensão científica, não sabemos como o cérebro se desenvolveu com uma capacidade infinita de conexões dinâmicas, tanto estruturais quanto funcionais e causais, bem como moldou um aparato mental capaz de proteger e criar um instinto de autopreservação diante de uma enorme quantidade de energia absorvida por meio das experiências vividas e das necessidades fisiológicas demandadas. Por alguma razão, passamos a acumular uma enorme carga de energia relacionada aos nossos afetos, desejos e recalques. Em que momento esse "quantum" (quantum também pode ser interpretado como uma energia condensada ou quantificada, gerada a partir de uma resistência – quanto maior a resistência, maior será a quantidade de energia acumulada) de energia passou a ser produzido? O que é, afinal, o psiquismo humano? Pode-se supor que, em algum lugar da história da existência humana, a primeira fonte de energia psíquica teve como função a autopreservação da espécie. Será que os instintos mais básicos, como busca por alimentos ou procriação da espécie, evoluíram para algo mais complexo, fruto de um processo de evolução que combinou funções corticais e subcorticais, estruturas sociais e culturais relacionadas ao meio ambiente e, por fim, à estruturação de um aparato mental?

Para compreendermos essa estrutura tão complexa que envolve o psiquismo humano, devemos olhar para o funcionamento das estruturas cerebrais que modulam as respostas comportamentais, bem como para os processos mentais conscientes e inconscientes. Supõe-se, teoricamente, que o cérebro e suas vastas redes de conexões neurais possam funcionar como uma ponte, ou uma engrenagem, tanto para responder às demandas imediatas dos processos cognitivos relacionados com as respostas adaptativas do ambiente, como para receber as descargas de energia psíquica oriundas das representações pulsionais inconscientes, participando dessa complexa troca de energia entre o mundo externo e o nosso mundo interno, na qual um influenciará o outro e vice-versa.

Estudos sobre o consciente

A vida mental humana parece operar em dois níveis que se integram e funcionam em um constante e dinâmico fluxo de energia e troca de informações, promovendo uma resposta comportamental ora mais cognitiva e racionalizada, ora mais instintiva e autômata. Pode-se pensar, empiricamente, que, para ocorrer esse tipo de fluxo de processamento mental, será necessária uma cascata de eventos que, teoricamente, se iniciam por meio de processos inconscientes desconhecidos e alcançam um nível molecular e neuroquímico, que influencia os padrões de redes neurais cognitivo-comportamentais.[1, 34] Do ponto de vista neurofisiológico, estudos com eletroencefalografia têm comprovado que os padrões oscilatórios que geram frequências cerebrais diversas têm um papel crítico na manutenção das funções cerebrais e têm sido usados como uma potente ferramenta para os estudos dos diversos estados cognitivos e disfunções cerebrais.[35-53] As oscilações, de uma forma geral, são eventos presentes em qualquer sistema físico ou biológico, como tentativa de restauração do equilíbrio. A maioria dos eventos geralmente ocorre quando o sistema opera com dois processos opostos, ou quando serve como uma fonte para combinar fatores de organização neuronal: um que irá se afastar do sistema do equilíbrio e outro que irá restaurar esse equilíbrio. A atividade elétrica cerebral, dessa forma, não difere de outros eventos biológicos, como a atividade simpática e parassimpática.[54] Assim, a atividade elétrica cerebral, composta de diferentes ritmos, como alfa, beta, theta, delta, gama, tem sempre como função fazer com que a atividade neuronal, ou os circuitos neurais, volte a esse estado de equilíbrio.[2, 55-58]

Os avanços nos estudos da neurofisiologia e neuroconectividade funcional e causal nos fazem compreender melhor os estudos de Freud em sua fase pré-psicanalítica e mais neurológica, quando iniciou a escrita do "Projeto para uma psicologia científica". Tendo como foco o entendimento sobre uma energia psíquica que seria gerada diante das experiências e das necessidades fisiológicas, com o intuito de uma autopreservação, Freud sugeriu que a descarga da energia Q seria focada em fazer com que os neurônios retornassem a um estado de inércia, livrando-se do desprazer, por que não dizer, neurofisiologicamente – retornar a um estado de repouso ou equilíbrio.[59-62] Para compreender a teoria freudiana sobre a importância da energia psíquica no aparato mental humano, é preciso revisitar os estudos neurofísicos e neurofisiológicos sobre o problema mente-cérebro.

A física quântica e a consciência

Nos últimos anos, tem crescido substancialmente o interesse de cientistas sobre o problema mente-cérebro.[7, 9, 12, 63-65] Estudos anteriores já haviam comprovado a existência de campos eletromagnéticos cerebrais e de atividades elétricas corticais, desde a primeira publicação do eletroencefalograma, feita por Hans Berger em 1929.[66-86] Mas existem questionamentos de ordem científica que discutem se a origem da atividade elétrica cerebral deveria ser entendida apenas como uma descrição da física clássica newtoniana, em que a atividade elétrica neuronal seria secundária ao efeito de "tudo ou nada" (potencial de ação e potencial de repouso), ou se poderíamos pensar que determinadas forças neuroquímicas que controlariam as interações entre átomos e moléculas (o que lembra as ideias de Freud quando falou sobre a energia Qn – energia intercelular) teriam uma origem mecânico-quântica, uma vez que quem modula diretamente a ação dos neurotransmissores das redes neurais são, de fato, substâncias químicas, ou neurotransmissores de ação pré ou pós-sinápticas, que se originam a partir da interação molecular e iônica.[34, 87-90]

Considerando que toda atividade elétrica é derivada da ação física entre partículas, uma nova visão da física quântica desenvolvida por Max Planck, Nobel de Física em 1918, modificou a visão newtoniana que regia as explicações neurofisiológicas da origem da atividade elétrica cerebral. A teoria de Planck tinha como princípio descrever o comportamento de sistemas com dimensões reduzidas, ou seja, tamanhos próximos de moléculas, átomos e partículas subatômicas. Em outras palavras, o campo da física estudaria as partículas atômicas e subatômicas, em que a constante de Planck seria usada para estudar a energia e as radiações eletromagnéticas. O quantum, que chamamos de constante de Planck, se contrapõe à visão contínua da natureza da matéria, ao formular a premissa de que a energia é quantizada e pode variar em quantidades.[5] Para quem estuda psicanálise, esses termos, especialmente o fato de se falar em variação de quantidade de energia, remetem aos pensamentos de Freud e sua teoria. Mas poderíamos aplicar a teoria quântica ao estudo dos processos mentais?

Para explicar como a física entrou no mundo da neurociência e da interface mente/consciência, é preciso entender como a física clássica newtoniana entendia a natureza e a mente humana, e como os teóricos modernos desenvolveram modelos e leis da física quântica. Newton baseou sua teoria nos trabalhos de Kepler, que descobriu que os planetas se moviam de acordo com uma lei matemática, de maneira totalmente determinada por sua relação espacial com outros objetos, independente da nossa observação.[5] Assim, ele assumiu que todos os objetos físicos seriam versões em miniatura dos planetas, movendo-se de acordo com leis matemáticas, independentemente de serem observadas ou não. Dessa forma, desde a queda de uma maçã ao movimento das marés, Newton assumiu que poderia explicar os movimentos dos planetas, assim como dos sistemas terrestres, considerando que a mais minúscula partícula terrestre atuaria como a miniatura de um planeta no sistema solar, porém com uma força inversamente proporcional ao quadrado da distância entre eles. Mas Newton considerou que essa força de atração teria uma ação instantânea, não importando o quanto as partículas estivessem distantes umas das outras. Ele considerou que qualquer corpo poderia agir sobre outro através do vácuo, sem a intermediação de qualquer outro objeto, e sua ação e força poderiam ser transmitidas de um para outro. Newton lançou uma lei da gravidade que serviu para grandes teorias que se seguiram, como a própria ideia de Einstein, que, influenciado pelas ideias de Maxwell, descobriu o que ele chamou de distorção na estrutura espaço-tempo e contribuiu para que a física clássica desenvolvesse uma teoria local, afirmando que não existiria ação a distância.

Para muitos teóricos, a física clássica não considera a existência de ideias, pensamentos, sentimentos ou intenções.[5] No entanto, no início do século XX, alguns estudiosos questionaram se os princípios da física clássica estariam corretos. Logo redefiniram alguns conceitos antigos e colocaram um novo conceito, capaz de deixar o mundo da ciência em êxtase: a teoria quântica! Com essa nova ideia, foi forjada uma explicação racional e coerente, ligando as duas descrições: i) os achados empíricos dos experimentos psicológicos expressos em uma linguagem que permitiu a troca de ideias e aprendizados; ii) a descrição das propriedades físicas expressas por leis matemáticas para determinar como a propriedade espaço-tempo evoluiu ao longo do tempo. Bohr, Heisenberg e Pauli, entre outros estudiosos da teoria quântica, conseguiram uma forma de unir as duas descrições por leis causais.[5] Esses conhecimentos foram estendidos para a compreensão das conexões causais entre mente e cérebro pelos estudos de von Neumann. A teoria quântica, segundo Schwartz et al. (2005), tinha como princípio entender "o que está aqui e não o que está lá fora". Do ponto de vista neurocientífico, significa uma busca pelas relações causais entre o funcionamento do cérebro e o funcionamento da mente humana.

Em resumo, como bem disseram Schwartz et al. (2005), "a teoria quântica transformou o conceito de ciência, antes colocando o ser humano como um autômato mecânico, cujas escolhas conscientes seriam meras engrenagens de uma máquina, para um agente cujas livres escolhas conscientes afetariam o mundo físico descrito".[5]

A formulação inicial da teoria quântica foi elaborada com a intenção de entender como as escolhas conscientes feitas por um indivíduo afetariam o conhecimento que esse indivíduo poderia criar e adquirir sobre o sistema físico descrito e sobre o qual ele mesmo atua. Dessa forma, pode-se entender a importância da teoria quântica para os estudos da neurociência por esta famosa frase de Bohr: "No grande drama da vida, somos, todos nós, atores e espectadores".

A teoria quântica no estudo da conexão mente-cérebro por meio dos estudos dos canais iônicos e terminais nervosos

Falar sobre energia psíquica significa falar sobre atividade elétrica cerebral, canais iônicos e transmissão sináptica neuronal. Para a física quântica, os processos que envolvem o comportamento das funções cerebrais dependem diretamente das funções dos canais iônicos, moleculares e atômicos, processos estes que exigem um grande efeito quântico. No entanto, a visão quântica para os efeitos cerebrais deve seguir a formulação da teoria quântica de von Neumann.[91] Ele formulou uma teoria na qual um sistema físico S, tendo o cérebro como agente, teria uma interação entre a consciência de uma pessoa, descrita em termos mentais, e uma atividade no cérebro dessa pessoa, descrita em termos físicos. Para a teoria quântica de von Neumann, a questão seria a magnitude quantitativa do efeito quântico sobre o cérebro.[5, 91] E foi por essa razão que ele buscou estudar a dinâmica quântica sobre os terminais nervosos.

Sabe-se que um potencial de ação (despolarização neuronal que culmina com a transmissão sináptica para um segundo neurônio) é deflagrado a partir de um limiar de voltagem, no qual a onda de despolarização percorre todo o axônio até atingir os terminais dendríticos.[87, 88, 92, 93] Ao chegar a esses terminais sinápticos, ocorre uma abertura de canais iônicos e influxo de íons cálcio que migram para as vesículas e participam da liberação dos neurotransmissores, que podem ter ações pré ou pós-sinápticas, tanto inibitórias quanto excitatórias.[1, 5, 87, 90, 92-95] Mas qual seria a implicação da ação desses canais iônicos de cálcio para a física quântica? Ao se estudar o diâmetro desses canais, observou-se que, em diâmetros mais estreitos, havia menos de um nanômetro de abertura.[96] Foi exatamente essa mínima abertura que apresentou importantes implicações mecânico-quânticas.[96, 97] A extrema redução de diâmetro, segundo os estudos realizados, restringia a dimensão espacial lateral e, com isso, forçava um aumento da velocidade lateral, que iria se tornar maior devido ao princípio da incerteza quântica. Isso ocasionaria uma nuvem quântica associada ao íon cálcio que iria se espalharia por toda uma área, à medida que se afastasse do minúsculo canal em direção à região-alvo, onde o íon seria absorvido como um todo, ou não seria totalmente absorvido.[5, 91]

De fato, o que podemos entender sobre a teoria em relação aos estados físicos do sistema nervoso central é que, ao concluir que os íons podem ou não ser absorvidos nos locais de acionamento, pode-se afirmar que existe uma vasta gama de possibilidades classicamente concebidas para cada uma das combinações possíveis em relação às opções de liberação ou não, em cada um dos trilhões de terminais nervosos existentes. E é essa incerteza espaço/tempo gerada pelos processos físicos do cérebro que leva a uma vasta gama de possibilidades classicamente concebidas.

Como bem disseram Schwartz et al. (2005), "Pode-se dizer que o modelo quântico usado para análise dos dados neuropsicológicos transforma os dados fenomenológicos descritos em algo dinâmico, no lugar de variáveis microscópicas que são inicialmente desconhecidas" (Schwartz et al., 2005, p. 1323), e que "a teoria quântica injeta diretamente na estrutura causal as descrições dos fenômenos que nós, seres humanos, usamos para comunicar aos nossos colegas fatos empíricos. Assim, especifica uma estrutura causal útil e testável, enquanto evita a exigência clássica restritiva de que o processo causal seja 'de baixo para cima', ou seja, expresso em termos de interações mecânicas locais entre pequenas entidades, sem que haja um processo mental existente".[5] (Schwartz et al., 2005, p. 1324).

Dessa forma, podemos entender – e aqui assumo total responsabilidade sobre o que descrevo – que usar dos conhecimentos da física quântica moderna permite-nos entender os conceitos da energia psíquica, descrita por Freud, mesmo que empiricamente. Assim, podemos considerar que Freud, ao falar sobre intensidade de energia, bem como sobre descargas afetivas desse quantum de energia sobre o pré-consciente e a consciência, estava descrevendo efeitos quânticos do aparato mental. Ou seja, a partir das experiências, das memórias e dos recalques vistos nos fenômenos da mente inconsciente que se apresentariam em forma de descargas com diferentes intensidades de energia Q, estas influenciariam os processos físicos cerebrais.

Ressaltamos que não apenas os teóricos da física quântica estudaram a relação mente-cérebro. Estamos falando sobre energia psíquica e processos mentais de qualquer natureza. E também de grandes pesquisadores, como o neurofisiologista John Eccles, Nobel de Medicina em 1963, entre outros estudiosos, os quais dedicaram parte das suas vidas aos estudos da mente humana.[98-118]

A neurofisiologia e a energia psíquica

John Eccles, neurofisiologista e Nobel de Medicina em 1963, influenciado pelos estudos da física quântica, sugeriu que havia um efeito de energia nas sinapses e defendeu que o retículo pré-sináptico das células piramidais seria um lócus quântico.[93, 94, 97] Sua teoria dualista não pôde ser comprovada, mas ele ampliou a visão sobre a ideia de que haveria um componente de energia quântica que estaria relacionado com a teoria da consciência, assim como já tinha sido descrito por John von Neumann.[5, 91]

Por muitos anos, o professor Eccles dedicou suas pesquisas ao comportamento dos neurônios no cordão espinhal, nos gânglios periféricos e nas junções musculares. Ao desenvolver uma técnica para colocar microeletrodos dentro dos neurônios motores sem causar danos à célula nervosa, seus estudos elucidaram muitos questionamentos a respeito dos conceitos de inibição e excitação. No último capítulo do livro *A base neurofisiológicas da mente – Princípios da neurofisiologia* (1953), Eccles desenvolveu um novo conceito. A partir dos estudos neurofisiológicos, revisou a visão mecânica da ação cerebral, acreditando que os humanos não seriam puramente agentes mecânicos e autômatos. Em outras palavras, não seríamos apenas máquinas, mas seríamos responsáveis pelos nossos atos e escolhas.[97] O pressuposto de Eccles sempre foi ousado, uma vez que considerava que a mente atuaria sobre o cérebro, modulando as terminações sinápticas, e que a energia necessária requerida seria muito pequena.

O mais absurdo da descrença científica e das críticas feitas a Eccles, assim como a Freud e à própria física quântica, é que todos os teóricos que ousaram descrever algo empírico e abstrato para levantar teorias sobre a mente humana foram grandes cientistas ganhadores de prêmios Nobel, ou neuroanatomistas e neurologistas como o próprio Freud. No entanto, com a evolução dos métodos de neuroimagem funcional, neurofisiologia etc., para aqueles que realmente estudam profundamente o comportamento humano em suas dimensões físicas e psíquicas, deparar-se a cada dia com novas provocações e questionamentos reforça o fato de que as velhas teorias estão ultrapassadas e que se faz necessário um novo olhar.

Sabe-se, por exemplo, que o cérebro produz padrões dinâmicos de campos magnéticos e potenciais elétricos observados no registro do eletroencefalograma (EEG), publicado por Hans Berger, em 1929. Do ponto de vista prático, se colocarmos um par de eletrodos em diferentes regiões cerebrais, iremos obter diferentes oscilações de frequências, algumas mais rápidas e de baixa amplitude, outras mais lentas e com elevadas amplitudes. Certas frequências, como o ritmo alfa, variam entre 8–12 Hz e predominam nas regiões posteriores, com os olhos fechados, sofrendo uma dessincronização com a abertura ocular. Outras frequências com ritmo delta e teta variam entre 1,5–3,5 Hz e 3,5–8 Hz, e predominam durante o sono. Atividades mais rápidas, como o ritmo beta, oscilam entre 12–32 Hz e ocorrem em estado de vigília com olhos abertos ou durante tarefas envolvendo atenção e memória do trabalho.[119-124] Mais recentemente, as oscilações das frequências cerebrais passaram a ser estudadas por novos métodos eletrofisiológicos, que nos permitiram avançar nos conhecimentos sobre o comportamento humano.[122-129] Assim, pesquisas com assimetria do alfa frontal para os estudos de transtornos depressivos, tomada de decisão etc., bem como estudos de conectividade funcional e causal com EEG, magnetoeletroencefalografia, entre outros, passaram a ser métodos científicos validados e usados nas pesquisas comportamentais. O EEG de superfície pode oferecer medidas robustas e em grande escala da função dinâmica neocortical. Um único eletrodo fornece estimativas de ação sináptica sobre massas de tecido contendo bilhões de potenciais pós-sinápticos. Por essa razão, a eletrofisiologia se tornou o método validado para estudos científicos, os quais exigiam uma importante resolução temporal para detecção de respostas neurais comportamentais.[68-80, 130-147]

Propriedades dinâmicas neocorticais

Como já descrito anteriormente, a neurociência buscou formas de mensurar ou identificar conexões entre a psicologia e a fisiologia cerebral. Mas até hoje não foi possível encontrar resultados que comprovassem as teorias levantadas nos últimos 100 anos sobre os processos mentais da consciência. No entanto, mais recentemente, várias pesquisas com EEG têm mostrado que estados gerais da consciência, certas patologias e processos cognitivos estão fortemente correlacionados com as medidas dinâmicas do EEG. Por exemplo, registros feitos com indivíduos em estado de meditação ou com freiras carmelitas vivenciando experiências místicas mostram que o uso do EEG é uma ferramenta robusta para o estudo dos processos mentais.[6, 44, 72, 78, 83, 148-156]

Outra importante questão diz respeito ao fato de que várias atividades mentais aumentam a potência de certas frequências cerebrais e suprimem a potência de outras. Os potenciais elétricos de superfície fornecem combinações de campos de ação sináptica e atividades de redes. Nunez et al. (2006) apresentaram uma teoria fundamentada na ideia de que a cognição tendia a ser maximizada entre os extremos das redes isoladas e a coerência global. Assim, considerou-se que a função dinâmica local e a interação entre as redes seriam fundamentais para o funcionamento cerebral. Silberstein et al. (1995) estudaram como os neurotransmissores do tronco cerebral poderiam agir para alterar a força de acoplamento entre os campos globais e as redes locais. Assim, eles descreveram como diferentes neurotransmissores alteravam as forças de acoplamento por ações seletivas em diferentes profundidades corticais, as quais iriam alterar a propriedade de ressonância.[123, 125, 157-160] Baseando-se em vários estudos, entre eles os de Silberstein, Nunez et al., desenvolveram uma teoria na qual imaginaram que um conjunto de células ou redes neurais estaria imerso em campos de ação sinápticas globais. Esses campos sinápticos seriam distintos dos campos elétricos e magnéticos gerados. O que quiseram explicar foi que o campo de ação sináptica excitatória W (r,t) seria a densidade do número de sinapses excitatórias ativas em algum voxel de tecido localizado em r, definido sobre toda a superfície cortical.[119, 161] Assim, Nunez et al. sugeriram a existência de uma espessa granulação em pequenas escalas de tempo e espaço, de tal forma que W (r, t) variaria de maneira relativamente uniforme no espaço/tempo.[119, 161] Para os autores, o registro eletroencefalográfico refletiria a captação de oscilações de ondas, e, sendo esse termo utilizado na física, isso levaria a previsões experimentais, muitas das quais poderiam ser testadas.[119] Então, o comportamento ondulatório do EEG implicaria um comportamento ondulatório dos campos subjacentes de ação sináptica, que poderiam facilitar as interações entre os conjuntos de células consideradas responsáveis pela experiência consciente.[119] Os estudos de Nunez et al. especularam de forma elegante e científica que o processo da consciência poderia ser um fenômeno de ressonância em redes reentrantes que continuamente se formariam e se desconectariam em múltiplas escalas espaço/tempo. As ondas estacionárias ou em movimento seriam manifestações de um processo de larga escala acessível pelo registro do EEG, o que permitiria fornecer mecanismos neocorticais de integração funcional. Essa integração estaria, então, vinculada aos processos de fluxo de consciência.[119]

Considerando todos os estudos descritos pela neurofísica e neurofisiologia, os quais apontam de forma consistente para a relação entre os processos dinâmicos neuronais e as manifestações psíquicas, duas perguntas se tornam fundamentais para discussão, mesmo que não possam ser respondidas: i) em que momento da concepção fetal o sistema nervoso começa a produzir os processos dinâmicos neuronais que geram energia?; ii) a teoria freudiana, que fala da energia psíquica reprimida em um inconsciente dinâmico que se projeta como representante da pulsão, influenciando os processos conscientes, deveria ser enquadrada nos estudos neurocientíficos? Buscando encontrar respaldos teóricos mais do que confirmações científicas, decidimos aprofundar esses estudos descrevendo pesquisas em neurodesenvolvimento e neurofisiologia fetal e, por fim, discutir a teoria psicanalítica sobre a energia psíquica originada nos processos inconscientes e suas descargas sobre a consciência.

Neurodesenvolvimento fetal

O desenvolvimento do cérebro humano e suas redes neurais pode ser considerado um processo de evolução que foi moldado a partir do somatório de diversos fatores, como ambientais, genéticos, nutricionais etc. Além disso, não só ocorreu um aumento do volume cerebral, especialmente da substância branca com seus feixes de conexão córtico-cortical ou córtico-subcortical, como houve reorganização e formação de uma plasticidade neuronal que foi a base do desenvolvimento das funções comportamentais e mentais na espécie *sapiens*, especialmente na estrutura neural do córtex pré-frontal e suas redes de conexões com outras áreas igualmente importantes para o comportamento.[20, 162-168]

Por volta da quinta semana da data da última menstruação (DUM), inicia-se o desenvolvimento do sistema nervoso central, quando o tubo neural se fecha e a zona ventricular (ZV) passa a gerar as primeiras células neuronais.[164, 169-173] Os primeiros neurônios se originam a partir da sexta semana na camada germinal ventricular e rapidamente começam a se mover na direção mais superficial para uma camada mais cortical, de forma radial ou tangencial, formando o que se chama de placa subcortical.[164, 170, 173-176] A migração neuronal para a placa subcortical será guiada pelos eixos das células da glia radial, representando, então, uma camada transitória no desenvolvimento do córtex cerebral, localizando-se logo abaixo da placa cortical e apresentando uma característica heterogênea do ponto de vista de população neuronal e de identidade dos neurotransmissores.[169, 177, 178]

Por outro lado, um segundo grupamento neuronal originado da ZV irá formar as camadas corticais também por meio da migração radial. No entanto, nessa segunda via, forma-se uma zona marginal contendo células de Cajal-Retzius.[173] Assim, a subplaca cortical formará a futura substância branca com seus feixes, que serão responsáveis pelas redes de conectividade inter e intra-hemisférica,[164, 169, 173, 179] enquanto as células de Cajal-Retzius formarão os neurônios da camada cortical. Até a 28ª–34ª semana, a subplaca é espessa e extremamente ativa, com maior proeminência nas áreas de associação frontal e parietal.[164, 169, 170, 180, 181] Além disso, a subplaca recebe e envia projeções axonais para diferentes regiões. Uma das principais projeções se faz entre o tálamo e a placa subcortical. Ou seja, por volta da 20ª semana, as aferências do prosencéfalo basal e tálamo-cortical serão as maiores projeções para a zona cortical, seguindo-se das fibras calosas e de associação.

No último trimestre gestacional, a placa subcortical, que antes era espessa, começa a sofrer um processo de apoptose ou morte autoprogramada dos seus neurônios, mas nem todos morrem. Cerca da metade irá se transformar em neurônios intersticiais GABAérgicos da substância branca subcortical superficial.[162, 164, 173, 175, 181]

Outro fator de grande importância na evolução da placa subcortical e cortical tem relação direta com a distribuição dos neurotransmissores, ainda em uma fase muito precoce da vida fetal. Sabe-se que a comunicação neuronal, em sua maioria, é mediada por neurotransmissores, que são substâncias químicas liberadas das vesículas pré-sinápticas neuronais dentro das fendas sinápticas, atuando sobre receptores específicos. A ação dos diversos neurotransmissores tem um papel crítico na sinalização neuronal, plasticidade, migração e formação da placa cortical.[163, 164, 172, 175, 176, 182, 183]

Estudos têm revelado que a escolha de um neurotransmissor por uma célula neuronal precursora depende, diretamente, do ambiente. Assim, dependendo da região cerebral em que a célula precursora irá atuar, poderá existir produção de substâncias químicas específicas. Isso reflete a imensa capacidade plástica que ocorre durante o desenvolvimento fetal e que se relaciona com os fatores ambientais locais. A intensa atividade plástica e migratória ocorre, dessa forma, exatamente dentro da subplaca cortical, a qual irá abrigar uma grande variedade de neurônios com diferentes ações neuroquímicas.

Durante todo o desenvolvimento fetal, diferentes neurotransmissores irão atuar para modular processos migratórios, maturação de áreas corticais com ações específicas, formação da placa cortical etc. Alguns neurotransmissores atuam mais precocemente e outros aparecem mais tardiamente. Por exemplo, sabe-se que a noradrenalina é essencial no desenvolvimento, uma vez que regula o desenvolvimento das células de Cajal-Retzius, as quais são os primeiros neurônios com origem cortical. Além disso, os receptores alfa-2A são expressos pelos neurônios que migram da zona intermediária e têm uma associação próxima com a glia radial. A glia radial, dessa forma, parece ter um papel fundamental sobre o desenvolvimento cerebral, a neurogênese cortical e a migração neuronal. Outro neurotransmissor que aparece precocemente é o neurônio glutamatérgico. Por volta da 9ª–10ª semana, esses neurônios começam a produzir atividade sináptica e vão constituir os maiores transmissores de atividade sináptica das células piramidais, sendo dominantes no córtex cerebral. Outro grupo de neurônios que atua precocemente na atividade cortical do feto é o dopaminérgico. Eles aparecem por volta da 6ª–8ª semana e irão modular a ação do circuito frontoestriatal, mesocortical e mesolímbico, onde posteriormente terão uma ação fundamental no comportamento motivacional e de recompensa.[163, 184]

Os neurônios serotoninérgicos, por sua vez, aparecem por volta da 5ª–12ª semana da DUM, participando da diferenciação das células progenitoras, além de afetarem a proliferação, diferenciação, migração e sinaptogênese. Um dado importante sobre a ação serotoninérgica diz respeito à sua atuação durante o nascimento. Nesse período, os axônios dos neurônios serotoninérgicos penetram em todas as camadas corticais, declinando marcadamente após três semanas.[163, 164, 169, 185-187]

Por fim, torna-se fundamental falar sobre a ação do ácido Gama-Aminobutírico (GABA), o qual parece ser um neurotransmissor dominante nas células não piramidais. Em humanos, a maioria dos neurônios neocorticais GABAérgicos origina-se localmente nas zonas ventricular e subventricular. Tendo uma ação inibitória no cérebro adulto, durante o desenvolvimento inicial do SNC no feto ele atua como um fator trófico, influenciando diretamente os processos de proliferação neuronal, migração, diferenciação, maturação sináptica e morte celular. Em outras palavras, na fase fetal o GABA tem uma ação excitatória, enquanto na fase pós-nascimento passa a ter uma ação inibitória.[163, 164, 188]

Uma das mais importantes comprovações sobre a mudança que ocorre gradualmente entre a atividade da subplaca cortical e a atividade da placa cortical propriamente dita pode ser demonstrada pelo registro eletroencefalográfico (EEG) realizado em neonatos e prematuros.[189] Por volta da 24ª–26ª semana da DUM, as chamadas Atividades Espontâneas Transitórias (AET), que indicam atividade neuronal endógena, já podem ser registradas e observadas.[189-192] As primeiras regiões identificadas dizem respeito às áreas do córtex visual, auditivo e somatossensorial. Interessante ressaltar que esse aparecimento de AET coincide com o crescimento das aferências tálamo-corticais para a placa cortical. Com o amadurecimento cortical e o aumento da idade, as AET se tornam mais difusas, mais longas em duração e com menor amplitude. Perto do nascimento, já aparecem organizadas em módulos frontais e parieto-occipitais, bilateral e sincronicamente. As AET irão, posteriormente, desaparecer durante os primeiros meses de vida pós-natal.

Considerando que por volta da 24ª semana da DUM já se torna possível observar e registrar atividades espontâneas e transitórias em neonatos prematuros, isso indica que algum tipo de atividade elétrica cerebral já existia.[189, 192-197] Por volta da 24ª semana, já se torna possível identificar atividades delta em regiões occipitais, que ficam realmente visíveis por volta da 30ª semana. As frequências cerebrais já se tornam bem discriminadas com o ritmo alfa, que aparece por volta dos 5 meses nas áreas rolândicas e occipitais, e desaparece por volta dos 6 meses, reaparecendo aos 7 meses, quando se mistura com atividades delta (*Delta brush*). Além disso, por volta dos 6 meses, o ritmo predominante é teta, podendo ser sincrônico em qualquer ponto do hemicrânio.[192-199] Em outras palavras, pode-se afirmar que na vida fetal existe uma intensa e rica atividade de energia elétrica cerebral.

Dessa forma, do ponto de vista do neurodesenvolvimento e da neurofisiologia, considerações teóricas nos impulsionam a pensar se durante o desenvolvimento fetal existiria um aparato mental, ainda em construção, que já estaria gerando uma quantidade de energia produzida internamente pela própria atividade fisiológica do feto a fim de manter sua homeostase e autopreservação. Para Freud, o inconsciente não respeitaria os limites do tempo e seria formado pela inscrição de elementos que formariam traços mnêmicos, os quais seriam a matéria do sonho e da fantasia. Mas, se considerarmos que os estudos eletrofisiológicos comprovam que o feto, a partir da 24ª–26ª semana da DUM, apresenta grafoelementos do sono, ou seja, o feto estaria em um estado de sono,[193, 194, 199] significa dizer que é possível pensar que elementos sensoriais visuais, táteis, sonoros estariam estimulando o circuito tálamo-cortical fetal, o que não só serviria para aumentar a sinaptogênese e a maturação do córtex cerebral como para gerar uma energia psíquica.

Seria esse excesso de energia gerada continuamente pelos recorrentes sinais sensoriais captados do meio externo e dos sinais interoceptivos do meio interno a fonte de energia que, em um constante fluxo, circularia livremente dentro desse inconsciente? No entanto, podemos questionar se esse crescente acúmulo de energia não se projetaria diretamente para o aparelho físico-cerebral, especialmente para as regiões subcorticais, gerando traços primitivos mnêmicos endógenos ou interoceptivos (viscerais). Assim, esse primeiro tempo do psiquismo fetal poderia corresponder ao início de uma estrutura psíquica primitiva e rudimentar, isto é, estaria o feto começando a gerar uma energia psíquica voltada para a pulsão de autoconservação?

Considerando essa hipótese, podemos pensar que, com a maturação das estruturas corticais a partir da migração neuronal da placa subcortical e das projeções tálamo-corticais, bem como com o desenvolvimento e crescimento fetal, esse inconsciente começaria a se estruturar e se desdobrar.

Assim, após o nascimento, a energia pulsional acumulada associada aos fatores epigenéticos promoveria um comportamento motor involuntário e motivacional, agindo sobre o cérebro e aumentando o fluxo de energia sobre as estruturas e os circuitos responsáveis pelos comportamentos motor (movimentos gerais), de recompensa (fome, sede) e emocional (memórias implícitas e despertar emocional). Respaldando o que foi descrito acima, ressaltamos os estudos recentes que revelam expressões faciais, movimentos e comportamentos motores que sinalizam para traços de personalidades fetais.[200-204] Em outras palavras, dependendo do tipo de energia psíquica existente nessa vida fetal, haveria maior ou menor investimento no ato de nascer.

O aparato mental

O "Projeto para uma psicologia científica"

Para entendermos os estudos freudianos sobre o "Projeto para uma psicologia científica", é preciso ressaltar a importância de Sigmund Freud como neurologista e neuropatologista. Inicialmente Freud foi treinado pela escola alemã, que era essencialmente anatomista. Na época, ele trabalhava com investigação de células nervosas e localizações exatas de lesões que causavam transtornos neurológicos.[10] Entre 1885-1886, Freud se candidatou para uma bolsa de estudos do Fundo do Jubileu Universitário com a intenção de fazer um estágio no Hospital de Salpêtrière de Paris e assim continuar seus estudos em neurologia.[61] O seu interesse tinha um nome: J. M. Charcot. Freud havia usufruído de muitos aprendizados na Escola de Viena, especialmente de Meynert e Nothnagel,[31] mas estava interessado nos estudos peculiares da escola francesa sobre as histerias e o hipnotismo.[205-207] Freud, então, partiu para Paris em busca de novos saberes. Sua estadia em Paris modificou toda a sua visão da neurologia, especialmente acerca da teoria das localizações, que tinha Meynert como pioneiro.[31, 208] Para Freud, existiam alterações comportamentais que não podiam ser explicadas pelos estudos neuropatológicos e clínicos.

O comportamento humano era bem mais complexo do que se pensava.[205] Freud voltou para Viena modificado! A partir de então, dedicou seus estudos a tentar correlacionar os mecanismos neurais com os conceitos psicodinâmicos, porém, logo após, viria a abandonar essa ideia e direcionar seu objetivo aos estudos dos mecanismos inconscientes do aparelho psíquico. A partir dos seus estudos sobre a histeria e a interpretação dos sonhos, Freud ofereceu à humanidade uma grande teoria: a existência de um funcionamento psíquico que transcendia a organicidade do funcionamento cerebral (no Capítulo 1, detalham-se melhor esses fatos históricos).

Sabe-se que "o projeto" foi iniciado ainda na fase em que o autor tinha uma forte influência da neurologia e dos estudos feitos com Charcot.[62, 209] Como neurologista, ele elaborou ideias que partiam exatamente da compreensão sobre o substrato neurofisiológico da função cerebral para tentar compreender alterações comportamentais que não tinham explicações anatomopatológicas.[209-213] Tendo como objetivo representar os processos psíquicos como estados quantitativamente determinados, a ideia primordial seria: i) a energia Q distinguiria a atividade de repouso e estaria sujeita às leis gerais do movimento; ii) os neurônios seriam encarados como partículas materiais (vale ressaltar que nesta fase Freud ainda tinha uma visão mais determinista, sem elaborar nenhuma ideia sobre a metapsicologia).[62] Além disso, Freud tinha como pressuposto a ideia de que os neurônios tendiam a livrar-se da energia Q, buscando o Princípio da Inércia, ou seja, do ponto de vista neurofisiológico, que seria a mesma coisa que o Princípio da Restauração do Equilíbrio ou retorno ao potencial de repouso.[87, 88] Freud também descreveu duas vias de atividade neuronal: i) uma via exógena, relacionada ao mundo externo, com neurônios mais sensoriais; ii) outra via voltada para elementos endógenos que deveriam ser descarregados. Esses estímulos endógenos se originariam das funções biológicas primárias, como respiração, sede, fome etc., das quais não seria possível que o organismo se afastasse ou se esquivasse.[62] Para Freud, todas as funções do Sistema Nervoso Central poderiam ser compreendidas sob o aspecto das funções primárias e secundárias impostas pelas exigências da vida.[62]

Mas, para pensarmos sobre a mente humana, devemos considerar que o nosso aparato mental é bem mais complexo e desconhecido do que possamos imaginar. Por essa razão, não podemos deixar de reconhecer que existe uma energia psíquica que parece atuar influenciando as funções corticais e neuronais, sempre em busca de uma autopreservação. Esse aparelho mental passou a ser denominado "psiquismo". O psiquismo humano, segundo Freud, iria controlar os estímulos de entrada e saída que passassem por uma filtragem.[60, 214] Assim, Freud avançou nos seus estudos e sugeriu, ainda no "Projeto para uma psicologia científica", dois tipos de neurônios: i) neurônios θ (fi), que iriam controlar as informações projetadas da consciência em direção a uma dimensão mais inconsciente e penetrariam de forma mais livre e sem bloqueios; ii) neurônios Ψ (psi), que iriam controlar o que retornaria do inconsciente em forma de descarga pulsional para o pré-consciente e para a consciência, porém sofrendo bloqueios ou recalcamentos.[60, 62] Para Freud, o segundo tipo reteria uma carga de energia psíquica que seria descarregada através de um representante.[62, 215]

Sabe-se que a constituição de um sujeito se faz pela integração das funções fisiológicas do corpo; pela modulação dos circuitos neuroquímicos; pelas conexões estruturais, funcionais e causais; e por uma força de atuação de um aparato mental. Podemos questionar, então, se esse fluxo de informações geradas pelas conexões entre os circuitos não sofreria a influência dos representantes inconscientes. Olhando por essa perspectiva foi possível adaptar o modelo do aparelho psíquico elaborado por Freud, conforme descrito a seguir.

Descrição do modelo: supondo a existência dois sistemas de fluxo de energia baseados no que Freud considerou como uma via exógena e uma via endógena:

1. os sinais exógenos originados dos estímulos externos penetrariam no sistema dos neurônios θ (fi) carregados com um quantum de energia Q livre, que passaria sem barreiras até alcançar o segundo sistema dos neurônios Ψ (psi). A aproximação entre esses dois fluxos de energia seria separada por barreiras de contato que impediriam a livre entrada da energia Q. Seguindo o Princípio da Facilitação, quanto mais repetições dos mesmos estímulos e mais intensidade existisse, maior seria a facilitação para vencer as barreiras de contato. Uma vez que o quantum de energia Q passasse para os neurônios Ψ, ocorreria uma mudança destes, nunca voltando ao estado anterior. Assim, este fluxo seria transferido para os neurônios Ψ e ficariam catexizados em nível intercelular (Qn) e transformados, visto que sofreriam uma interferência das barreiras de contato. Dentro deste segundo sistema, que corresponderia ao inconsciente (ICs), o fluxo de energia dos neurônios θ (fi), ao vencer a barreira de contato, tenderia a encontrar os traços mnêmicos nos neurônios Ψ ou os traços mnêmicos fixados no inconsciente, correspondentes aos estímulos externos. Assim, o que existiria seria uma representação desta energia no ICs. O acúmulo de Qn no ICs geraria uma tensão que precisaria ser descarregada para aliviar o acúmulo de energia dentro do sistema, provocando uma sensação de prazer/desprazer;

2. os estímulos endógenos, por outro lado, também chegariam ao sistema dos neurônios Ψ, oriundos das necessidades fisiológicas do corpo, os quais passariam com mais facilidade pelas barreiras de contato, visto que seriam estímulos contínuos e repetitivos que produziriam um acúmulo de energia condensada, atravessando mais facilmente como sistema de arco reflexo (excitação/resposta) e alcançando seus traços ou representantes dentro do ICs.

A energia Q dos estímulos exógenos e endógenos que agora alcançam o ICs corresponde aos neurônios Ψ catexizados (Qn) que produzem acúmulo de energia: $(\Psi^1 + \Psi^2 + \Psi^3...)$.[2] Esta energia retida passaria a circular livremente dentro desse ICs, não respeitando a dinâmica espaço/tempo. Uma vez ocorrendo uma grande tensão energética, essa catexia precisaria ser descarregada no pré-consciente, mas precisaria também vencer a espessa barreira do recalcamento, que seria o divisor entre a dimensão inconsciente e o sistema de pré-consciência e consciência. Considerando que esses representantes inconscientes não passariam de forma bruta, mas precisariam se disfarçar para vencer o recalque, eles passariam de duas formas: i) ou mais condensados e rápidos, com o objetivo de satisfazer às necessidades fisiológicas endógenas mais urgentes do sistema de autopreservação, o qual não poderia ser reprimido de forma alguma; ii) a energia oriunda dos estímulos exógenos, por sua vez, passaria de forma mais moderada ou parcial, deslocando-se para formar os representantes do pré-consciente e consciente. Por outro lado, parte dessa energia não conseguiria vencer a barreira do recalcamento e retornaria para o ICs (retorno do recalcamento).

No entanto, os representantes carregados de energia Qn que conseguissem vencer o recalque iriam agir sobre as estruturas físicas do aparelho cerebral, alçando primeiramente um nível molecular/neuroquímico que, por sua vez, afetaria os circuitos neurofuncionais do sistema afetivo/límbico e visceral. Este sistema corresponderia às reações emocionais instintivas e à percepção dos estímulos interoceptivos oriundos dos órgãos do corpo. Seria um circuito responsável pelo comportamento de despertar emocional e de aprendizado da memória afetiva e do equilíbrio homeostático. Dentro do sistema, esses representantes seguiriam dois caminhos: a) poderiam ter retorno para o próprio corpo, carregando um quantum de energia do sistema endógeno, acompanhado das memórias do ICs, as quais poderiam afetar o sistema primário inferior que estaria no limite entre o psíquico e o somático, correspondendo à pulsão de autopreservação (causas das doenças psicossomáticas), ou se unir aos representantes da energia Qn dos estímulos exógenos, seguindo para o sistema Cs e se comportando como representante da palavra. Nesse circuito, o representante da palavra seria caracterizado por imagens acústicas ou visuais das palavras. Considerando que o circuito do Default Mode Network (DMN) corresponde ao funcionamento neural responsável pela imaginação, introspecção, autoprojeção e autorreferência, é de supor que esse circuito participe do funcionamento correspondente à representação psíquica da palavra, a qual corresponderia aos representantes inconscientes, manifestando-se com um comportamento de introspecção ou o pensar a palavra (por exemplo, pensar a palavra sede, mas não buscar o objeto sede, pois este não existe!). Seguindo uma possível ideia de ação desses representantes sobre a consciência, haveria, por fim, a chegada ao sistema de representações das coisas, em que a palavra em forma de código passaria a encontrar o significado dos objetos correspondentes no mundo real (neste caso, a palavra sede encontraria o significado real do nome de algum objeto ou coisa que representasse a sede, no caso a água). Este sistema seria governado pela ação dos neurônios ω (ômega), que estariam na função de ligar o representante da palavra ao representante da coisa, em nível consciente. Assim, haveria influência sobre os circuitos da motivação/recompensa e saliência para que fosse "atenuado" o circuito de DMN ou da introspecção, e ativado o circuito da motivação e busca pelos objetos e seus significados dentro das memórias de aprendizados, bem como sua projeção para o circuito executivo, onde o ato da fala (enquanto mensagem) e o ato motor (o agir) seriam o desfecho pelo qual o ICs iria se expressar. Vale ressaltar que a palavra sede poderia corresponder a uma necessidade fisiológica devido a uma alteração hidroeletrolítica (desidratação do corpo). Nesse caso, a pulsão de autoconservação agiria de forma mais imediata para restaurar a homeostase corporal, inserindo na representação da palavra o nome sede e promovendo o comportamento de busca pela água, que seria o representante da coisa. Ou a palavra sede, como um ato falho em que não existisse nenhum tipo de alteração hidroeletrolítica (desidratação do corpo), poderia ser um deslocamento da energia do ICs, que poderia corresponder a outro tipo de desejo. E o objeto investido teria outro significado. Por fim, uma vez alcançada a parte da motricidade ou do ato motor (fala, por exemplo) para execução ou expressão desse inconsciente, haveria o que Freud chamou de "paraexcitações", que seriam uma forma de reativar o sistema perceptual sensorial e, assim, refazer diversas vezes o mesmo caminho, quase como uma compulsão/repetição **(Fig. 16)**.

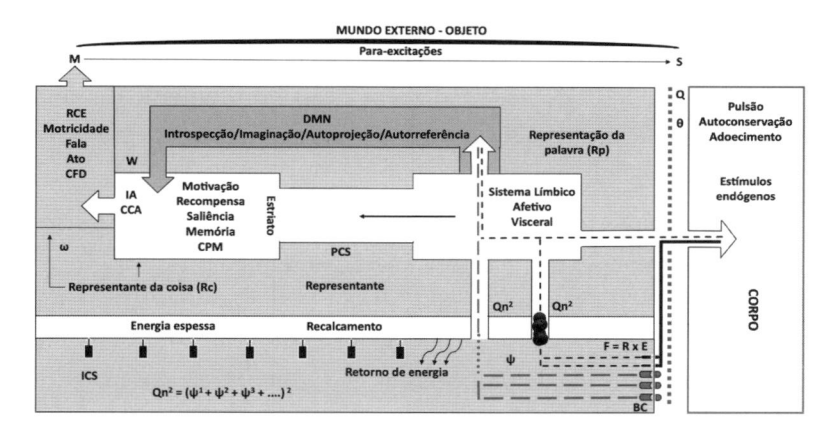

Figura 16 Esboço de um modelo do aparelho psíquico adaptado do "Projeto para uma psicologia científica" (Freud, 1895): S = estímulos sensoriais visuais, auditivos etc.; Q = energia livre originada do mundo externo; θ = neurônios fi que carregam Q; BR= barreiras de contato; F = facilitações; R = repetições; E = intensidade de energia; Ψ = neurônios psi; Qn = energia intercelular catexizada dos neurônios psi; ω = neurônios ômega; Rp = representação da palavra; Rc= representação da coisa; DMN = *default mode network*; IA = ínsula anterior; CPM = córtex pré-frontal medial; CCA = córtex cingulado anterior; CFD = córtex frontal dorsal; RCE = rede de controle executivo; M = motricidade.

Se considerarmos as leis da física quântica e aplicarmos seu pressuposto para interpretar a Teoria da Energia Psíquica Freudiana, poderíamos supor que a energia absorvida pelos neurônios θ (fi) ao passar pelas barreiras de contato sofreria uma interferência ao ser deslocada para os neurônios Ψ (psi). E se fosse possível medir a quantidade e o deslocamento da energia descarregada do inconsciente para o pré-consciente, o que observaríamos, teoricamente, não seria a intensidade bruta de uma onda de energia, mas a probabilidade de chegada dessas unidades. Ou seja, quando Heisenberg propôs o Princípio da Incerteza, ele quis demonstrar que seria impossível projetar um aparelho para determinar por qual fenda o elétron passaria sem perturbar esses elétrons, de modo a destruir o padrão de interferência (Heisenberg, 1930, p. 13-39). O princípio da incerteza diz que não podemos medir a posição e o momento de uma partícula de forma precisa, e quanto mais conhecemos um desses valores, menos sabemos sobre o outro. [217]

Assim, como disse Feynman em *Sobre as leis da física* (2012, p. 149), "o Princípio da Incerteza foi utilizado para propor características de objetos desconhecidos, sendo limitado por seu caráter de probabilidade".[218] Dessa forma, poderíamos criar supostamente um experimento ideal com todas as especificações corretas para medir a curva da onda de energia Q descarregada sobre um suposto aparato mental inconsciente, onde um evento poderia ocorrer de diversas formas possíveis, mas mesmo assim não saberíamos como esta energia se deslocaria, como se apresentaria e em que tempo ocorreria. Em outras palavras, analisar e quantificar cientificamente um evento que ocorre dentro das menores escalas da natureza jamais seria possível, e o máximo que conseguiríamos seria calcular sua probabilidade.

Em outras palavras, devemos considerar que a energia psíquica descrita por Freud, como ele pensou, estava correta, visto que ele mesmo afirmou que essa energia não seria descarregada diretamente sobre o pré-consciente, mas sofreria deslocamentos ou condensações, podendo vencer ou não a barreira do recalcamento e, assim, teria uma probabilidade de chegar ou não até a consciência. Não podemos prever como e quando chegará, que tipo de interferências e distorções sofrerá, mas sabemos que existe a probabilidade de alcançar esse aparato físico e descarregar de alguma forma. Ou seja, como bem disse Freud, não é a energia inconsciente que chega, mas o representante dessa energia.

É impossível prever o futuro e, sendo o psiquismo humano um processo dinâmico de fluxo de energia, por qual fenda passará e em que tempo ocorrerá? Não saberemos jamais! Apesar de ser impossível estudar experimentalmente essa teoria, isso não exclui que estudemos tal assunto, baseando-nos, principalmente, nas evidências de observações práticas e resultados de neuroimagem e neurofisiologia que provam que certos procedimentos e terapias podem modificar padrões neurais. Quando Feynman, prêmio Nobel de Física em 1965, comentou um dito filosófico ("Para existir ciência, é necessário que as mesmas condições produzam sempre os mesmos resultados"), ele falou que os mesmos resultados nunca seriam reproduzidos. Então ele mesmo afirmou "que você estabelece as circunstâncias com as mesmas condições e não pode prever por qual fenda o elétron vai passar. Mesmo assim, a ciência continua, apesar das condições não produzirem sempre os mesmos resultados" (Feynman, 2012, p. 152). Então Feynman perguntou: "o que é necessário para a existência da ciência?". E respondeu: "O fundamental para a existência da ciência é que as mentes não exijam que a natureza tenha que satisfazer às condições preconcebidas" – como aquela que o filósofo quis afirmar! "As características da natureza não podem ser determinadas por pré-condições pomposas, pois isso é determinado pelo material com que se trabalha: a natureza" (Feynman, 2012, p. 152).[218]

Assim, afirmar que tais modelos aqui expostos não têm validação científica não é o foco do que foi discutido. Pois, pelo Princípio da Incerteza, qualquer pressuposto que envolva a natureza, e sendo o aparato mental humano consciente e inconsciente a mais nobre criação da natureza, pode-se apenas considerar a probabilidade da sua existência ou não existência. Mesmo diante de tantas incertezas, isso não impede que pensemos de forma científica sobre as questões e teorias que estão no âmbito da observação clínica, ou dos pressupostos teóricos. A complexidade humana nos convida a ouvirmos outros saberes e teorias.

Também podemos pensar e questionar que, além dessas funções corticais, as quais parecem funcionar como uma engrenagem para que o inconsciente possa agir e se expressar, não podemos deixar de considerar que o comportamento humano exige que pensemos para além do orgânico e sigamos em direção ao objeto de tanta controvérsia teórico-científica que envolve o estudo do inconsciente.[60] Dessa forma, devemos ressaltar a ação de uma função mental que não pode ser medida ou localizada, mas que tem sua base originada dessa energia psíquica.[216, 217]

Quando direcionamos o olhar sobre o psiquismo, torna-se fundamental entender a teoria freudiana acrescida dos avanços neurocientíficos dos séculos XX e XXI. Freud, quando modificou sua primeira tópica e passou a desenvolver sua visão metapsicológica, partiu da visão de que o ser humano possuía uma vida mental que seria composta de um corpo, uma consciência e, por último, um departamento mais primitivo, antigo, que abrigaria tudo o que foi herdado desde o nascimento e fixado na constituição, o qual chamou de inconsciente. Porém, não podendo dar continuidade à sua visão neurológica do aparato mental, Freud se afastou dos dois primeiros sistemas (estímulo/resposta e percepção/ação motora) e voltou-se para a escrita do texto "A interpretação dos sonhos". Isso não impediu que o seu esquema inicial e a base da sua ideia permanecessem fundamentando toda a sua teoria metapsicológica sobre o inconsciente e suas estruturas.

Considerações finais

O objetivo deste último Capítulo foi tentar unir, muito cuidado-samente, os conhecimentos neurocientíficos atuais com a teoria psicanalítica que Freud, como neurologista, desenvolveu de forma visionária, porém sem grandes ferramentas de investigação cien-tífica. Não nos interessou entrar na discussão sobre a origem ou localização do inconsciente dinâmico freudiano, pois, ao falarmos de energia psíquica e comportamento humano, torna-se obrigatório não existir teoria localizacionista ou reducionista, a qual resume o ser humano a um mero autômato regido por forças universais e puramente biológicas.

Partindo da ideia de que o homem, em toda a sua complexi-dade, foi moldado como um sistema dinâmico, que somos de fato atores e espectadores dos nossos próprios dramas existenciais, e que enquanto seres sociais somos fruto da interação com o ambiente e a presença de um outro, cabe-nos aceitar que devemos entender o nosso aparelho mental por meio de um olhar para além do orgânico.

Se ainda não conseguimos comprovar cientificamente a presença de uma consciência e de um inconsciente, conseguimos comprovar que terapias cognitivas com inferências mentais influenciam mo-dificações de padrões neurais. Se ainda não conseguimos provar cientificamente que existe uma estrutura psíquica inconsciente, dinâmica e inacessível, mas que rege todos os nossos processos neurofisiológicos e comportamentais, já é possível, por meio das pesquisas com eletrofisiologia e imagens neurofuncionais, demons-trar que terapias psicanalíticas também modificam padrões neurais. Independente do método aplicado para modular ou equilibrar certos transtornos comportamentais, quer seja por meio de terapias em que o indivíduo é submetido a um treinamento cognitivo, ou por meio de abordagens terapêuticas, em que o indivíduo, na presença de um outro, é convidado e estimulado a buscar sua própria reorganização psíquica e ressignificação, o que nos cabe aceitar e entender é que somos possuidores de um complexo aparato mental. Ou seja, possuímos um psiquismo que, ao integrar e se projetar sobre uma estrutura física cerebral, tem a probabilidade de descarregar sua representação pulsional (energia psíquica) sem um espaço/tempo definido. No entanto, sabemos que ela está presente continuamente nos nossos atos, nas nossas escolhas, nos nossos desejos, nas nossas motivações. Sempre à espreita, parece viver nas fronteiras entre o psíquico e o somático, exercendo pressão com uma quantidade de energia imensurável, cuja finalidade será sempre alcançar sua satisfação por meio de uma representação. Devemos, dessa forma, considerar que estudar a fonte, o caminho e o destino implicarão ouvir diferentes saberes na busca de um melhor entendimento sobre a complexidade humana. Por fim, vale ressaltar que, ao falarmos sobre energia psíquica, falamos sobre o que recebemos do mundo externo e o que projetamos para esse mesmo mundo.

Em outras palavras, entender o psiquismo humano não significa descobrir ou criar teorias para a origem da vida nem discutir como e por que nós e o universo existimos. Viver, por si só, já é um grande mistério!

Referências

1. Breakspear, M., Terry, J. R., Friston, K. J. (2003). Modulation of excitatory synaptic coupling facilitates synchronization and complex dynamics in a biophysical model of neuronal dynamics. *Network*, 14(4), 703-32.

2. Friston, K. J. (1995). Neuronal transients. *Proc Biol Sci*, 261(1362), 401-5.

3.   LeDoux, J. E. (2000). Emotion circuits in the brain. *Annu Rev Neurosci*, 23, 155-84.

4.   Pizzagalli, D. A., Lehmann, D., Hendrick, A. M., Regard, M., Pascual-Marqui, R. D., Davidson, R. J. (2002). Affective judgments of faces modulate early activity (approximately 160 ms) within the fusiform gyri. *Neuroimage*, 16(3 Pt 1), 663-77.

5.   Schwartz, J. M., Stapp, H. P., Beauregard, M. (2005). Quantum physics in neuroscience and psychology: a neurophysical model of mind-brain interaction. *Philos Trans R Soc Lond B Biol Sci*, 360(1458), 1309-27.

6.   Beauregard, M., Levesque, J., Bourgouin, P. (2001). Neural correlates of conscious self-regulation of emotion. *J Neurosci*, 21(18), RC165.

7.   Kandel, E. R. (1999). Biology and the future of psychoanalysis: a new intellectual framework for psychiatry revisited. *Am J Psychiatry*, 156(4), 505-24.

8.   Gabbard, G. O., Gunderson, J. G., Fonagy, P. (2002). The place of psychoanalytic treatments within psychiatry. *Arch Gen Psychiatry*, 59(6), 505-10.

9.   Leichsenring, F. (2005). Are psychodynamic and psychoanalytic therapies effective? A review of empirical data. *Int J Psychoanal*, 86(Pt 3), 841-68.

10.   Northoff, G. (2012). Psychoanalysis and the brain – why did Freud abandon neuroscience? *Front Psychol*, 3, 71.

11.   Northoff, G., Bermpohl, F., Schoeneich, F., Boeker, H. (2007). How does our brain constitute defense mechanisms? First-person neuroscience and psychoanalysis. *Psychother Psychosom*, 76(3), 141-53.

12. Rizzolatti, G., Semi, A. A., Fabbri-Destro, M. (2014). Linking psychoanalysis with neuroscience: the concept of ego. *Neuropsychologia*, 55, 143-8.

13. Fonagy, P. (2003). Psychoanalysis today. *World Psychiatry*, 2(2), 73-80.

14. Boeker, H., Richter, A., Himmighoffen, H., Ernst, J., Bohleber, L., Hofmann, E., Vetter, J., Northoff, G. (2013). Essentials of psychoanalytic process and change: how can we investigate the neural effects of psychodynamic psychotherapy in individualized neuro-imaging? *Front Hum Neurosci*, 7, 355.

15. Dunbar, R. I., Shultz, S. (2007). Evolution in the social brain. *Science*, 317(5843), 1344-7.

16. Pribram, K. H. (1986). What makes humanity humane. *J Biomed Discov Collab* 2006, 1, 14.

17. Falk, D. (1986). Hominid evolution. *Science*, 234(4772), 11.

18. Coppens, Y. (1998). [The evolution of man]. *Bull Mem Acad R Med Belg*, 153(12), 447-9.

19. Anderson, S. W., Bechara, A., Damásio, H., Tranel, D., Damásio, A. R. (2000). Acquisition of social knowledge is related to the prefrontal cortex. *J Neurol*, 247(1), 72.

20. Hoffmann, M. (2013). The human frontal lobes and frontal network systems: an evolutionary, clinical, and treatment perspective. *ISRN Neurol*, 892459.

21. Adolphs, R. (1999). Social cognition and the human brain. *Trends Cogn Sci*, 3(12), 469-79.

22. Preuss, T. M. (2006). Who's afraid of *Homo sapiens*? *J Biomed Discov Collab*, 1, 17.

23. Raghanti, M. A., Edler, M. K., Stephenson, A. R., Munger, E. L., Jacobs, B., Hof, P. R., Sherwood, C. C., Holloway, R. L., Lovejoy,

C. O. (2018). A neurochemical hypothesis for the origin of hominids. *Proc Natl Acad Sci U S A*, 115(6), E1108-16.

24. Semendeferi, K., Armstrong, E., Schleicher, A., Zilles, K., Van Hoesen, G. W. (1998). Limbic frontal cortex in hominoids: a comparative study of area 13. *Am J Phys Anthropol*, 106(2), 129-55.

25. Coppens, Y. (1988). [The vicissitudes of human evolution]. *Bull Acad Natl Med*, 172(9), 1289-96.

26. Coppens, Y. (1991). [The anatomical and functional origin of the first bipedalism]. *Bull Acad Natl Med*, 175(7), 977-91; discussion 991-3.

27. Coppens, Y. (1994). East side story: the origin of humankind. *Sci Am*, 270(5), 88-95.

28. Tomasello, M., Carpenter, M., Call, J., Behne, T., Moll, H. (2005). Understanding and sharing intentions: the origins of cultural cognition. *Behav Brain Sci*, 28(5), 675-91; discussion 691-735.

29. Solms, M. (1997). What is consciousness? *J Am Psychoanal Assoc*, 45(3), 681-703; discussion 704-78.

30. Freud, S. (1952). [The dynamics of transference]. *Rev Fr Psychanal*, 16(1-2), 170-7.

31. Freud, S. (1956). [Report on my studies in Paris and Berlin in 1886 made possible by a scholarship from the jubilee fund of the Vienna University (October, 1885-March, 1886)]. *Rev Fr Psychanal*, 20(3), 299-306.

32. Freud, S. (1946). *Civilization and its discontents*. 3. ed. London: Hogarth Press; Institute of Psycho-analysis.

33. Freud, S., Rickman, J. (1939). *Civilization, war and death: selections from three works*. London: Hogarth Press; Institute of Psycho-analysis.

34. Sesack, S. R., Carr, D. B., Omelchenko, N., Pinto, A. (2003). Anatomical substrates for glutamate-dopamine interactions: evidence for specificity of connections and extrasynaptic actions. *Ann N Y Acad Sci*, 1003, 36-52.

35. Hlinka, J., Alexakis, C., Diukova, A., Liddle, P. F., Auer, D. P. (2010). Slow EEG pattern predicts reduced intrinsic functional connectivity in the default mode network: an inter-subject analysis. *Neuroimage*, 53(1), 239-46.

36. Lehmann, D., Faber, P. L., Achermann, P., Jeanmonod, D., Gianotti, L. R., Pizzagalli, D. (2001). Brain sources of EEG gamma frequency during volitionally meditation-induced, altered states of consciousness, and experience of the self. *Psychiatry Res*, 108(2), 111-21.

37. Kukleta, M., Brazdil, M., Roman, R., Bob, P., Rektor, I. (2009). Cognitive network interactions and beta 2 coherence in processing non-target stimuli in visual oddball task. *Physiol Res*, 58(1), 139-48.

38. Kropotov, J. D., Ponomarev, V. A., Hollup, S., Mueller, A. (2011). Dissociating action inhibition, conflict monitoring and sensory mismatch into independent components of event related potentials in GO/NOGO task. *Neuroimage*, 57(2), 565-75.

39. Klimesch, W., Doppelmayr, M., Schimke, H., Ripper, B. (1997). Theta synchronization and alpha desynchronization in a memory task. *Psychophysiology*, 34(2), 169-76.

40. Klimesch, W. (1997). EEG-alpha rhythms and memory processes. *Int J Psychophysiol*, 26(1-3), 319-40.

41. Klimesch, W., Doppelmayr, M., Russegger, H., Pachinger, T., Schwaiger, J. (1998). Induced alpha band power changes in the human EEG and attention. *Neurosci Lett*, 244(2), 73-6.

42. Nishida, K., Yoshimura, M., Isotani, T., Yoshida, T., Kitaura, Y., Saito, A., Mii, H., Kato, M., Takekita, Y., Suwa, A., Morita, S., Kinoshita, T. (2011). Differences in quantitative EEG between frontotemporal dementia and Alzheimer's disease as revealed by LORETA. *Clin Neurophysiol*, 122(9), 1718-25.

43. Pascual-Marqui, R. D., Esslen, M., Kochi, K., Lehmann, D. (2002). Functional imaging with low-resolution brain electromagnetic tomography (LORETA): a review. *Methods Find Exp Clin Pharmacol*, 24(Suppl C), 91-5.

44. Pizzagalli, D. A., Nitschke, J. B., Oakes, T. R., Hendrick, A. M., Horras, K. A., Larson, C. L., Abercrombie, H. C., Schaefer, S. M., Koger, J. V., Benca, R. M., Pascual-Marqui, R. D., Davidson, R. J. (2002). Brain electrical tomography in depression: the importance of symptom severity, anxiety, and melancholic features. *Biol Psychiatry*, 52(2), 73-85.

45. Raichle, M. E., Gusnard, D. A. (2005). Intrinsic brain activity sets the stage for expression of motivated behavior. *J Comp Neurol*, 493(1), 167-76.

46. Sauseng, P., Klimesch, W., Doppelmayr, M., Pecherstorfer, T., Freunberger, R., Hanslmayr, S. (2005). EEG alpha synchronization and functional coupling during top-down processing in a working memory task. *Hum Brain Mapp*, 26(2), 148-55.

47. Lorenzo-Lopez, L., Amenedo, E., Pascual-Marqui, R. D., Cadaveira, F. (2008). Neural correlates of age-related visual search decline: a combined ERP and sLORETA study. *Neuroimage*, 41(2), 511-24.

48. Fingelkurts, A. A., Kallio, S., Revonsuo, A. (2007). Cortex functional connectivity as a neurophysiological correlate of hypnosis: an EEG case study. *Neuropsychologia*, 45(7), 1452-62.

49. Fingelkurts, A. A., Kaplan, A. Y. (2006). Interictal EEG as a physiological adaptation. Part II. Topographic variability of composition of brain oscillations in interictal EEG. *Clin Neurophysiol*, 117(4), 789-802.

50. Fingelkurts, A. A., Kaplan, A. Y. (2006). Interictal EEG as a physiological adaptation. Part I. Composition of brain oscillations in interictal EEG. *Clin Neurophysiol*, 117(1), 208-22.

51. Fingelkurts, A. A., Kivisaari, R., Autti, T., Borisov, S., Puuskari, V., Jokela, O., Kahkonen, S. (2006). Reorganization of the composition of brain oscillations and their temporal characteristics in opioid dependent patients. *Prog Neuropsychopharmacol Biol Psychiatry*, 30(8), 1453-65.

52. Fingelkurts, A. A., Kivisaari, R., Autti, T., Borisov, S., Puuskari, V., Jokela, O., Kahkonen, S. (2006). Increased local and decreased remote functional connectivity at EEG alpha and beta frequency bands in opioid-dependent patients. *Psychopharmacology* (Berl), 188(1), 42-52.

53. Fingelkurts, A. A., Krause, C. M. (2007). Composition of brain oscillations and their functions in the maintenance of auditory, visual and audio-visual speech percepts: an exploratory study. *Cogn Process*, 8(3), 183-99.

54. Critchley, H. D., Corfield, D. R., Chandler, M. P., Mathias, C. J., Dolan, R. J. (2000). Cerebral correlates of autonomic cardiovascular arousal: a functional neuroimaging investigation in humans. *J Physiol*, 523(Pt 1), 259-70.

55. Abe, T., Ogawa, K., Nittono, H., Hori, T. (2008). Neural generators of brain potentials before rapid eye movements during human REM sleep: a study using sLORETA. *Clin Neurophysiol*, 119(9), 2044-53.

56. Klimesch, W. (1996). Memory processes, brain oscillations and EEG synchronization. *Int J Psychophysiol*, 24(1-2), 61-100.

57. Levesque, J., Eugene, F., Joanette, Y., Paquette, V., Mensour, B., Beaudoin, G., Leroux, J. M., Bourgouin, P., Beauregard, M. (2003). Neural circuitry underlying voluntary suppression of sadness. *Biol Psychiatry*, 53(6), 502-10.

58. Vogt, F., Klimesch, W., Doppelmayr, M. (1998). High-frequency components in the alpha band and memory performance. *J Clin Neurophysiol*, 15(2), 167-72.

59. Freud, S., Masson, J. M., Fliess, W. (1985). *The complete letters of Sigmund Freud to Wilhelm Fliess, 1877-1904*. Cambridge, Mass; London: Belknap Press.

60. Freud, S., Strachey, J. (1949). *An outline of psycho-analysis*. London: Hogarth; Institute of Psycho-analysis.

61. Freud, S., Strachey, J. (1935). *An autobiographical study*. London: Hogarth Press; Institute of Psycho-analysis.

62. Freud, S., Institute of Psychoanalysis, Strachey, J., Freud, A., Strachey, A., Tyson, A. (2001). *The standard edition of the complete psychological works of Sigmund Freud*. Vol.1, (1886-1889) Pre-psycho-analytic publications and unpublished drafts. London: Vintage.

63. Kandel, E. R. (1998). A new intellectual framework for psychiatry. *Am J Psychiatry*, 155(4), 457-69.

64. Northoff, G. (2012). From emotions to consciousness – a neuro-phenomenal and neuro-relational approach. *Front Psychol*, 3, 303.

65. Panksepp, J., Solms, M. (2012). What is neuropsychoanalysis? Clinically relevant studies of the minded brain. *Trends Cogn Sci*, 16(1), 6-8.

66. Imperatori, C., Farina, B., Quintiliani, M. I., Onofri, A., Castelli Gattinara, P., Lepore, M., Gnoni, V., Mazzucchi, E., Contardi, A.,

Della Marca, G. (2014). Aberrant EEG functional connectivity and EEG power spectra in resting state post-traumatic stress disorder: a sLORETA study. *Biol Psychol*, 102, 10-7.

67. Kirsten, A., Seifritz, E., Olbrich, S. (2020). Electroencephalogram source connectivity in the prediction of electroconvulsive therapy outcome in major depressive disorder. *Clin EEG Neurosci*, 51(1), 10-8.

68. Laurentino, S., Lavareda, A., Oliveira, P. E., Souza, S. L., Diniz, P. R., Sougey, E. B. (2013). Decision-making in moral conflict: a brain electrical tomography analysis. *Neuroscience of Decision Making*, 1, 19-25.

69. Olbrich, S. (2015). Subcortical activity in electrophysiological scalp recordings. *Clin Neurophysiol*, 126(7), 1279-80.

70. Olbrich, S., Arns, M. (2013). EEG biomarkers in major depressive disorder: discriminative power and prediction of treatment response. *Int Rev Psychiatry*, 25(5), 604-18.

71. Olbrich, S., Conradi, J. (2016). Future of clinical EEG in psychiatric disorders: shifting the focus from diagnosis to the choice of optimal treatment. *Clin Neurophysiol*, 127(1), 17-8.

72. Olbrich, S., Olbrich, H., Adamaszek, M., Jahn, I., Hegerl, U., Stengler, K. (2013). Altered EEG lagged coherence during rest in obsessive-compulsive disorder. *Clin Neurophysiol*, 124(12), 2421-30.

73. Olbrich, S., Olbrich, H., Jahn, I., Sander, C., Adamaszek, M., Hegerl, U., Reque, F., Stengler, K. (2013). EEG-vigilance regulation during the resting state in obsessive-compulsive disorder. *Clin Neurophysiol*, 124(3), 497-502.

74. Olbrich, S., Trankner, A., Chittka, T., Hegerl, U., Schonknecht, P. (2014). Functional connectivity in major depression: increased

phase synchronization between frontal cortical EEG-source estimates. *Psychiatry Res*, 222(1-2), 91-9.

75. Pizzagalli, D., Pascual-Marqui, R. D., Nitschke, J. B., Oakes, T. R., Larson, C. L., Abercrombie, H. C., Schaefer, S. M., Koger, J. V., Benca, R. M., Davidson, R. J. (2001). Anterior cingulate activity as a predictor of degree of treatment response in major depression: evidence from brain electrical tomography analysis. *Am J Psychiatry*, 158(3), 405-15.

76. Sheline, Y. I., Price, J. L., Yan, Z., Mintun, M. A. (2010). Resting-state functional MRI in depression unmasks increased connectivity between networks via the dorsal nexus. *Proc Natl Acad Sci U S A*, 107(24), 11020-5.

77. Veer, I. M., Beckmann, C. F., van Tol, M. J., Ferrarini, L., Milles, J., Veltman, D. J., Aleman, A., van Buchem, M. A., van der Wee, N. J., Rombouts, S. A. (2010). Whole brain resting-state analysis reveals decreased functional connectivity in major depression. *Front Syst Neurosci*, 4.

78. Whitton, A. E., Deccy, S., Ironside, M. L., Kumar, P., Beltzer, M., Pizzagalli, D. A. (2018). Electroencephalography source functional connectivity reveals abnormal high-frequency communication among large-scale functional networks in depression. *Biol Psychiatry Cogn Neurosci Neuroimaging*, 3(1), 50-8.

79. Cacioppo, J. T. (2004). Feelings and emotions: roles for electrophysiological markers. *Biol Psychol*, 67(1-2), 235-43.

80. Davidson, R. J., Maxwell, J. S., Shackman, A. J. (2004). The privileged status of emotion in the brain. *Proc Natl Acad Sci U S A*, 101(33), 11915-6.

81. Smith, E. E., Reznik, S. J., Stewart, J. L., Allen, J. J. (2017). Assessing and conceptualizing frontal EEG asymmetry: an updated

primer on recording, processing, analyzing, and interpreting frontal alpha asymmetry. *Int J Psychophysiol*, 111, 98-114.

82. Pascual-Marqui, R. D., Lehmann, D., Koukkou, M., Kochi, K., Anderer, P., Saletu, B., Tanaka, H., Hirata, K., John, E. R., Prichep, L., Biscay-Lirio, R., Kinoshita, T. (2011). Assessing interactions in the brain with exact low-resolution electromagnetic tomography. *Philos Transact a Math Phys Eng Sci*, 369(1952), 3768-84.

83. Wang, H., Sun, Y., Lan, F., Liu, Y. (2020). Altered brain network topology related to working memory in internet addiction. *J Behav Addict*.

84. Pascual-Marqui, R. D., Michel, C. M., Lehmann, D. (1995). Segmentation of brain electrical activity into microstates: model estimation and validation. *IEEE Trans Biomed Eng*, 42(7), 658-65.

85. Pascual-Marqui, R. D., Biscay-Lirio, R. (1993). Spatial resolution of neuronal generators based on EEG and MEG measurements. *Int J Neurosci*, 68(1-2), 93-105.

86. Beauregard, M., Paquette, V. (2008). EEG activity in Carmelite nuns during a mystical experience. *Neurosci Lett*, 444(1), 1-4.

87. Barnett, M. W., Larkman, P. M. (2007). The action potential. *Pract Neurol*, 7(3), 192-7.

88. Chen, I., Lui, F. (2020). *Neuroanatomy, neuron action potential*. Treasure Island (FL), Flor.: StatPearls.

89. Sesack, S. R., Carr, D. B. (2002). Selective prefrontal cortex inputs to dopamine cells: implications for schizophrenia. *Physiol Behav*, 77(4-5), 513-7.

90. Debanne, D., Russier, M. (2019). The contribution of ion channels in input-output plasticity. *Neurobiol Learn Mem*, 166, 107095.

91. Von Neumann, J. (1947). *Les fondements mathématiques de la mécanique quantique.* Paris: Presses universitaires de France.

92. Eccles, J. C. (1957). *The physiology of nerve cells.* Baltimore: Johns Hopkins University Press; Oxford University Press.

93. Eccles, J.C (1992). Evolution of consciouness. *Proc. Natl. Acad. Sci. USA.*Vol. 88, pp 7320-7324. Evolution

94. Eccles, J. C. (1964). *The physiology of synapses.* Berlin: Springer--Verlag.

95. Eccles, J. C. (1968). *The physiology of nerve cells.* Baltimore: Johns Hopkins Press.

96. Curtis, D. R., Eccles, J. C., McIntyre, A. K. (1965). *Studies in physiology: presented to John C. Eccles.* Berlin; New York: Springer-Verlag.

97. Cataldi, M., Perez-Reyes, E., Tsien, R. W. (2002). Differences in apparent pore sizes of low and high voltage-activated Ca2+ channels. *J Biol Chem*, 277(48), 45969-76.

98. Eccles, J. C. (1953). *The neurophysiological basis of mind: the principles of neurophysiology.* Oxford: Clarendon Press.

99. Eccles, J. C. (1970). *Facing reality: philosophical adventures by a brain scientist.* New York: Springer-Verlag.

100. Eccles, J. C. (1973). *The understanding of the brain.* New York; London: McGraw-Hill.

101. Eccles, J. C. (1977). *The understanding of the brain.* 2. ed. New York: McGraw-Hill.

102. Eccles, J. C. (1979). *The human mystery.* Berlin: Springer International.

103. Eccles, J. C. (1979). *The human mystery, the Gifford lects.* University of Edinburgh, 1977-1978. Heidelberg &c.

104. Eccles, J. C. (1980). *The human psyche.* Berlin: Springer International.

105. Eccles, J. C. (1982). *Mind and brain: the many-faceted problems: selected readings from the proceedings of the International Conferences on the Unity of the Sciences*. Washington: Paragon House.

106. Eccles, J. C. (1984). *The human mystery*. London: Routledge & Kegan Paul.

107. Eccles, J. C. (1989). *Evolution of the brain: creation of the self*. London: Routledge.

108. Eccles, J. C. (1992). *The human psyche*. London: Routledge.

109. Eccles, J. C. (1994). *How the self-controls its brain*. Berlin; New York: Springer-Verlag.

110. Eccles, J. C., Creutzfeldt, O., Pontificia Accademia delle scienze. (1990). *The principles of design and operation of the brain: proceedings of a Study Week*. Berlin; London: Springer-Verlag.

111. Eccles, J. C., Dimitrijevic, M. R. (1985). *Upper motor neuron functions and dysfunctions*. Basel; London: Karger.

112. Eccles, J. C., Gibson, W. C., Sherrington, C. S. (1979). *Sherrington: his life and thought*. Berlin: Springer International.

113. Eccles, J. C., Itō, M., Szentágothai, J. (1967). *The cerebellum as a neuronal machine*. Berlin: Springer-Verlag.

114. Eccles, J. C., Robinson, D. N. (1984). *The wonder of being human: our brain and our mind*. New York; London: Free Press; Collier Macmillan.

115. Eccles, J. C., Robinson, T. C. L., Gustavus Adolphus College. (1977). *The future of science: 1975 Nobel Conference*. New York: Wiley.

116. Eccles, J. C., Schadé, J. P. (1964). *Physiology of spinal neurons*. Amsterdam: Elsevier.

117. Eccles, J. C., Schadé, J. P. (1964). *Organization of the spinal cord*. Amsterdam: Elsevier.

118. Eccles, J. C., Thompson, J. H. C. (1935). *An investigation of the visco-elastic properties of rubber.* s. n. s. l.

119. Eccles, J. C. (1929). *Investigations on excitation and inhibition in the nervous system with special reference to the features of interaction between excitatory and inhibitory reflexes.* University of Oxford.

120. Nunez, P. L., Srinivasan, R. (2006). A theoretical basis for standing and traveling brain waves measured with human EEG with implications for an integrated consciousness. *Clin Neurophysiol*, 117(11), 2424-35.

121. Nunez, P. L. (1996). Spatial analysis of EEG. *Electroencephalogr Clin Neurophysiol Suppl*, 45, 37-8.

122. Nunez, P. (1977). The dipole layer as a model for scalp potentials. *TIT J Life Sci*, 7(3-4), 65-72.

123. Nunez, P. L., Wingeier, B. M., Silberstein, R. B. (2001). Spatial--temporal structures of human alpha rhythms: theory, micro-current sources, multiscale measurements, and global binding of local networks. *Hum Brain Mapp*, 13(3), 125-64.

124. Silberstein, R. B., Song, J., Nunez, P. L., Park, W. (2004). Dynamic sculpting of brain functional connectivity is correlated with performance. *Brain Topogr*, 16(4), 249-54.

125. Srinivasan, R., Nunez, P. L., Silberstein, R. B. (1998). Spatial filtering and neocortical dynamics: estimates of EEG coherence. *IEEE Trans Biomed Eng*, 45(7), 814-26.

126. Silberstein, R. B., Danieli, F., Nunez, P. L. (2003). Fronto-parietal evoked potential synchronization is increased during mental rotation. *Neuroreport*, 14(1), 67-71.

127. Srinivasan, R., Thorpe, S., Nunez, P. L. (2013). Top-down influences on local networks: basic theory with experimental implications. *Front Comput Neurosci*, 7, 29.

128. Srinivasan, R., Winter, W. R., Nunez, P. L. (2006). Source analysis of EEG oscillations using high-resolution EEG and MEG. *Prog Brain Res*, 159, 29-42.

129. Nunez, P. L., Srinivasan, R., Fields, R. D. (2015). EEG functional connectivity, axon delays and white matter disease. *Clin Neurophysiol*, 126(1), 110-20.

130. Nunez, P. L., Srinivasan, R., Westdorp, A. F., Wijesinghe, R. S., Tucker, D. M., Silberstein, R. B., Cadusch, P. J. (1997). EEG coherency. I: Statistics, reference electrode, volume conduction, Laplacians, cortical imaging, and interpretation at multiple scales. *Electroencephalogr Clin Neurophysiol*, 103(5), 499-515.

131. Allen, J. J., Cohen, M. X. (2010). Deconstructing the "resting" state: exploring the temporal dynamics of frontal alpha asymmetry as an endophenotype for depression. *Front Hum Neurosci*, 4, 232.

132. Allen, J. J., Harmon-Jones, E., Cavender, J. H. (2001). Manipulation of frontal EEG asymmetry through biofeedback alters self-reported emotional responses and facial EMG. *Psychophysiology*, 38(4), 685-93.

133. Allen, J. J., Kline, J. P. (2004). Frontal EEG asymmetry, emotion, and psychopathology: the first, and the next 25 years. *Biol Psychol*, 67(1-2), 1-5.

134. Allen, J. J., Reznik, S. J. (2015). Frontal EEG asymmetry as a promising marker of depression vulnerability: summary and methodological considerations. *Curr Opin Psychol*, 4, 93-97.

135. Allen, J. J., Urry, H. L., Hitt, S. K., Coan, J. A. (2004). The stability of resting frontal electroencephalographic asymmetry in depression. *Psychophysiology*, 41(2), 269-80.

136. Allen, J. J. B., Keune, P. M., Schonenberg, M., Nusslock, R. (2018). Frontal EEG alpha asymmetry and emotion: from

neural underpinnings and methodological considerations to psychopathology and social cognition. *Psychophysiology*, 55(1).

137. Coan, J. A., Allen, J. J. (2003). Frontal EEG asymmetry and the behavioral activation and inhibition systems. *Psychophysiology*, 40(1), 106-14.

138. Davidson, R. J. (1998). Anterior electrophysiological asymmetries, emotion, and depression: conceptual and methodological conundrums. *Psychophysiology*, 35(5), 607-14.

139. Davidson, R. J. (2004). What does the prefrontal cortex "do" in affect: perspectives on frontal EEG asymmetry research. *Biol Psychol*, 67(1-2), 219-33.

140. Davidson, R. J., Shackman, A. J., Maxwell, J. S. (2004). Asymmetries in face and brain related to emotion. *Trends Cogn Sci*, 8(9), 389-91.

141. Greicius, M. D., Flores, B. H., Menon, V., Glover, G. H., Solvason, H. B., Kenna, H., Reiss, A. L., Schatzberg, A. F. (2007). Resting-state functional connectivity in major depression: abnormally increased contributions from subgenual cingulate cortex and thalamus. *Biol Psychiatry*, 62(5), 429-37.

142. Harmon-Jones, E., Gable, P. A. (2018). On the role of asymmetric frontal cortical activity in approach and withdrawal motivation: an updated review of the evidence. *Psychophysiology*, 55(1).

143. Tomarken, A. J., Davidson, R. J. (1994). Frontal brain activation in repressors and nonrepressors. *J Abnorm Psychol*, 103(2), 339-49.

144. Stewart, J. L., Coan, J. A., Towers, D. N., Allen, J. J. (2011). Frontal EEG asymmetry during emotional challenge differentiates individuals with and without lifetime major depressive disorder. *J Affect Disord*, 129(1-3), 167-74.

145. Hamalainen, M. S., Sarvas, J. (1989). Realistic conductivity geometry model of the human head for interpretation of neuromagnetic data. *IEEE Trans Biomed Eng*, 36(2), 165-71.

146. Babiloni, C., Barry, R. J., Basar, E., Blinowska, K. J., Cichocki, A., Drinkenburg, W., Klimesch, W., Knight, R. T., Lopes da Silva, F., Nunez, P., Oostenveld, R., Jeong, J., Pascual-Marqui, R., Valdes-Sosa, P., Hallett, M. (2020). International Federation of Clinical Neurophysiology (IFCN) – EEG research workgroup: Recommendations on frequency and topographic analysis of resting state EEG rhythms. Part 1: Applications in clinical research studies. *Clin Neurophysiol*, 131(1), 285-307.

147. Greicius, M. D., Krasnow, B., Reiss, A. L., Menon, V. (2003). Functional connectivity in the resting brain: a network analysis of the default mode hypothesis. *Proc Natl Acad Sci U S A*, 100(1), 253-8.

148. Whitfield-Gabrieli, S., Ford, J. M. (2012). Default mode network activity and connectivity in psychopathology. *Annu Rev Clin Psychol*, 8, 49-76.

149. Beauregard, M., Paquette, V. (2006). Neural correlates of a mystical experience in Carmelite nuns. *Neurosci Lett*, 405(3), 186-90.

150. Alvarez Amador, A., Valdes Sosa, P. A., Pascual Marqui, R. D., Galan Garcia, L., Biscay Lirio, R., Bosch Bayard, J. (1989). On the structure of EEG development. *Electroencephalogr Clin Neurophysiol*, 73(1), 10-9.

151. Nichols, T. E., Holmes, A. P. (2002). Nonparametric permutation tests for functional neuroimaging: a primer with examples. *Hum Brain Mapp*, 15(1), 1-25.

152. Pascual-Marqui, R. D., Gonzalez-Andino, S. L., Valdes-Sosa, P. A., Biscay-Lirio, R. (1988). Current source density estimation

and interpolation based on the spherical harmonic Fourier expansion. *Int J Neurosci*, 43(3-4), 237-49.

153. Smith, E. E., Tenke, C. E., Deldin, P. J., Trivedi, M. H., Weissman, M. M., Auerbach, R. P., Bruder, G. E., Pizzagalli, D. A., Kayser, J. (2020). Frontal theta and posterior alpha in resting EEG: a critical examination of convergent and discriminant validity. *Psychophysiology*, 57(2), e13483.

154. Travis, F. (2011). Comparison of coherence, amplitude, and eLORETA patterns during Transcendental Meditation and TM-Sidhi practice. *Int J Psychophysiol*, 81(3), 198-202.

155. Travis, F., Haaga, D. A., Hagelin, J., Tanner, M., Arenander, A., Nidich, S., Gaylord-King, C., Grosswald, S., Rainforth, M., Schneider, R. H. (2010). A self-referential default brain state: patterns of coherence, power, and eLORETA sources during eyes-closed rest and Transcendental Meditation practice. *Cogn Process*, 11(1), 21-30.

156. Vecchio, F., Miraglia, F., Bramanti, P., Rossini, P. M. (2014). Human brain networks in physiological aging: a graph theoretical analysis of cortical connectivity from EEG data. *J Alzheimers Dis*, 41(4), 1239-49.

157. Skrandies, W. (1990). Global field power and topographic similarity. *Brain Topogr*, 3(1), 137-41.

158. Silberstein, R. B., Cadusch, P. J. (1992). Measurement processes and spatial principal components analysis. *Brain Topogr*, 4(4), 267-76.

159. Silberstein, R. B., Ciorciari, J., Pipingas, A. (1995). Steady-state visually evoked potential topography during the Wisconsin card sorting test. *Electroencephalogr Clin Neurophysiol*, 96(1), 24-35.

160. Silberstein, R. B., Farrow, M., Levy, F., Pipingas, A., Hay, D. A., Jarman, F. C. (1998). Functional brain electrical activity

mapping in boys with attention-deficit/hyperactivity disorder. *Arch Gen Psychiatry*, 55(12), 1105-12.

161. Silberstein, R. B., Harris, P. G., Nield, G. A., Pipingas, A. (2000). Frontal steady-state potential changes predict long-term recognition memory performance. *Int J Psychophysiol*, 39(1), 79-85.

162. Nunez, P. L. (1986). The brain's magnetic field: some effects of multiple sources on localization methods. *Electroencephalogr Clin Neurophysiol*, 63(1), 75-82.

163. Hadders-Algra, M. (2018). Early human motor development: From variation to the ability to vary and adapt. *Neurosci Biobehav Rev*, 90, 411-27.

164. Herlenius, E., Lagercrantz, H. (2004). Development of neurotransmitter systems during critical periods. *Exp Neurol*, 190(Suppl 1), S8-21.

165. Hadders-Algra, M. (2018). Early human brain development: Starring the subplate. *Neurosci Biobehav Rev*, 92, 276-90.

166. Falk, D. (2012). Hominin paleoneurology: where are we now? *Prog Brain Res*, 195, 255-72.

167. Raghanti, M. A., Stimpson, C. D., Marcinkiewicz, J. L., Erwin, J. M., Hof, P. R., Sherwood, C. C. (2008). Cortical dopaminergic innervation among humans, chimpanzees, and macaque monkeys: a comparative study. *Neuroscience*, 155(1), 203-20.

168. Semendeferi, K., Teffer, K., Buxhoeveden, D. P., Park, M. S., Bludau, S., Amunts, K., Travis, K., Buckwalter, J. (2011). Spatial organization of neurons in the frontal pole sets humans apart from great apes. *Cereb Cortex*, 21(7), 1485-97.

169. Raichle, M. E. (2015). The restless brain: how intrinsic activity organizes brain function. *Philos Trans R Soc Lond B Biol Sci*, 370(1668).

170. Kanold, P. O., Luhmann, H. J. (2010). The subplate and early cortical circuits. *Annu Rev Neurosci*, 33, 23-48.

171. Kostovic, I., Sedmak, G., Judas, M. (2019). Neural histology and neurogenesis of the human fetal and infant brain. *Neuroimage*, 188, 743-73.

172. Stiles, J., Jernigan, T. L. (2010). The basics of brain development. *Neuropsychol Rev*, 20(4), 327-48.

173. Marin-Padilla, M. (1999). [The development of the human cerebral cortex. A cytoarchitectonic theory]. *Rev Neurol*, 29(3), 208-16.

174. Bystron, I., Blakemore, C., Rakic, P. (2008). Development of the human cerebral cortex: Boulder Committee revisited. *Nat Rev Neurosci*, 9(2), 110-22.

175. Kostovic, I., Lukinovic, N., Judas, M., Bogdanovic, N., Mrzljak, L., Zecevic, N., Kubat, M. (1989). Structural basis of the developmental plasticity in the human cerebral cortex: the role of the transient subplate zone. *Metab Brain Dis*, 4(1), 17-23.

176. Marin-Padilla, M. (1995). [The development of human cerebral cortex]. *Rev Neurol*, 23(Suppl 3), S261-8.

177. Molliver, M. E., Kostovic, I., van der Loos, H. (1973). The development of synapses in cerebral cortex of the human fetus. *Brain Res*, 50(2), 403-7.

178. Kostovic, I., Rakic, P. (1990). Developmental history of the transient subplate zone in the visual and somatosensory cortex of the macaque monkey and human brain. *J Comp Neurol*, 297(3), 441-70.

179. Kostovic, I., Krmpotic, J. (1976). Early prenatal ontogenesis of the neuronal connections in the interhemispheric cortex of the human gyrus cinguli. *Verh Anat Ges*, 70(Pt 1), 305-16.

180. Kostovic-Knezevic, L., Kostovic, I., Krmpotic-Nemanic, J., Kelovic, Z., Vukovic, B. (1978). The cortical plate of the human neocortex during the early fetal period (at 31-65 mm CRL). *Verh Anat Ges*, (72), 721-3.

181. Luchinger, A. B., Hadders-Algra, M., van Kan, C. M., de Vries, J. I. (2008). Fetal onset of general movements. *Pediatr Res*, 63(2), 191-5.

182. Kostovic, I., Jovanov-Milosevic, N., Rados, M., Sedmak, G., Benjak, V., Kostovic-Srzentic, M., Vasung, L., Culjat, M., Rados, M., Huppi, P., Judas, M. (2014). Perinatal and early postnatal reorganization of the subplate and related cellular compartments in the human cerebral wall as revealed by histological and MRI approaches. *Brain Struct Funct*, 219(1), 231-53.

183. Marin-Padilla, M. (2014). The mammalian neocortex new pyramidal neuron: a new conception. *Front Neuroanat*, 7, 51.

184. Wess, J. M., Isaiah, A., Watkins, P. V., Kanold, P. O. (2017). Subplate neurons are the first cortical neurons to respond to sensory stimuli. *Proc Natl Acad Sci U S A*, 114(47), 12602-07.

185. Alex, K. D., Yavanian, G. J., McFarlane, H. G., Pluto, C. P., Pehek, E. A. (2005). Modulation of dopamine release by striatal 5-HT2C receptors. *Synapse*, 55(4), 242-51.

186. Kerschensteiner, D. (2014). Spontaneous network activity and synaptic development. *Neuroscientist*, 20(3), 272-90.

187. Mrzljak, L., Uylings, H. B., Kostovic, I., van Eden, C. G. (1992). Prenatal development of neurons in the human prefrontal cortex. II. A quantitative Golgi study. *J Comp Neurol*, 316(4), 485-96.

188. Celada, P., Puig, M. V., Artigas, F. (2013). Serotonin modulation of cortical neurons and networks. *Front Integr Neurosci*, 7, 25.

189. Hadders-Algra, M. (2018). Neural substrate and clinical significance of general movements: an update. *Dev Med Child Neurol*, 60(1), 39-46.

190. Vanhatalo, S., Kaila, K. (2006). Development of neonatal EEG activity: from phenomenology to physiology. *Semin Fetal Neonatal Med*, 11(6), 471-8.

191. Vanhatalo, S., Lauronen, L. (2006). Neonatal SEP – back to bedside with basic science. *Semin Fetal Neonatal Med*, 11(6), 464-70.

192. Vanhatalo, S., Palva, J. M., Andersson, S., Rivera, C., Voipio, J., Kaila, K. (2005). Slow endogenous activity transients and developmental expression of K+-Cl – cotransporter 2 in the immature human cortex. *Eur J Neurosci*, 22(11), 2799-804.

193. Dreyfus-Brisac, C. (1962). The electroencephalogram of the premature infant. *World Neurol*, 3, 5-15.

194. Dreyfus-Brisac, C. (1975). Neurophysiological studies in human premature and full-term newborns. *Biol Psychiatry*, 10(5), 485-96.

195. Dreyfus-Brisac, C., Minkowski, A. (1968). [Electroencephalographic maturation and too low birth weight]. *Rev Neurol* (Paris), 119(3), 299-301.

196. Dreyfus-Brisac, C., Minkowski, A. (1969). Low birth weight and EEG maturation. *Electroencephalogr Clin Neurophysiol*, 26(6), 638.

197. Dreyfus-Brisac, C., Monod, N. (1965). Sleep of premature and full-term neonates – a polygraphic study. *Proc R Soc Med*, 58, 6-7.

198. Eaton-Evans, J., Dugdale, A. E. (1988). Sleep patterns of infants in the first year of life. *Arch Dis Child*, 63(6), 647-9.

199. Monod, N., Eliet-Flescher, J., Dreyfus-Brisac, C. (1967). [The sleep of the full-term newborn and premature infant. 3. The

disorders of the pathological newborn sleep organization. Polygraphic studies]. *Biol Neonat*, 11(3), 216-47.

200. Zorn, J. R., Monod, N., Le Houezec, R., Dreyfus-Brisac, C., Sureau, C. (1974). [Fetal electroencephalography. Details of a polygraphy recording technic during labor. Preliminary results]. *J Gynecol Obstet Biol Reprod* (Paris), 3(7), 1035-55.

201. DiPietro, J. A., Ghera, M. M., Costigan, K. A. (2008). Prenatal origins of temperamental reactivity in early infancy. *Early Hum Dev*, 84(9), 569-75.

202. DiPietro, J. A., Christensen, A. L., Costigan, K. A. (2008). The pregnancy experience scale-brief version. *J Psychosom Obstet Gynaecol*, 29(4), 262-7.

203. DiPietro, J. A., Costigan, K. A., Voegtline, K. M. (2015). Studies in fetal behavior: revisited, renewed, and reimagined. *Monogr Soc Res Child Dev*, 80(3), vii;1-94.

204. DiPietro, J. A., Kivlighan, K. T., Costigan, K. A., Laudenslager, M. L. (2009). Fetal motor activity and maternal cortisol. *Dev Psychobiol*, 51(6), 505-12.

205. DiPietro, J. A., Kivlighan, K. T., Costigan, K. A., Rubin, S. E., Shiffler, D. E., Henderson, J. L., Pillion, J. P. (2010). Prenatal antecedents of newborn neurological maturation. *Child Dev*, 81(1), 115-30.

206. Freud, S., Brill, A. A. (1920). *Selected papers on hysteria and other psychoneuroses*. 3. enl. ed. New York: Nervous and Mental Disease Publishing Co.

207. Breuer, J., Freud, S., Strachey, J., Strachey, A., Richards, A. (1974). *Studies on hysteria*. Harmondsworth: Penguin.

208. Freud, S. (1946). Hypnotism and suggestion (1888). *Int J Psychoanal*, 27(1-2), 59-64.

209. Freud, S., Breuer, J., Strachey, J. (1955). *The standard edition of the complete psychological works of Sigmund Freud / Vol. 2: (1893-1895): Studies on hysteria / by Josef Breuer and Sigmund Freud.* London: Hogarth Press; Institute of Psychoanalysis.

210. Freud, S. (1949). *An outline of psychoanalysis.* New York: W. W. Norton.

211. Freud, S., Institute of Psychoanalysis, Freud, A. (1986). *The essentials of psycho-analysis.* London: Vintage.

212. Freud, S., Brill, A. A. (1915). *The interpretation of dreams.* rev. edn. London; New York: G. Allen & Unwin; The Macmillan Company.

213. Breuer, J., Freud, S. (1950). *Studies in hysteria.* Boston: Beacon Press.

214. Breuer, J., Freud, S., Strachey, J., Richards, A. (1991). *Studies on hysteria.* London: Penguin.

215. Freud, S., Strachey, J., Dickson, A., Mottram, E. (1986). *Historical and expository works on psychoanalysis: History of the psychoanalytic movement, An autobiographical study, Outline of psychoanalysis, and other works.* Harmondsworth: Penguin.

216. Freud, S., Strachey, J. (1969). *An outline of psycho-analysis.* Rev. ed. London: Hogarth; e Institute of Psycho-Analysis.

217. Freud, S. (1987). The origin and development of psychoanalysis. By Sigmund Freud, 1910. *Am J Psychol*, 100(3-4), 472-88.

218. Heisenberg, W. (1930). *The physical principles of quantum theory.* Dover publications.

219. Feynman, R. (2012). *Sobre as leis da física.* Rio de Janeiro: Contraponto.

220. Freud, S (1969/1895). *Publicações Pré-Psicanalíticas e Esboços Inéditos.* Edição Standar Brasileira das Obras Completas de Sigmund Freud 1856-1839. Rio de Janeiro: Imago.

GRÁFICA PAYM
Tel. [11] 4392-3344
paym@graficapaym.com.br